KB013182

조선왕실의 팔경문학

조선왕실의 의례와 문화 4

조선왕실의 팔경문학

초판 1쇄 인쇄   2017년 5월 18일
초판 1쇄 발행   2017년 5월 25일
지은이   안장리
펴낸이   이방원
편 집   안효희 · 강윤경 · 김명희 · 이윤석 · 윤원진 · 홍순용
디자인   손경화 · 전계숙
마케팅   최성수
펴낸곳   세창출판사
출판신고   1990년 10월 8일 제300-1990-63호
주소   03735 서울시 서대문구 경기대로 88 냉천빌딩 4층
전화   723-8660
팩스   720-4579
이메일   edit@sechangpub.co.kr
홈페이지   http://www.sechangpub.co.kr

ISBN   978-89-8411-680-1   04900
         978-89-8411-639-9(세트)

ⓒ 한국학중앙연구원 2017

_ 이 도서의 국립중앙도서관 출판시도서목록(CIP)은 서지정보유통지원시스템 홈페이지(http://seoji.nl.go.kr)와
  국가자료공동목록시스템(http://www.nl.go.kr/kolisnet)에서 이용하실 수 있습니다. (CIP제어번호: CIP2017011331)
_ 이 도서는 2011년도 정부재원(교육과학기술부 학술연구지원사업비)의 지원에 의하여 연구되었음(AKS-2011-ABB-3101)

조선왕실의
의례와 문화

4

조선왕실의
팔경문학

안장리

지음

세창출판사

　내년은 안평대군 탄생 600주년이 되는 해이다. 안평대군은 내가 팔경문학에 입문하게 한 인도자이다. 안평대군은 이상향을 꿈꾸었던 몽상가였고 이를 현실에서 실현하려 한 실천가였다. 세종의 셋째 아들로서 권력과 재력이 풍부했고 또 예술적 재능도 특출했기에 가능했다.

　이상향에 대한 안평대군의 꿈은 제9대왕 성종, 제11대왕 중종도 추종했고 제19대왕 숙종은 창덕궁 후원에 이를 실현하고 팔경시《상림십경(上林十景)》을 지었다. 이 팔경시는 이후 제22대왕 정조, 제23대왕 순조, 그리고 익종으로 추존된 효명세자 등이 차운하였다. 이 시에는 창덕궁 후원의 봄, 여름, 가을, 겨울 그리고 아침과 저녁으로 달라지는 아름다운 경치가 담겨 있을 뿐 아니라 인재선발과 풍년기원 등 위정자로서의 행위도 언급되고 있다.

　필자는 이 책에서 고려 명종대 궁중에서 향유된 팔경문학이 안평대군을 거쳐 익종대까지 향유되어 온 양상을 통시적으로 살피고 또 경관요소로 거론된 요소 하나하나를 밝혀 보려 하였다. 당대 왕실에서 승경(勝景)으로 여긴 장소와 경치 그리고 경물을 고찰하였다.

　왕실에서 팔경문화의 향유는 고려 제19대왕 명종대까지 거슬러 올라간다. 무신정권의 암흑기에서 명종은 당대의 문인 이인로 등과 함께 중국 명승으로 이름난 호남성 동정호 지역의 소상팔경(瀟湘八景)을 그림으로 그리고 또 시를 짓게 하였다. 이를 시축으로 제작했을 것으로 여겨지나 남아 있지 않다.

　안평대군 역시 안견의 그림과 집현전 학사 등 당대 문인의 시로 엮은《팔경시권(八景詩卷)》을 제작하였고, 자신의 정원에 48개 경관을 선정하여 시축을 만들었겠는데 이들 역시 남아 있지 않다. 《팔경시권》은 원래 두루마리 형태로 안견의 그림과 함께 몽유도원도시축처럼 만들어졌겠으나 현재는 그림도 떨어져 나갔고 시권은 시첩의 형태로 국립중앙박물관에 소장되어 있다.

우리나라 팔경문화를 보면 시를 지은 경우는 많지만 그림으로 그린 경우는 드물며 이를 실제로 조성한 경우는 없다고 해도 과언이 아니다. 당대의 화가에게 그림을 그리게 하고 또 실제 경관을 조성하는 팔경문화는 왕실이나 그에 버금가는 재력과 권력이 있는 양반에게나 가능한 일이었다. 이런 일을 안평대군이 꿈꿨고 숙종이 수행했다고 할 수 있는데 일본이나 중국에서도 그런 예가 보인다.

일본 천황은 교토 외곽에 슈가쿠인리큐(修學院離宮)를 짓고 팔경을 향유하였고, 중국 황제는 만리장성 북쪽 승덕에 피서산장(避暑山莊)을 조성하고 칠십이경을 선정하였다. 창덕궁 후원이나 슈가쿠인리큐의 팔경은 반나절이면 전체를 둘러볼 수 있지만 피서산장의 칠십이경은 경관의 숫자도 많지만 피서산장 자체의 규모가 방대하여 하루 이틀에 모두 조망하기 어렵다.

필자는 2013년 9월 27일 3박 4일로 피서산장을 둘러보았다. 호수와 평원 그리고 산악지역으로 나뉜 산장의 곳곳에 칠십이경의 안내판이 세워져 누구나 쉽게 알 수 있게 하였다. 피서산장 안내지도에도 이 칠십이경의 명칭과 위치가 빼곡히 실려 있어 피서산장이 세계문화유산으로 등재되는 데 이 칠십이경이 큰 역할을 했을 것으로 여겨진다. 우리 창덕궁 후원에 대한 안내도나 건물에 상림십경에 대한 안내가 없다는 점이 더욱 아쉬웠다. 피서산장의 입장료는 꽤 비싼 편이었는데 지역 주민은 저렴한 이용권으로 전시실이 있는 본전 외에는 자유롭게 들어와서 운동도 하고 악기도 연주하면서 왕실의 정원을 만끽할 수 있었다.

필자는 슈가쿠인리큐를 2014년 10월 8일에 방문하였다. 슈가쿠인리큐는 내외국인 관계없이 하루에 관람할 수 있는 인원과 횟수를 한정해서 안내자의 인도에 따르게 하였는데 뒤에 따라오는 직원이 지나온 곳의 문을 잠궈서 다시 돌아갈 수 없게 하는 것이 피서산장과는 대조적이었다. 건물을 지날 때마다 문을 잠궜지만 산자락에 조성한 개방적 정원이었기에 웅장하지는 않아도 탁 트인 느낌을 주었다.

우리나라 창덕궁 후원과 중국 그리고 일본 정원의 가장 큰 차이는 호수의 크기이다. 창덕궁의 부용지나 반월지에 비해 피서산장은 말할 것도 없거니와 슈가쿠인리큐의 욕룡지(浴龍池) 또한 상당히 큰 편이어서 경관의 중심을 이루고 있다. 이렇게 보면 우리나라가 인위적인 경관조성에 가장 소극적이었으며, 그만큼 백성을 동원하지 않았다고 할 수 있다. 경치의 아름다움을 노래하는 팔경시에 인재선발과 풍년을 기원하는 시를 포함시키는 태도에서 그 단초를 엿볼 수 있다.

중국과 일본에는 많은 팔경이 있다. 중국에는 원나라 때 이미 전국에 팔경이 없는 곳이 없다고 하였고, 일본에도 팔경이 우키요에와 함께 발전하였다. 이들에 대한 전체적인 조망은 앞으로의 과제로 남겨 둔다. 일본 비와호(琵琶湖) 팔경, 중국 서호십경 등은 우선적으로 조사하고 싶은 팔경이다.

이 책은 여러모로 부족한 점이 많지만 이 정도라도 꾸릴 수 있게 된 것은 여러분의 도움에 의해서이다. '조선왕실의 의례와 문화'라는 제목으로 팀을 꾸리게 해 주신 이완우 선생님, 그리고 팀을 꾸리는 데 선뜻 손을 내밀어 준 왕실연구자 열 분, 그리고 한국학진흥사업단의 지원이 있었기에 이 책의 집필을 시작할 수 있었다. 일본 별궁을 밟을 수 있게 도와준 박성호 선생의 도움도 잊을 수 없다. 어려운 시기에 인문학 서적 출판을 선뜻 수락해 주신 세창출판사의 이방원 사장님, 김명희 실장님 그리고 난삽한 원고를 꼼꼼히 교정해 주신 편집부 여러분께도 고마움을 표하고 싶다.

2017년 5월
문형관 이인재에서 안장리

차례

〈소상팔경도〉(국립중앙박물관 소장)

<u>1도</u>　평사낙안

<u>2도</u>　원포귀범

<u>3도</u>　강천모설

<u>4도</u>　산시청람

<u>5도</u> 동정추월

<u>6도</u> 소상야우

<u>7도</u> 연사모종

<u>8도</u> 어촌석조

제 1 장

서론

1 들어가기

한국팔경문학은 고려 및 조선의 문인들이 우리나라 국토를 대상으로 여덟 개의 승경을 읊은 시문학이다. 팔경문화는 중국의 경승지인 소상강 지역을 그린 소상팔경도(瀟湘八景圖)와 소상팔경시(瀟湘八景詩)에서 유래하여 한·중·일 삼국에서 유행했던 동아시아적 문화현상이었다.

우리나라에서 팔경문학은 고려시대부터 시작되었는데 왕실에서부터 시작되었다고 해도 과언이 아니다. 고려 제19대 명종(明宗, 재위 1170-1197)이 직접 소상팔경도를 그리고 신하들에게 소상팔경시를 짓게 하였다는 기록이 전해지는데 이는 소상팔경의 국내 유입과 관련된 최초의 국내 기록이기도 하다.[1] 현재 명종의 그림은 남아 있지 않지만 당대 참여한 문인 중 이인로(李仁老)의 팔경시가 남아서 일찍부터 팔경시의 전범이 되어 왔다.[2]

고려왕실에서 중국의 소상팔경시를 받아들인 것은 소상팔경시의 탈속성 때문이었던 것으로 여겨진다. 명종은 "무릇 문관을 쓴 자는 비록 서리(胥吏)까지라도 씨앗을 남기지 말라"던 무신란시기 왕으로 추대되었지만 꼭두각시일 수밖에 없던 자신이 현실에서 도피하기 위한 이상향으로 소상팔경에 주목하게 된다.

1　『高麗史節要』에서는 "문신에게 명하여 소상팔경의 시를 짓게 하고 왕이 그 시의 내용대로 베껴서 그림을 만들었다"(제13권 明宗光孝大王 乙巳15, 1185년)고 하였고, 『高麗史』에서는 당대 화가인 李寧의 아들 李光弼에게 그리게 했다는 기록이 있다. 그런데 『燃藜室記述』에서는 『高麗史節要』의 의견을 따르고 있으므로 필자도 이 견해를 따른다. 이하 '한국고전번역원 고전번역서 출전 번역'은 해당 번역을 인용하되 필요한 경우는 가필을 하였다.
2　세종의 셋째 아들 안평대군은 당대 문인들과 함께 소상팔경시첩을 제작하는 과정에서 이인로와 진화의 시를 서두에 실어 전범으로 삼았음을 명확히 하였다(李永瑞, 「瀟湘八景詩帖序」, 문화재청, 11쪽).

그렇다면 새롭게 개국한 조선에서는 왜 팔경시가 유행하게 되었을까? 조선시대 팔경시는 여덟 개의 경치를 묶어 노래하는 유행을 활용하여 덕치(德治) 실현을 칭송하는 수단의 하나로 여겨졌기 때문이다. 이는 가뭄과 같은 자연재해의 원인까지 왕의 부덕(不德)으로 보고 왕에게 기우제를 지내게 했던 이유와 유사하다. 왕의 통치는 백성뿐 아니라 자연에도 적용되고 또 그 결과가 나타난다고 볼 때 아름다운 자연은 바로 이상 정치 실현의 징표로 간주되었다. 그러므로 조선시대에 왕과 왕실에서 팔경문학을 장려하는 것은 당연한 일이었다. 조선 최초의 팔경시라 할 수 있는 신도팔경시(新都八景詩)는 정도전이 지어서 왕에게 바쳐진 시였으며, 태조는 이를 병풍으로 만들어 신하들에게 하사함으로써 팔경문학을 국가왕실을 대표하는 문화의 하나로 인정하였다.

왕실에서의 팔경문학 장려는 조선전기 문단을 이끌었던 안평대군(安平大君)에 의해 더욱 본격화되었다. 세종(世宗)의 셋째 아들이었던 안평대군은 송나라 영종(寧宗)의 첩본에 있는 소상팔경시를 보고 팔경도를 그리고 팔경시를 창화하게 하여 시첩을 편찬하게 하였다. 이렇게 왕족이 팔경시를 짓는 일은 중국왕실에서도 있었던 일이다. 명나라 선종(宣宗), 송나라 영종, 청나라 성조(聖祖, 康熙帝)와 고종(高宗, 乾隆帝) 등이 지은 팔경시가 전해져 오고 있다.

또한 일본 도쿠가와막부(德川幕府)의 고미즈노천황(後水尾天皇, 재위 1611-1629) 등도 팔경시를 지을 정도로 팔경은 동아시아 왕실의 관심 대상이었다. 우리나라 왕 중에서는 성종(成宗), 숙종(肅宗), 영조(英祖), 정조(正祖), 순조(純祖), 익종(翼宗) 등이 지은 팔경시가 남아 있다.

본서에서 대상으로 하는 조선왕실 팔경문학의 범주는 국왕의 팔경시, 즉 어제팔경시(御製八景詩)를 비롯하여 국왕과 종친이 함께 이룬 팔경문학, 왕족이 당대 신료들과 함께 이룩한 팔경문학 등을 포괄한다. 이를 통해 조선 최고 신분을 중심으로 이루어진 왕실 경관 문화를 밝히고자 한다. 이는 당대를 대표하는 경관 문화를 확인하는 데 기여할 것으로 여겨진다. 또한 사대부의 팔경문학, 중국과 일본 왕실의 팔경문학과의 비교는 국내는 물론 동아시아 팔경문학 속에서 조선왕실 팔경문학의 위상을 밝히는 데 기여할 것이다.

2 선행연구 및 연구방법

조선 왕실문학에 대한 연구는 국왕 문학에 대한 연구부터 활성화되었다. 먼저 정조의 문학에 대해서는 신귀순(1996)의 문학론 연구, 안대회(2000)의 문예정책 연구, 조동영(2009)의 시문학 연구 등이 있었다. 이후 영조의 문학에 대한 연구로 확대되었는데 김상환(2006), 김종서(2006), 서경희(2006), 안장리(2006) 등이 각각 영조어제의 형식과 내용에 대해 고찰하였다. 이 외에 이종묵(1998)의 열성어제 문집편찬에 대한 통시적 고찰, 김남기(2002)의 열성어제 해제 등을 비롯해서 권오영(2000), 최봉영(1997) 등의 역대 제왕 문집 해제 등을 성과로 꼽을 수 있다. 최근에 김남기(2004)가 숙종대왕에 대한 작가론을 집필했으며, 이현지(2009)는 성종과 연산군대의 왕실문학을 거론하면서 성종과 연산군을 비롯하여 당대 왕자인 월산대군, 부림군 등에 대해 논의를 확대하였다. 아울러 세조의 시에 대해 논하기도 하였다. 기타 왕족 문학에 대한 연구로 안장리(2000)의 안평대군에 대한 연구를 비롯하여 이종묵(1998-2002)의 안평대군, 월산대군, 효명세자 등 왕자에 대한 작가론을 들 수 있다. 이상에서 살핀 바와 같이 기존 왕실문학에 대한 연구는 특정 왕이나 왕자의 작품 연구, 그리고 열성어제의 편찬 등에 대한 고찰 정도가 있었다.

조선왕실의 팔경문학에 대한 연구는 안평대군의 소상팔경시첩부터 시작되었다. 이 시첩의 소장자였던 임창순(1989)이 영인, 탈초하여 학계에 소개한 뒤[3] 임재완(1997)은 이를 완역하여 연구를 활성화시켰다. 안장리(1997,

---

3 안장리(1995)는 당대 팔경창화에 참여했던 柳義孫 『檜軒逸稿』와 대조하여 임창순 탈초의 미비한 점을 보완했으며, 윤계동 시 부분의 배접순서가 바뀌었음을 밝혔다.

2003)는 안평대군의 비해당사십팔영시와 소상팔경시첩에 대한 연구를 발표하였고, 전경원(2007)은 소상팔경시첩을 재번역했으며, 문화재청(2009)에서는 임재완의 번역에 임창순의 해설 그리고 미술·서예·문학 분야의 전문적 해설을 덧붙여서 소상팔경시첩의 문화사적 의미를 조명하였다.[4]

안장리(2007)는 최초로 어제에 나타난 팔경에 대해 전체적으로 조망하였다. 이 논문에서 안장리는 고려 명종때 팔경문학이 유입되었고, 조선시대 신도팔경병풍을 태조가 신하들에게 하사했으며, 성종, 숙종, 영조, 정조, 순조, 익종 등도 팔경시를 짓는 등 국왕의 문학활동에서 팔경문학이 중요한 요소였음을 소개하였다.

본 연구는 조선왕실 팔경문학의 전모를 밝히기 위해 통시적, 공시적, 비교분석적 방법을 활용하였다. 조선시대 이전 중국으로부터 팔경문학의 유입에서부터 가장 많은 팔경시를 남긴 익종까지 통시적으로 팔경문학을 향유하는 양상을 고찰하였으며, 팔경창작의 공간과 팔경에 표현된 경물이 무엇이며, 이들을 통해 드러내려 한 것이 무엇인지 공시적으로 살펴보았다. 비교분석적 방법으로는 숙종, 정조, 순조, 익종 등이 작품을 남긴《상림십경(上林十景)》등에 적용하여 차이점과 공통점을 밝히는 한편 다른 계층, 다른 나라 팔경문학과의 비교를 통해 조선왕실 팔경문학의 특징을 고찰하려 하였다.

본고는『열성어제(列聖御製)』와 '국왕문집',『궁궐지(宮闕志)』등을 기본 대상으로 하고『표점영인 한국문집총간(標點影印 韓國文集總刊)』,『조선왕조실록』,『승정원일기』,『동국여지승람』,『동국문헌비고』등의 관련 자료 및 중국의『열조시집(列朝詩集)』,『청고종어제시문전집(淸高宗御製詩文全集)』,『대명일통지(大明一統志)』,『북경팔경시집(北京八景詩集)』,『사고전서(四庫全書)』, 일본의

---

4 문화재청(2008)은 이 시첩을 임창순으로부터 구입하여 국립중앙박물관에 수장하게 하였으며, 복제를 하고 번역과 해설 그리고 미술(안휘준), 서예(이완우), 문학(안장리) 등의 해설을 첨부하여 한정판으로 간행하였다.

『부상팔경시집(扶桑八景詩集)』,『일광산팔경시집(日光山八景詩集)』,『일광산지(日光山志)』 등을 참고하였다.

본고의 내용은 총 7개의 장으로 구성하였다.

제1장에서는 이 연구의 대상과 방법, 서술 방식 등에 대해 기술하였다.

제2장에서는 조선왕실 팔경문학의 흐름을 통시적으로 조망하였다. 먼저 조선시대 이전 팔경문학의 흐름에 대해 살펴본 뒤 조선시대는 태조, 세종, 성종, 중종, 인조, 숙종, 영조, 정조, 순조 등 국왕별로 고찰하였다. 왕대별로 고찰한 이유는 조선시대는 군주제 시대로 왕의 특성에 따라 팔경 향유 양상도 달라지기 때문이다. 조선을 건국한 태조는 직접 팔경시를 짓지는 않았으나 당대 도읍의 정체성을 홍보하는 정도전의 팔경시를 신하들에게 하사하여 신도팔경시가 당대를 대표하는 작품임을 인정하였다. 세종대는 안평대군이 당대 문인들과 화가를 이끌고 팔경시를 짓고 팔경도를 그렸다. 자신의 거처를 궁궐 후원처럼 장식하고 48개 경물을 읊은 비해당사십팔영을 남겼으며, 또 한강가에 담담정(淡淡亭)을 짓고 12영을 읊어 당대 이벤트로 삼았다. 제9대왕 성종은 궁궐과 후원에 대한 팔경을 왕족들과 함께 창화하였으며, 안평대군의 사십팔영시를 신하들에게 창화하게 하여 예전의 이벤트를 재현하기도 하였다. 또한 제11대왕 중종과 제12대왕 인조는 각각 중국의 팔경시를 신하들에게 창화하게 하였다. 제19대왕 숙종은 안평대군처럼 후원의 건물을 정비한 뒤 팔경시를 지었다. 이렇게 지어진 《상림십경》은 후대 왕들의 전범이 되어 정조, 순조, 익종 등도 《상림십경》을 지었다. 제21대왕 영조는 양성헌(養性軒), 궁중 서재, 위선당(爲善堂), 집경당(集慶堂), 덕유당(德遊堂) 등 잠저시절 및 재위시기 자신의 생활공간을 팔경시의 대상으로 삼았다. 제22대왕 정조는 선대(先代)를 따라 《상림십경》, 《국도팔영》, 《관동팔경》 등을 지었으며, 한편으로는 《규장각팔경》을 짓게 하여 궁궐 후원의 의미를 휴식이 아닌 근무의 공간으로 새롭게 정의하였다. 제23대왕 순조는 선대의 정

신을 잇되 특히 궁궐에 대해 많은 글을 남겼으며, 순조의 아들 익종은 팔경시에 있어서 선대왕의 전통을 계승함은 물론 세자궁인 춘방(春坊)의 신하들과 함께 이화정(梨花亭), 만향헌(晩香軒), 유산암(酉山庵), 전사(田舍), 매화루(梅花樓), 의두합(倚斗閤), 일반령(一半欞), 홍두원(紅豆園) 등을 대상으로 수많은 팔경시를 창작하였다. 이 중에서 일반령, 홍두원 등을 대상으로 한 팔경시에서는 경관에 대한 기술보다 그 속에서의 행위를 중점적으로 그려서 은거지에서의 수양활동을 팔경으로 읊던 당대 사대부들의 특성을 반영하기도 하였다. 이 장에서는 선대의 문학 특성을 받아들이거나 당대의 경향을 반영하여 구축한 왕실팔경문학의 전통을 조망하였다.

제3장에서는 왕실팔경문학을 공시적으로 조망하였다. 먼저 팔경시의 공간에서는 팔경문학이 생성된 공간에 대해 고찰하였다. 팔경시의 전범이 된 공간으로 소상강, 도화원, 서호(西湖), 안평대군의 정원 등을 고찰하였다. 이어서 경복궁, 동궐, 경희궁, 행궁 등을 살펴보았다.

제4장에서는 왕실팔경문학의 요소와 특징을 살펴보았다. 경관요소로서 산, 물, 해, 달, 바람, 구름, 눈의 면모를 고찰하였고, 행위요소로서 국왕으로서의 국정행위와 연향 향유 행위 그리고 개인적 행위로 나누어 살펴보았다. 아울러 궁궐 후원에 나타나는 동물, 식물, 인조물 등을 정리하였다. 이 장에서는 조선시대 금단의 지역이었던 궁궐과 궁중경물 그리고 이를 둘러싼 자연물의 면모를 향유하던 왕족의 입장에서 조명함으로써 이들의 공간 및 경관에 대한 조선왕실의 인식을 보여 주려 하였다.

제5장에서는 팔경문학의 주류를 차지하는 사대부 팔경문학을 고찰하여 한국팔경 전체 속에서 조선왕실의 특징을 고찰하였다.

제6장에서는 중국 및 일본 왕실의 팔경문학을 고찰하였다. 중국왕실의 팔경문학으로는 소상팔경시, 북경팔경시, 피서산장(避暑山莊) 칠십이경시 등을 고찰하였으며, 일본왕실 팔경문학으로는 수학원팔경시와 일광산팔경시

를 살펴보았다. 이를 통해 한·중·일 왕실 팔경문학에서 조선왕실 팔경문학의 위상을 고찰하였다.

끝으로 제7장에서는 앞에서 논의한 내용을 정리하고 앞으로의 과제를 제시하는 것으로 결론을 삼았다.

제 2 장

조선왕실 팔경문학의 흐름

1 조선시대 이전

우리나라 왕실 팔경문학은 고려 명종의 '소상팔경' 향유에 의해 시작되므로 고려 무신란 때 시작되었다고 할 수 있다. 중국에서 유래한 소상팔경이 본래부터 왕실문학이었던 것은 아니다. 본래는 소수(瀟水)·상수(湘水) 지역이 당송(唐宋) 문인과 화가들의 시문과 그림의 대상이 되면서 명승으로 회자되어 유명해졌으며, 이를 팔경의 대상으로 삼게 된 것은 북송 화가였던 송적(宋迪)의 팔경도부터였다는 내용이 심괄(沈括)의 『몽계필담(夢溪筆談)』에 전해진다.

탁지원외랑(度支員外郎) 송적은 그림을 잘 그렸는데 특히 평원산수에 뛰어났다. 득의작으로 평사안락(平沙雁落), 원포귀범(遠浦歸帆), 강천모설(江天暮雪), 산시청람(山市晴嵐), 동정추월(洞庭秋月), 소상야우(瀟湘夜雨), 연사만종(煙寺晚鐘), 어촌석조(漁村夕照) 등을 팔경이라 하는데 흥밋거리를 좋아하는 사람들이 이를 많이 전하였다(심괄 저, 최병규 역, 2002).

알프레다 머크(Alfreda Murck, 1998, 77-79쪽)는 소상강 지역은 유배의 이미지를 담고 있으며 그러기에 문명의 도성과는 거리가 먼 지역으로 여겨졌다고 하였다. 또한 아황(娥皇)과 여영(女英)이 투신한 슬픈 지역, 송옥(宋玉)의 조락의 계절 가을을 지닌 쓸쓸한 지역이었다고 하였다. 실제 소상팔경에 그려진 경치의 이미지는 인적 드문 한적한 강변 모습이다.《소상팔경》소표제를 풀이하면 다음과 같다.

제1경 평사안락(平沙雁落): 평평한 모래사장에 내려앉는 기러기

제2경 원포귀범(遠浦歸帆): 먼 포구로 돌아가는 배

제3경 강천모설(江天暮雪): 강 하늘에서 내리는 저물녘의 눈

제4경 산시청람(山市晴嵐): 산속 시내(市內)에서 피어오르는 아침 안개

제5경 동정추월(洞庭秋月): 동정호의 가을달

제6경 소상야우(瀟湘夜雨): 소상강의 밤비

제7경 연사만종(煙寺晩鐘): 안개 긴 절의 저녁 종소리

제8경 어촌낙조(漁村落照): 고기잡이 마을의 지는 햇빛

이 팔경의 장소는 '어촌', '산시', '귀범' 등에서 보듯 강가 마을을 대상으로 하고 있다. 또한 이들이 그린 소상(瀟湘) 지역의 모습을 보면 새벽이나 저물녘 또는 밤의 안개와 연기, 구름과 눈 그리고 비에 가린 은은한 경관이었다(衣若分, 2002).

송나라 황제가 왜 소상팔경시를 지었는지 또 고려 명종이 왜 소상팔경을 직접 그리고 또 문신들에게 시를 짓게 하였는지 이유를 제시한 적은 없다. 다만 이 제왕들이 모두 시문과 서화에 관심이 컸으며, 명종이 무신에 의해 옹립되어 허수아비 노릇을 하는 처지에 있었듯이 영종도 금나라와의 굴욕적인 화의 이후 실의의 처지에 있었다는 점이 공통적이다.[1] 세속의 중심인 수도, 그중의 최상의 건물인 궁궐에서 가장 높은 지위인 국왕의 자리에 있으면서도 국정을 좌우할 수 없는 상황에서 그런 굴욕적인 일상을 한때나마 벗어나고픈 바람으로 소상팔경을 찾았던 것으로 여겨진다. 이처럼 명종

---

1   안장리(2003, 174-175쪽)는 武臣亂 시기 무신에 의해 옹립된 고려 명종이 정치에서 배제되어 문인들과 시문창화로 소일할 수밖에 없었기에 소상팔경의 이상향을 그리워했듯이 南宋의 寧宗도 1194년 황제가 된 후 1206년 북벌을 실행했으나 실패하여 1208년 금나라와 화의하였으며, 매년 비단은 은 30만 근 이상, 군전 30만 관을 바치게 되는 상황에 처하였을 때 현실도피의 수단으로 소상팔경을 동경했을 것으로 추정하였다.

의 소상팔경 향유는 실의한 처지에서의 한적한 행위에 불과했을지 모르나 그 파장은 컸다. 이인로의 팔경시는 후대의 시첩, 시화집, 시선집 등에서 자주 거론되는데 최해는 『삼한시귀감(三韓詩龜鑑)』(1980, 92쪽)에 이인로의 소상팔경시 전문을 실었으며, 특히 제3수인 〈강천모설〉 전체에 비점을 찍었다. 그리고 〈산시청람〉은 제1,2구는 비점을 찍고, 제3,4구는 관주를 하였다.

  흰 눈은 아름답고파 더디 강으로 내리고
  온 수풀은 늘어진 그림자로 이미 무성한데
  도롱이 입은 노인은 날 저무는 줄 모르고
  봄바람에 버들개지 날릴 때라 술 취한 소리 하네
  雪意嬌多著水遲　　千林遠影已離離
  簑翁未識天將暮　　醉道東風柳絮時

저물녘 강가에서 내리는 눈과 낚시질하는 노인의 모습은 당나라 시인 유종원(柳宗元)의 〈강설(降雪)〉에서 절묘하게 형상화한 바 있다. 많이 내리는 눈으로 인해 새도 다니지 않고 인적도 사라진 절대고요의 공간에서 홀로 낚시하는 인간을 그림으로써 절대고독의 고고한 모습을 형상화하였다.

　이 〈강천모설〉에서 이인로는 눈도 의인화하여 설의(雪意)가 있다고 하였고 노인이 '알지도 못하고(未識)', '취해서 말하는(醉道)' 행동을 하였다고 하여 그림 속 경물의 뜻을 표현하였다. 시인의 시심을 통해 자연 속 경물의 마음을 읽고 경관의 외면뿐 아니라 내면까지 표출하고 있다.

　제1구에서 이인로는 눈의 모습을 눈이 휘날리며 아름답게 떨어지려는 뜻(雪意)으로 해석하였다. 이를 강으로 더디 떨어지고 오랫동안 허공에 머물고 있고 싶어 한다고 표현하였다. 제3,4구에서 이인로는 '알지도 못하고', '취해서 말하는' 노인을 등장시킨다. 독자로 하여금 날이 저무는 것도 모르고 아무리 내려도 문제가 없는 봄날 버들개지로 눈을 인식하는 노인의 안목으로 눈을 보게 한다. 노인의 눈은 시인의 눈이고 노인이 보는 세계는 시인이 독자에게 보이고 싶은 세계의 모습이다.

눈이 많이 내리는 것은 풍년의 상징이기도 하지만 예전이나 지금이나 실생활의 어려움을 야기시킨다는 점에서 생활인인 어른들에게는 달가운 존재라고 보기 어렵다. 그러나 이 시에서 노인의 눈을 통해 보이는 강에 내리는 눈의 경치는 온통 아름답기만 하다. 이 시에 표현된 계절은 겨울이며, 시간은 저녁, 기후는 눈, 배경은 숲과 강 그리고 경물로서 사람이 있는데 취해서 춤추는 어부이다.

아침 해 뜨기 전이라 첩첩한 산빛 서늘하고
산안개는 피어 흰비단처럼 가늘게 펼쳐 있다
숲 속에서 보일락 말락하는 집은 몇 채이며
하늘 끝에 나타났다 사라지는 산은 어디 있나?
朝日微昇疊嶂寒　　浮嵐細細引輕紈
林間出沒幾多屋　　天末有無何處山

〈산시청람〉은 산속의 시가지가 맑은 아침 안개 속에 잠겨 있는 형상이다. 사람들은 번잡한 세속을 피해 자연이 온전한 산속에 살고 싶어 한다. 또 한편으로는 재화가 풍부한 도심의 안락한 거처에서 살고 싶어 한다. 그러나 도심에 있으면 세속의 번잡함에서 벗어나기 어렵고 산속에 있으면 먹거리나 생활에 있어서 안락하기 어렵다. 탈속하면서도 안락한 세계는 바로 이상향이다. 그런데 이 이상향이 있는지 없는지에 대해서는 누구도 명확하게 얘기할 수 없다. 아니 실질적으로 없더라도 단정해서 말하기는 어렵다. 그러기에 성시산림(城市山林)은 당대 사람들에게는 두 가지 삶의 이득이 공존하는

'희망'과 같은 공간이다.

제1,2구에서는 산시(山市)가 있는 시간과 공간을 묘사하였다. 해뜨기 전 새벽 청량하고 서늘한 기운이 가득한 산은 첩첩이 중첩되어 있고, 그 사이로 산안개가 피어오르는 모습이다. 깊은 산, 산안개, 새벽빛 등이 청량하고도 깊이 있는 느낌을 준다.

이 시의 압권은 제3,4구이다. 특히 산시의 핵심이 되는 산과 시(市)가 어떻게 보이는지 잘 묘사하고 있다. 성시(城市)를 대표하는 주택이 수풀 사이로 보인다고 했다. 그런데 그 주택이 몇 채인지 제1,2구에서 제시한 안개 낀 상황 때문에 제대로 알 수가 없다. 그런 면모를 '나타났다 사라진다(出沒)'고 표현하였다. 몇 채인지 모를 뿐 아니라 얼마나 큰 집들인지도 알 수 없다. 그러나 이 이면에는 사람들이 거주하기 편안한 큰 집들이 있을 거라는 기대로 보아야 한다. 한편 산은 하늘 끝에 있다고 하였다. 하늘 끝이라고 하면 지평선을 말한다. 하늘과 맞닿는 저 멀리 산이 있다. 그런데 멀리 있기 때문에 산이 있는지 불확실하다. 그러기에 '어느 곳(何處)'라고 표현하였다. 또한 중첩된 산 저 끝은 산의 형태나 색깔이 희미하기 마련인데 산안개 때문에 더욱 흐릿하다. 그런 면모를 '있는지 없는지(有無)'로 표현하였다. 어느 곳인지 모를 정도로 산이 중첩된 정도가 심하고 또 있는지 없는지도 모르니 그만큼 사람이 근접하기 어려운 공간인 셈이다. 이 시에는 계절이 명시되어 있지는 않으나 봄이나 가을 정도로 여겨진다. 시간은 새벽이며, 기후는 안개, 배경은 숲속의 마을이며, 사람과 같은 별도의 경물은 등장하지 않는다. 이 시 역시 앞의 시와 마찬가지로 흥취와 의미의 제시보다는 경치 묘사에 치중한 편이다.

『파한집』에서 이인로는 당대 이상향이라는 지리산 청학동을 찾아갔다가 찾지 못해 아쉬워하며 돌아온 인물이다. 이상향의 존재를 믿었던 듯하다. 이와 같이 이인로의 소상팔경은 흥취나 주제보다 경치를 읊고 있는데 소상팔경시에서 읊은 경치의 요소를 계절, 시간, 기후, 배경, 경물, 기타 등으로 정리하면 다음과 같다.

표1 이인로 소상팔경시

제목	계절	시간	기후	배경	경물	기타
평사낙안	가을	저녁	맑음	평평한 산	물가 모래, 내려앉는 기러기, 갈대	
원포귀범	가을	(저녁)	바람	안개 속 나루터	배	장한(張翰) 고사
강천모설	겨울	저녁	눈	숲	취해서 춤추는 어부	
산시청람	(봄, 가을)	새벽	안개	산속의 마을		
동정추월	가을	밤	달	구름	누운 어부	동정호
소상야우	가을	밤	가랑비	바람	대숲	소상강 순비(舜妃) 고사
연사만종	(봄, 가을)	저녁	구름	나무와 바위산속 절	종소리	
어촌낙조	(봄, 가을)	저녁	지는 햇빛	어촌	버드나무 언덕, 초가집, 나무다리	

이 시의 대상이 된 지역은 중국 호남성의 소상강 동정호지역이며, 계절은 가을(4)·겨울(1)·미상(3), 시간은 저녁(4)·밤(2)·새벽(1)·미상(1), 기후는 안개(2)·구름(2)·맑음(1)·눈(1)·비바람(1)이 있고, 장소는 멀리 산이 있는 어촌이다. 산속에는 절이 있으며, 어촌에 맞게 나루터, 물가 모래 등이 있다. 동물은 기러기, 식물은 갈대, 버드나무, 대나무숲 등이 있고, 이 시에 등장하는 사람은 어부가 제격이다.

또한 특징적으로 두 가지 전설이 전하는데 고향의 순채국과 농어회가 그

<u>9</u>도 상비사. 필자 촬영

리워 고향에 돌아갔다는 진나라 장한의 전설과 순임금이 죽었다는 소식을
듣고 소상강에 빠져 죽었다는 순임금의 부인 아황과 여영의 전설이다.

　이제현도 이인로의 팔경시에 차운하여 소상팔경시를 지었으며,[2] 안평대
군은 소상팔경시첩을 만들면서 이인로의 칠언절구와 진화의 칠언고시 전문
을 서두에 수록하였다.『동문선』에서는 〈송적팔경도(宋迪八景圖)〉라는 이름으
로 역시 이인로와 진화의 소상팔경시 전편을 실었다.『동인시화』11칙에는
이인로의 소상팔경시 중 〈동정추월〉을 들면서 원나라 시인 조맹부가 이 시
를 좋아했다고 하였다. 또한 "대간(大諫) 이인로의 소상팔경 절구는 청신부
려(淸新富麗)하여 모사한 것이 공교로우며, 우간(右諫) 진화의 칠언장구는 호
건초장(豪健峭壯)하여 기이함을 얻어서 모두 옛 사람의 절창이다. 그래서 뒤
의 작자들이 쉽게 견줄 수가 없었다"[3]고 하였다.

2　李齊賢, 〈和朴石齋, 尹橋軒用銀臺集瀟湘八景韻〉, 『益齋亂藁』 卷3, 『標點影印 韓國文集叢刊』 2,
　　525쪽(이하 한국고전종합DB『韓國文集叢刊』은『총간』으로 표기하도록 하겠음).
3　"李大諫仁老瀟湘八景絶句 淸新富麗工於模寫 陳右諫澕七言長句 豪健峭壯得之詭奇 皆古人絶唱 後之作
　　者 未易伯仲"(徐居正, 『東人詩話』 上, 54則)이라 하였으며, 이어서 惟益齋李文忠公絶句 樂府等篇 精深

『기아(箕雅)』에는 이인로의 〈산시청람〉, 〈동정추월〉, 〈소상야우〉 등을 선정했으며, 『대동시선』에서는 〈동정추월〉과 〈소상야우〉 두 수를 수록하였다. 이처럼 이인로의 소상팔경시는 역대 시선집과 시화에 인용될 정도로 인구에 회자되면서 팔경시의 전범 역할을 하게 되었다.

아울러 명종의 팔경시회는 당대 무인들에게도 유행이 되었는데 이는 이규보의 다음과 같은 언급에서 확인할 수 있다.[4]

상국합하(相國閣下)가 진양공(晉陽公)의 문객(門客)이 지은 건주팔경시(虔州八景詩)에 화답한 것을 나에게 보이면서 '자네도 일찍이 팔경시를 지어 보았는가' 하고 묻기에 내가 답하기를 '고금에 걸쳐 시인들이 지어 놓은 것이 많기도 하지만, 우레를 버티고 달을 찢는 듯이 모두가 힘차고 기발한 문구 아닌 것이 없으므로, 나는 거기에 미치지 못할까 두려워서 하지 못합니다. 하지만 공(公)께서 굳이 지으라고 독촉하신다면 즉시 차운하여 각기 두 수씩을 지어 올리겠습니다. 그러나 다만 제현(諸賢)들이 지어 놓은 것을 보지 못하였으니 운(韻)이 틀리지 않으리라고 어떻게 다짐하겠습니까. 이것만이 염려될 뿐입니다' 하였다.[5]

이 글은 평장사(平章事) 이인식(李仁植)이 팔경시를 짓고 이규보에게 차운할 것을 주문한 것에 대해 이규보가 자신이 팔경시를 짓지 않았던 이유를 말한 내용이다. '상국합하'는 이인식, '진양공'은 최이(崔怡), '건주팔경시'는 소상팔경시이다. 이규보는 건주를 소상지역의 옛 이름으로 여겼다.[6] 진양공

典雅舒閑容與 得與二老 頡頏上下於數百載之間矣"고 하였다.

4   이하 이규보 관련 내용은 안장리(2014)의 내용을 본서에 맞게 인용하였다.

5   〈次韻李平章仁植 虔州八景詩 幷序〉, 『東國李相國集 後集』 第六卷, 『총간』 2, 196쪽.

6   김건곤(2015)은 건주는 江西省 지역으로 건주팔경과 소상팔경은 다르다하고 위 언급은 소상팔경시와 건주팔경시를 이규보 등이 혼동한 것으로 보았다.

의 문객이 지은 건주팔경시에 이인식이 화답했다는 것은 진양공 최이가 시회에서 소상팔경시를 짓게 했음을 추정하게 하며, 당대 최이와 같은 무신집권자들도 소상팔경시를 시회에서 짓는 일이 자주 있었음을 추정할 수 있다. 특히 최이는 서예에 있어서 신라의 김생(金生), 고려의 탄연(坦然), 유신(柳伸) 등과 함께 신품사현(神品四賢)의 한 사람으로 꼽힐 정도로 원래 문을 좋아한 인물이었으므로 이런 시회를 자주 열었던 것으로 여겨진다.

한편 이 글에서 주목할 내용은 이규보가 그동안 소상팔경시를 짓지 않은 이유를 "우레가 펼쳐지고 달을 쪼갤 듯이 힘차고 기발하"기 때문이라고 한 점이다. '탱뇌열월(撑雷裂月: 우레를 지탱하거나 달을 쪼갠다)'은 '탱정열월(撑霆裂月)'과 같은 뜻으로 당나라 사공도(司空圖)가 「왕가에게 시를 평하여 주다(與 王駕評詩)」에서 쓴 바 있는데 그 소리와 기운이 사람을 놀라게 한다는 의미를 지닌다고 하였다.[7] '우레'는 소리이므로 키우고 지속하거나 막을 수는 있어도 지탱시킬 수는 없다. 달은 바라보거나 가릴 수는 있지만 쪼갤 수 있는 대상이 아니다. 이런 표현은 현실적으로는 일어날 수 없는 일이지만 말로 표현할 수 없는 심상이나 형태를 표현하는 것을 중시하는 문학에서는 높이 평가받는 재능이다. 또한 남이 쓴 운을 전혀 쓰지 않고 시를 짓는 일 또한 시적 재능을 드러내는 역량으로 간주하고 있다.

이로 볼 때 당대 고려에서 소상팔경시는 작시 능력 경쟁의 척도로도 활용되었음을 알 수 있다. 이와 같은 평가는 앞에서 서거정이 이제현의 팔경시만이 이에 견줄 수 있었다는 논의에서도 확인할 수 있다.

이규보는 쌍운주필의 글솜씨를 발휘하여 〈이평장 인식의 건주팔경시에 차운함. 서문 병기(次韻李平章仁植 虔州八景詩 幷序)〉에서 2제 16수, 〈이상국이

---

7 중국 포털사이트 baidu(baidu.com)의 백과 항목에서 撑霆裂月의 뜻은 '소리와 기운이 사람을 놀라게 하는 모습을 형용한 것(形容聲氣惊人)'이라 하였다. "吾適又自編『一鳴集』, 且云撑霆裂月, 劫作者之肝脾, 亦當言之無作也." 「與王駕評詩」, 『司空表聖文集』 1, 中國基本古籍庫, 北京愛如生數字化技術硏究中心 硏製.

건주팔경시에 다시 화답하여 보내 준 시에 차운함(次韻李相國復和虔州八景詩來贈)〉에서 8수, 〈상국이 일찍이 화답시 한 수를 보여 주었는데 나는 매번 두 수로 거듭하니 감상하심에 어떠하십니까? 황공하고 황공합니다(相國嘗和示一首 予每複以二首 未知鈞鑑何如 惶恐惶恐)〉에서 8수, 〈차운하여 이상국의 팔경시에 다시 각각 한 수씩 화답함(次韻復和李相國八景詩各一首)〉에서 8수, 〈영상인이 화답한 시에 차운함(次韻英上人見和)〉에서 8수 등 6제 48수를 지어 시적 재능을 표출하였다.[8] 이후 이제현, 이색 등 후대에 유명한 문인들도 소상팔경시를 지었는데 이제현만이 이인로의 팔경시에 견줄 수 있다고 한 것이다. 그러나 이후 안축의 죽서루팔경시와 이제현의 무산일단운 소상팔경시는 계속 차운되었다(안장리, 2002, 261쪽). 다만 명종대의 이벤트처럼 당대 최고 화가가 그림을 그리고 당대 최고 문인들이 집단적으로 팔경시를 짓는 일은 없었던 듯하다. 이러한 이벤트는 조선시대 안평대군에 의해 대대적으로 부활하게 된다.

---

8   이규보의 이 소상팔경시들은 『東國李相國集』 卷6(『총간』 2, 196쪽, 198쪽, 200쪽, 201쪽)에 수록되어 있다.

2 태조대-세종대

1) 태조대 신도팔경시

조선 태조는 수도를 옮긴 당위성을 내세우기 위해 다양한 홍보를 수행하였다.[9] 신도팔경시 역시 당대 유행하는 팔경시를 활용하여 새로운 도읍을 홍보하려 한 것이라 할 수 있다. 도성에서 멀리 떨어진 유배지를 모태로 했던 팔경시가 도성의 중심으로 확장될 수 있었던 이유는 무엇일까? 다시 말하면 탈속한 공간을 대상으로 하던 팔경시가 문명의 중심을 대상으로 삼을 수 있었던 이유는 무엇일까?[10] 도읍 이전을 반대하는 개성 기반 사족들에 대응하기 위해 수단방법을 가리지 않고 새로운 도읍 한양을 홍보하려는 정도전의 의지가 반영된 것이기도 하지만 팔경의 대상을 탈속한 공간에서 세속적 공간으로 확장시킨 것은 이미 안축, 이제현 등의 삼척팔경시와 송도팔경시부터 조짐이 보였다라고 할 수 있다.

안축과 이제현은 자신이 벼슬살이를 했던 고려의 수도 송도와 삼척을 팔경의 대상으로 삼으면서 그 자연 경치뿐 아니라 잘 다스려지는 농촌의 평온한 모습을 그림으로써 팔경의 범주를 탈속공간에서 세속의 중심으로 확대하는 데 기여하였다.[11] 이후 팔경시 작가들은 팔경시의 대상을 고향, 부임지, 유흥

---

9   당대 유행하던 樂章이나 경기체가로 새로운 도읍을 홍보하곤 하였다. 악장 중에는 鄭道傳의 〈新都歌〉와 河崙의 〈新都形勝曲〉을 들 수 있으며, 경기체가 중에는 權近의 〈霜臺別曲〉, 卞季良의 〈華山別曲〉 등이 유명하다.
10 전수연(1993)은 신도팔경시가 문명을 노래한 서경시라고 하였다.
11 이에 대해서는 안장리(2014)가 소상팔경의 일상화라는 주제로 거론한 바 있다. 즉 고려 및 조선의 사대부들은 소상팔경을 작시능력의 대결 수단으로 일상화하고 또 고향, 부임지, 유흥지 등 일상적 공간을 팔경화하여 승경의 개념을 자연공간에서 인문공간으로 확장하였으며 나아가 왕의 덕화를 칭송하고 도학 실현의 장소로까지 확대하였음을 밝혔다.

지 등으로 확대하였다. 정도전이 지은《신도팔경》의 소표제는 다음과 같다.[12]

제1경 기전산하(畿甸山河): 한양[畿甸]지역의 견고한 지형

제2경 도성궁원(都城宮苑): 도성에 있는 궁궐, 원유 등이 웅장하고 아름다움

제3경 열서성공(列署星拱): 도성에 있는 문직공서(文職公署)와 무직공서(武職公署)가 궁궐을 향해 집중됨

제4경 제방기포(諸坊碁布): 도성에 있는 49방(坊)이 질서정연하게 배열됨

제5경 동문교장(東門敎場): 훈련원(訓練院)에서 이뤄지는 군사훈련의 위용

제6경 서강조박(西江漕泊): 한강의 서강에서 조운 선박이 즐비함

제7경 남도행인(南渡行人): 한강 노량진을 건너는 서민들이 장유유서를 따름

제8경 북교목마(北郊牧馬): 국가의 말을 기르는 살곶이의 활기참

제1경은 서울 전체의 자연지형을 그렸고, 제2-4경은 도성에 있은 경물로 궁궐, 관청, 행정구역 등을 차례로 읊었으며, 제5-8경은 도성 밖 동, 서, 남, 북에 펼쳐져 있는 군사훈련장, 선박, 백성들, 군마(軍馬) 등을 묘사하였다.

『조선왕조실록』의 기록에 따르면 정도전은 이 시를 지어 태조에게 바쳤다고 한다. 이 시의 창작행위가 정도전 개인의 기호가 아닌 국가적 가치 실현의 일환으로 만들어졌던 셈이다. 태조도 그 가치를 인정하여 이 시를 병풍으로 만들어 신하들에게 나눠 주었다. 이 과정에서 이를 그림으로 그려서 주었는지 아니면 시 자체만을 써서 주었는지는 알 수 없다. 만약 그림으로 그렸다면 국내 지역을 대상으로 한 최초의 팔경도라 할 수 있으며 초창기 서울 도성의 모습을 이해하는 데 중요한 자료로 활용될 수 있을 것이다. 그러

---

12 이하 신도팔경 관련 내용은 안장리(2009, 2011)의 내용을 적절히 인용하였다.

<u>10도</u> 도성도. 문화재청 소장

나 이 병풍이 남아 있지 않아서 확인할 수가 없는 점이 안타깝다. 이 병풍을
받은 신하는 좌정승 조준과 우정승 김사형 등으로 이들의 공통점은 정승이
라는 점과 모두 개국 1등 공신이었다는 점이다.[13] 정도전 역시 개국 1등 공신
인 점을 고려할 때 나머지 6폭도 개국 1등 공신에게 나눠 주었을 것으로 추
정된다. 시의 내용은 도성의 현재모습이라기보다는 앞으로 이루려는 모습이
다. 태조는 이 병풍을 개국공신들에게 주면서 신도팔경에서 제시한 세계를
조선 개국의 이상적인 세계로 실현하자고 다짐하였을 것으로 여겨진다.

이렇게 지어진 시와 같은 제목으로 권근, 권우, 성석린 등이 팔경시를 지
었는데 이들의 시는 무산일단운체(巫山一段雲體)로 되어 있어서 6언시로 이

---

13   『太祖實錄』에 좌정승 趙浚과 우정승 金士衡에게 신도팔경 병풍 각 1면을 주었다는 기사와 함께 정도
전이 지어 올린 6언시가 실려 있다[『太祖實錄』13卷, 太祖 7年(1398 戊寅) 4월 26일(壬寅)].

루어진 정도전의 시와는 차이를 보인다. 그런데 권근이 제목에서 차운시라고 명명하였고 또 권우는 정도전이 무산일단운체를 지었고 이에 대해 성석린과 권근이 차운하였다고 한 것을 볼 때 정도전이 6언시 외에 무산일단운체 신도팔경을 지었으나 지금은 전하지 않는 것으로 추정된다.[14] 무산일단운체는 중국 운문인 사(詞)의 일종이다. 이제현이 처음으로 원나라 조맹부(趙孟頫)의 이 사체를 활용하여 《송도팔영》을 지었으며, 이때부터 우리나라 한국팔경시에도 유행하게 되었고 정도전과 권근 등이 이를 활용하여 《신도팔경》을 지은 것이다.[15]

기름지고 풍요한 서울 천리 땅에
안팎의 강과 산은 하늘이 내린 요새
덕과 교화에 땅의 형세까지 겸하니
대대로 이어져 천 년을 가리라

沃饒畿甸千里　　　表裏山河百二
德教得兼形勢　　　歷年可卜千紀　　　　　　　_『신증동국여지승람』, 〈기전산하〉[16]

정도전의 〈기전산하〉이다. 제1,2구에서 국방의 중요성을 강조하였으며 전결구에서는 덕과 교화로 천년왕업을 이룰 것이라고 칭송하였다. 국방과 덕치, 이를 통해 이루는 천년왕업이 바로 조선건국의 이상이요 새 도읍을 건설하는 목표였다. 이 시에서는 계절, 시간, 기후 등 자연경치보다는 부국(富國)을 상징하는 인위적 경치가 중시된다. 바로, 국토, 국방, 덕치(德治), 천

14　현재 鄭道傳의 6언시와 權近, 權遇 등의 무산일단운체 사는 『신증동국여지승람』에 전하고 있으나 정도전의 무산일단운체와 成石璘의 사는 전하지 않는다.

15　한국의 무산일단운체에 대해서는 유기수(1993)가 전체적으로 조망하였으며, 안장리(1997)는 이제현의 무산일단운 소상팔경을 姜希孟, 李承召, 魚世謙, 申光漢, 李養吾 등이 차운한 양상을 고찰하였다.

16　한국고전번역원의 한국고전종합DB 중 고전번역서 항목에 수록된 국역본 『신증동국여지승람』을 인용하되 필요한 부분은 가필하였다. 이하 『신증동국여지승람』, 〈기전산하〉로 약칭함.

년 왕업 등을 내세워 덕으로 다스려지는 안전한 나라를 기원하고 있다.

이런 세계에서 백성들이 살아가는 모습을 권근은 〈서강조박〉에서 다음과 같이 노래하였다.

남해에 파도가 잔잔해지니
서강에 멋진 배들 빽빽하구나
돛대가 하늘 가릴 듯 촘촘히 섰고
재물이 산처럼 쌓이어 있다
창고마다 곡식이 빨갛게 썩고
집마다 연기가 푸르게 난다
온 나라 풍족해서 편케 지내니
왕업이 길이 면면하리라

南海恬風浪	西江簇畫船
烏檣櫛立蔽雲天	委積與山連
紅腐千倉粟	靑生萬戶煙
公私富足各安然	王業永綿綿

_『신증동국여지승람』, 〈서강조박〉

제1,2구에서는 남방의 물산이 한강 서강에 몰려든 모습을 그렸다. 여기서 서강은 지금의 마포강가로 마포나루에 정박한 배들의 모습을 일컫는다. 제3,4구에서는 몰려든 배의 돛대가 빗살 같고 재물이 산 같다고 하여 국가적으로 거둬들일 수 있는 세수(稅收)가 풍부함을 표현하였다. 제5,6구에서는 곡식이 창고마다 썩어 나가고 집마다 밥 짓는 연기가 난다고 하여 이러한 물화의 성대함이 국가에만 몰리지 않고 백성들에게도 골고루 나눠지고 있음을 노래하고 있다. 제7,8구에서는 이러한 풍족함이 바로 왕업 지속의 전제임을 제시하였다. 이 시에서는 바다와 강, 배, 집과 창고, 곡식 등을 통해 풍족한 국가재정을 기원하고 있다.

각 경을 범주 및 방위, 배경, 경물, 의미, 기타 등으로 정리하면 다음과 같다.

표 2 정도전 신도팔경시

	범주 및 방위	배경	경물	의미	기타
기전산하	전체	도읍	도읍지	풍요, 국방	왕업유지
도성궁원	상	궁궐	높고 단단한 성벽, 오색구름, 금원, 꾀꼬리, 꽃	국방, 유흥	안정
열서성공	중	관청	새벽, 출근하는 관리	근면함	
제방기포	하	사대문 안	크고 많은 기와집, 저녁 연기	번화, 태평	
동문교장	동	동대문	북소리, 깃발, 말	군사훈련	
서강조박	서	한강	조운선, 풍족한 곡식, 곡식 창고	재정풍요	
남도행인	남	한강 나루	행인, 노인과 젊은이, 즐거운 노래	질서	백성 화목
북교목마	북	훈련원	북쪽 들, 초원, 목동과 말	말을 키움	국가 동력

팔경 전체의 구성을 보면 제1경에서는 도읍지 전체를, 제2-4경은 수직적 범주를, 제5-8경은 수평적 범주를 나누어 시 자체를 계획적으로 구획하고 있으며, 제시한 경물도 자연경물보다는 사회 및 국가를 이루는 인위적 경물로 이뤄져 있다. 이러한 경물을 통해 그려 내려 한 주제는 성벽 건립, 군사훈련 등을 통한 국방강화, 관리들의 부지런함을 통한 원활한 통치, 국가의 동력이 되는 말과 곡식의 풍요, 장유유서의 질서가 이루어진 백성의 화목, 크고 즐비한 기와집으로 대표되는 잘 구획되고 발달된 도읍의 면모, 그리고 이런 요소들을 바탕으로 이루어지는 국가의 안정과 번영 등이다.

조선의 왕실에서는 이후 한양이 조선 도읍지로서의 입지가 굳혀져 새로운 도읍으로서의 의미가 없어진 뒤에도 최연(崔演, 1503-1546), 이민성(李民

成, 1570-1629), 이식(李植, 1584-1647), 홍세태(洪世泰, 1653-1725), 숙종(1661-1720), 이덕수(李德壽, 1673-1744), 오광운(五光運, 1689-1745) 등에 의해《한도팔경(漢都八景)》혹은《경도팔경(京都八景)》이라는 이름으로 창작하게 하여 새로운 국가가 실현해야 할 이상적 모습에 지속적인 관심을 갖게 하였다.[17]

2) 세종대 안평대군

세종은 문화적 업적을 많이 이룩했으나 시 한 편을 남기지 않을 정도로 문학 창작은 등한시하였다.[18] 그러나 이 시대는 왕실의 팔경 문학활동이 다른 어느 때보다도 활발했는데 바로 셋째 아들 안평대군의 활약 때문이었다.

안평대군은 1418년에 태어나 11세에 안평대군에 봉해졌으며, 1430년 13세에 성균관에 입학하여 당대 사대부들과의 친분을 쌓았다. 서화가로 이름을 남길 정도로 예술에 발군이었으며, 27세에 이미 222축의 명화를 소장하고 있었다. 성현은『용재총화』에서 안평대군의 성격을 성품이 들뜨고 허망해서 옛것을 좋아하고 경승을 욕심냈다고 하였다.[19] 안평대군은 국가편찬 사업을 주도하고, 불교 행사에 관여하였으며, 미술, 문학활동 등에 적극적으로 참여하여 당대 문화활동을 주도하였다(심경호, 1995; 안휘준, 1993, 1998; 안장리, 2003; 이완우, 2005). 팔경문학에 있어서도『소상팔경시첩』을 남겼고,《비해

17 崔演,〈新都八詠 次權陽村韻〉,『艮齋先生文集』卷2,『총간』32, 40쪽; 李民成,〈漢都八詠〉,『敬亭先生集』卷2,『총간』76, 227쪽; 李植,〈漢都八景〉,『澤堂先生集』卷1,『총간』88, 13쪽; 洪世泰,〈京都八景〉,『柳下集』卷8,『총간』167, 465쪽; 李德壽,〈京都八景〉,『西堂私載』卷2,『총간』186, 164쪽; 吳光運,〈京都八景〉,『藥山漫稿』卷2,『총간』210, 385쪽.
18 『列聖御製』에는〈夢中作〉이라고 세종의 시가 한 편 실려 있다. 그런데 이는『세종실록』이 아닌『세조실록』에 실려 있던 시로 정황으로 볼 때 세조 왕위 계승의 당위성을 확보하기 위한 세조의 위작으로 보인다. 즉 세종이 이 시를 문종과 세조에게 언급했다고 하는데 시의 내용은 왕위에 있는 자가 갖춰야 할 덕목이므로 이 시를 문종과 함께 들었다는 것 자체가 세조가 세종에게 왕위 계승자로 인정받았다는 의미를 지닐 수 있기 때문이다.
19 "性又浮誕 好古探勝," 成俔,『慵齋叢話』卷2, http://db.itkc.or.kr.

당사십팔영(匪懈堂四十八詠)》,《담담정십이영(淡淡亭十二詠)》 등을 지었다. 이를 차례로 살펴보도록 하겠다.

가. 소상팔경시

안평대군은 1442년 8월 자신이 소장하고 있던 『동서당고첩(東書堂古帖)』에서 송나라 영종의 소상팔경시를 보고 시축을 제작할 생각을 하게 되었다. 참여 문인들의 시에 따르면 안평대군은 자신의 거처인 비해당에서 『동서당고첩』을 보고 안견에게 소상팔경도를 그리게 한 뒤 참여한 문인들에게 소상팔경시를 짓게 한 것으로 보인다.

『몽유도원도시축』을 볼 때 이러한 모임의 결과로 산출된 안견의 소상팔경도에 고려시인 이인로와 진화의 시를 붙인 뒤 집현전 수찬 이영서(李永瑞)의 서문을 비롯하여 당시에 참여한 좌찬성 하연(河演), 예조판서 김종서(金宗西) 그리고 집현전 학사 등의 시를 엮어 《팔경시권》을 만들었다.[20]

참여 문인의 직책 및 작품 형식은 〈표 3〉과 같다.

참여 인물의 직책을 보면 집현전 학사가 대거 참여하고 있다. 집현전의 직제는 정9품의 정자(正字)부터 정3품의 부제학(副提學)까지 11등급으로 나뉘는데, 부수찬(副修撰, 종6품), 직집현전(直集賢殿, 정4품), 부교리(副校理, 종5품), 수찬(修撰, 정6품) 등 집현전 내에서도 다양한 직책의 인물이 참여하고 있음을 알 수 있다. 시의 형식을 보면 오칠언고시, 오언고시, 칠언율시, 오언배율, 칠언절구, 칠언고시, 육언절구, 장단구고시(長短句古詩), 오언절구 등 다양한

---

20 안평대군은 시축제작활동과 시선집 편찬활동을 활발하게 펼쳤는데 1442년 3월에는 세종과 함께 찾은 발암폭포를 대상으로 한 《發岩瀑布詩軸》, 1442년 8월에 제작한 이 《瀟湘八景詩卷》, 1444년경에 崔恒, 申叔舟, 成三問, 金守溫, 徐居正, 李塏 등과 함께 자신의 거처인 비해당을 대상으로 제작한 《匪懈堂四十八詠詩軸》, 1447년 4월에 제작한 《夢遊桃源圖詩軸》, 같은 해 7월에 만든 《臨江玩月圖詩軸》, 문종대에 만든 《留花詩卷》 등이 있다(안장리, 2000).

표 3 안평대군 『소상팔경시첩』 참여 문인

순서	형식	직책	성명	비고
1	서문	부수찬	이영서(李永瑞)	
2	오칠언고시	좌찬성	하연(河演)	
3	오언고시	예조판서	김종서(金宗西)	
4	칠언율시	지중추원사	정인지(鄭麟趾)	
5	오언배율	도승지	조서강(趙瑞康)	
6	칠언절구	우승지	강석덕(姜碩德)	10수
7	칠언율시	예문제학	안지(安止)	
8	칠언율시, 칠언고시	형조판서	안숭선(安崇善)	총 2수
9	칠언율시	주부	이보흠(李甫欽)	
10	육언절구	직집현전	남수문(南秀文)	4수
11	장단구고시	직집현전	신석조(辛碩祖)	
12	칠언고시	좌부승지	유의손(柳義孫)	
13	칠언율시	부교리	최항(崔恒)	5수
14	칠언절구	수찬	박팽년(朴彭年)	5수
15	오언절구	부교리	성삼문(成三問)	8수
16	오언고시	수찬	신숙주(申叔舟)	
17	칠언고시	영평군	윤계동(尹季童)	
18	칠언고시	교감	김맹(金孟)	
19	오언절구	스님	만우(卍雨)	10수

시체에 의해 1수, 4수, 5수, 8수, 10수 등으로 짓고 있어 마음껏 시적 재능을 드러내고 있음을 확인할 수 있다.

　내용을 보면 대체적으로 안평대군 덕분에 성대한 시회에 참석하여 영종과 같은 중국황제의 글과 글씨를 보고 또 안견의 그림을 볼 수 있었음을 칭송하면서 안평대군의 재능과 성정, 안견의 팔경도 등 배경자료, 지향 세계 등에 대해 언급하고 있다. 이를 안평대군의 성정, 안견의 그림, 소상팔경의 양상 등으로 나누어 정리하면 다음과 같다.

① 안평대군의 재능과 성정

이영서는 서문에서 안평대군이 이 시첩에서 의도한 것은 탈속한 세계였다고 하였다. 다른 귀공자와 달리 속세의 분화황연(紛華荒宴: 번화한 잔치에 빠짐)에 빠져 있지 않은 점을 칭송하였다.[21]

하연은 오칠언 20구 고시를 지었는데 소상팔경시권을 만든 안평대군의 아량, 시적 상상력, 성정, 문장 등이 대단함을 칭송하였다.

안평대군의 아량은 은하수처럼 높고
규벽처럼 빛나는 시상을 일으키네
산수를 좋아하는 어진 자와 지혜로운 자의 이 성정
조용히 맑은 창 대하니 더욱 밝고 순수해져.
匪懈雅量懸銀河　　奎光璧彩騰詩思
仁山智水此性情　　靜對晴窓更昭粹

하연은 이 제3-6구에서 안평대군의 아량을 은하수에 비유하고 또 문학적 재능을 별과 옥(玉)처럼 빛난다고 했으며, 산수를 좋아하는 성정이 이렇게 멋진 시와 그림 속에 있어 더욱 밝고 순수해진다고 칭송하였다. 본사인 제9-16구에서는 시와 그림이 오초(吳楚)의 동정호를 멋지게 묘사했음을 기렸으며, 비록 소상강이 멀고 송 영종이 시를 쓴 시기가 오래전이지만 지금 여기서도 알 수 있다고 하여 고전 세계를 향유하는 안평대군의 수준을 높이

21　"…又起遐想 而作是卷 以爲把玩之資 余想夫燕閒之暇 圖以寄其興 詩以觀其志 遠收湖海之景 寓之於數幅
　　之中 而樂之於方寸之奧 此誠前代貴介之所未曾 其視爲紛華荒宴之所累所失者 不翅霄壤矣 雖然 蕭灑出
　　塵之氣象 固不可以言語形容…"(문화재청, 2008).

11도 《팔경시권》 중 이영서서문. 국립중앙박물관 소장

평가하였다. 김종서는 안평대군을 기수(沂水)의 흥을 노래한 증자(曾子)에 비유하여 칭송하였다. 안평대군의 속세를 벗어난 정신이 자신과 같다고 하여 동질감을 나타냈다.

> 내가 친애하는 귀공자는
> 초연한 의지 높고도 맑아
> 세속 밖 생각에서 나왔으니
> 진실로 우리 부류일세
>
> 我愛貴公子　　超然志高爽
> 出玆物外念　　諒哉乃吾黨

이는 김종서 오언고시의 끝부분으로 안평대군이 소상팔경의 시회(詩會)를 베푼 일이 '물외념(物外念)'에서 나온 행동이며 이는 바로 탈속한 자신과 같은 부류의 성정이라고 하였다. 이런 평가에는 정인지도 동조하였다.[22]

② 안견의 팔경도 등 배경자료

강석덕은 첫 수는 영종의 시에 대해, 둘째 수는 소상팔경도에 대해 읊었는데 제2수를 보면 다음과 같다.

옷 풀어 제치고 철퍼덕 앉은 이 누구인가
솜씨를 부린 것이 오묘한 귀신의 경지구나
한가로이 창가에 앉아 한번 펴 보니
황홀히 나를 동정호 물가에 앉혀 놓는다
解衣盤礴問何人　　意匠經營入妙神
閑向晴窓時一展　　恍然坐我洞庭濱

'해의반박(解衣槃礴)'은 송나라 원군(元君)이 그림을 그릴 때 외부 상황에 신경 쓰지 않고 편한 차림으로 앉아서 오직 그림에만 열중했다는 고사에서 유래한 말로 『장자』에 전하는데 여기서는 소상팔경도를 그리는 안견에 비유한 셈이다. 안견의 그림을 보고 동정호에 있는 듯하다고 하여 그림의 핍진한 묘사를 높이 평가하였다.

안지는 시의 서두에서 서화를 통해 동정호 경치를 알게 되었다고 하였고 제7,8구에서는 다음과 같이 읊었다.

문밖을 나가지 않아도 모든 곳 볼 수 있어
아득히 맑은 흥취가 새 시로 들어온다
不出戶庭看盡處　　渺然淸興入新詩

22　정인지는 칠언율시를 실었으며, 내용은 안평대군이 제공한 팔경시와 그림 그리고 서체에 감탄하면서 이 한가로움을 즐기는 안평대군의 성정을 칭송하고 있다.

밖에 나가지 않고도 모두 볼 수 있다는 말 역시 강석덕처럼 동정호의 실물을 그대로 재현하였다고 평가한 말이고, 그렇게 잘 그렸기에 저절로 맑은 흥취가 담긴 시를 지을 수 있었다 하여 그림의 생동적인 면모를 칭송하였다.

누가 강남 땅이 아득히 만리 밖이라 했나?
팔경을 펼쳐 홀연히 이리 옮긴 듯하다
용이 뛰고 봉이 나는 듯한 송 영종의 글씨에
주옥에 보석같이 아름다운 고려의 시로다
誰道江南縣萬里　　森羅八景忽移斯
龍跳鳳翥宋皇筆　　玉珮瓊琚麗代詩

이 시는 이보흠 시의 앞부분이다. 먼저 팔경이 우리나라에 옮겨 왔음을 말하고 이어서 영종과 고려의 시를 칭송하였다. 위의 내용을 보면 『동서당고첩』의 영종시, 안견의 소상팔경도 그리고 고려시인 이인로와 진화의 팔경시 등이 제시된 상황에서 작시가 이루어졌음을 추정할 수 있다.

남수문은 영종과 안평을 기리면서 멀리 가지 않고 경치를 완상할 수 있게 해 준 점을 칭송하였으며, 윤계동도 그림과 함께 영종의 필적을 칭송하였다.

③ 소상팔경시첩의 지향 세계
안숭선은 소상팔경시에 묘사된 동정호가 무릉도원 같은 이상경치라고 하였다.

무릉이 어디 있나 아스라히 생각하다
꿈에서 기이한 경치로 들어가 신선을 찾는다
遙憶武陵何處在　　夢入異境尋神仙

12도 『팔경시권』 중 승 만우의 시. 국립중앙박물관 소장

이 부분은 결사의 앞부분으로 무릉을 찾으려는 염원이 이 시첩을 통해 실현되었다고 읊은 셈이다. 김맹은 이 팔경시첩에서 태고시대의 순박한 정취를 칭송하였다.

내 지금 그림 펼치고 맑은 경치 감상하니
유연한 흥취는 태고 복희씨(伏羲氏) 시대 앞에 있는 듯
我今披圖賞淸景　　悠然興逸義皇前

이는 이《팔경시권》이 이 시를 쓰는 자신을 비해당에서 태고시대로 시공을 옮긴 듯이 느끼게 하는 대단한 작품이라는 평가이기도 하다. 이처럼 이 시첩이 지향하는 세계는 세속의 때가 묻지 않은 무릉도원같은 태고의 세상을 지향하고 있다.

제2장　조선왕실 팔경문학의 흐름

나. 《비해당사십팔영》

비해당은 안평대군의 호이면서 동시에 당명(黨名)이기도 하다.[23] 안평대군
은 이 당을 대상으로 사십팔영을 칠언율시로 읊었으며, 이에 대해 최항이
차운하고 신숙주·성삼문·이개·김수온·이현로·서거정·이승윤·임원준
등이 오칠언율시 혹은 오칠언절구로 읊었다고 한다.[24]

이 시의 창작시기는 1444년 2월로 추정된다.[25] 현재 사십팔영 전편을 전
하는 문인은 최항, 신숙주, 성삼문 등이며, 김수온은 46편, 서거정은 3편이
빠진 45편만 전하고, 이개는 『동문선』에 4편만 전한다.[26] 그리고 안평대군을
비롯하여 이현로, 이승윤, 임원준 등의 팔경시는 한 편도 전하지 않는다. 김
성룡(1995, 180쪽)은 신숙주의 사십팔영시를 토대로 비해당의 실경을 다음과
같이 추정하였다.

"서재 앞에 매화나무를 심은 광경에서 시작해 대나무를 심어 길을 내고 친

---

23 '匪懈'는 세종이 안평대군에게 내려 준 호이다. 『新增東國輿地勝覽』 「備考」를 보면 서울 북부 효녕대
    군집 조에 '인왕산 기슭, 넓은 골짜기 깊숙한 곳에 있으니 바로 비해당의 옛집터이다'라는 구절을 볼
    때 인왕산 기슭에 있었음을 알 수 있다. 이하 『新增東國輿地勝覽』은 『승람』으로 약칭한다.
24 한편 『太虛亭集』(崔恒, 〈匪懈堂四十八詠〉), 『총간』9, 174쪽의 編者 註釋 부분)에는 "四十八詠別印本參
    考 則安平先唱七言律詩 太虛亭次韻 申叔舟成三問李塏金守溫李賢老徐居正李承胤任元濬 八公則 或五七
    言律 或五七言絶句"라는 기록이 있다.
25 세종이 안평대군에게 '匪懈'라는 호를 내려 준 시기는 1442년 2월이므로 이 이후에 지어졌음을 알
    수 있다. 이 시회에 참석한 신숙주의 시 중 〈일본철쭉〉을 보면 일본에 서장관으로 다녀온 이야기를
    듣고 있는데 신숙주가 돌아온 시기는 1443년 10월이다. 그러므로 그 이후에 지었음을 알 수 있다.
    한편 이개는 1444년 4월에 시묘살이를 하러 고향으로 떠나 1447년까지 돌아오지 않으므로 이 시의
    창작시기는 1443년 10월에서 1444년 4월 사이로 추정된다. 그런데 『世宗實錄』[世宗 26年(1444)
    甲子 2월 16일 丙申]을 보면 세종이 崔恒, 朴彭年, 申叔舟, 李善老, 李塏, 姜希顔 등에게 명하여 『韻會』
    를 번역하게 하였으며 안평대군에게 이를 관장하게 하였다는 기사가 있으므로 이 시기에 지은 것으
    로 추정된다.
26 金守溫, 『拭疣集』卷4, 『총간』9, 112-116쪽; 崔恒, 『太虛亭集』詩集 卷1, 『총간』9, 170-174쪽; 申叔
    舟, 『保閑齋集』卷6, 『총간』10, 53-56쪽; 成三問, 『成謹甫集』卷1, 『총간』10, 184-187쪽; 徐居正, 『四
    佳集』詩集 卷4, 『총간』10, 282-286쪽 이상 한국고전종합DB; 李塏, 『國譯 東文選』2, 536쪽, 民族文
    化推進會, 1977.

구를 맞이하면서, 섬돌 머리맡에는 꽃밭을 두고 작약, 동백, 모란 등을 심고 추녀가 닿을 듯한 곳에 배나무를 심는다. 시렁을 만들어 장미 덩굴을 올리고, 담장 부근에 살구와 단풍을 심는다. 꽃밭과 대나무밭 사이에는 괴석을 두고, 섬돌의 앞에는 흙을 모아 작은 산을 이루었으며, 장방형의 연못을 파고는 거기에 연꽃을 심어 감상할 수 있도록 했고, 정원에는 사슴을, 작은 시내에는 금계를, 정원 소나무에는 학을 기르는 등 기이한 풀, 아름다운 짐승들이 어우러진 세계였다."

강희안의 『양화소록』을 보면 이 중에 금강산이나 묘향산 꼭대기에서 잘 자라며, 승려들이 채취하여 법당의 향으로 쓰는 만년송, 대나무, 중국에서 건너온 이름 있는 꽃인 국화, 덕과 재주가 많고 깨끗하고 높은 인격의 상징인 매화, 난화, 군자로 일컬어지는 연꽃, 꽃뿐만 아니라 열매까지 유용한 석류와 안석류, 치자화, 장미의 일종인 사계화, 동백이라고 하는 산다화, 배롱나무의 자미화, 세종 때 헌상된 일본철쭉 그리고 괴석까지 15종 이상을 소개하고 있어 당대 사대부들이 일반적으로 향유하던 정원문화로 여기게 한다. 강희안의 어머니는 심온의 딸로 바로 세종비 심씨의 이모이다. 즉, 왕족과 매우 가까운 인척관계에 있으므로 일반 사대부들이 향유할 수 없는 고급 정원문화를 반영하고 있다고 보아야 할 것이다.

특히 학이나 사슴을 키우고 또 연거분처럼 화려한 화분을 소유하는 일 등은 안평대군이 왕족이어서 가능한 것이었을 것으로 추정되며, 안평대군은 당대 정원문화 발달에도 큰 기여를 했음을 엿볼 수 있다(노재현 외, 2009). 각 경의 소표제는 다음과 같다.

제1경 매창소월(梅窓素月): 매화 핀 창가의 흰 달
제2경 죽경청풍(竹逕淸風): 대나무 숲길의 맑은 바람

제3경 일본척촉(日本躑躅): 일본철쭉

제4경 해남낭간(海南琅玕): 해남 낭간석

제5경 번계작약(翻階芍藥): 섬돌의 작약꽃

제6경 만가장미(滿架薔薇): 시렁에 가득 찬 장미꽃

제7경 설중동백(雪中冬柏): 눈속에 핀 동백꽃

제8경 춘후목단(春後牧丹): 봄 지난 뒤의 모란꽃

제9경 옥각이화(屋角梨花): 집 모퉁이에 핀 배꽃

제10경 장두홍행(墻頭紅杏): 담장 머리에 있는 붉은 살구꽃

제11경 숙수해당(熟睡海棠): 깊이 잠든 해당화

제12경 반개산다(半開山茶): 반쯤 핀 산다화

제13경 난만자미(爛熳紫薇): 화려하게 핀 자미화

제14경 경영옥매(輕盈玉梅): 가볍게 날리는 옥매화

제15경 망우훤초(忘憂萱草): 걱정을 잊으라는 훤초

제16경 향일규화(向日葵花): 해를 향한 해바라기꽃

제17경 문전양류(門前楊柳): 문 앞의 버드나무

제18경 창외파초(窓外芭蕉): 창 밖의 파초

제19경 농연취회(籠烟翠檜): 안개에 둘러싸인 푸른 회나무

제20경 영일단풍(暎日丹楓): 햇빛에 비치는 단풍나무

제21경 능상국(凌霜菊): 서리를 견디는 국화

제22경 오설란(傲雪蘭): 눈을 견디는 난초

제23경 만년송(萬年松): 만년송

제24경 사계화(四季花): 사계화

제25경 백일홍(百日紅): 백일홍

제26경 삼색도(三色桃): 삼색도

제27경 금전화(金錢花): 금잔화

제28경 옥잠화(玉簪花): 옥잠화

제29경 거상화(拒霜花): 서리를 거부하는 꽃

제30경 영산홍(映山紅): 영산홍

제31경 오동엽(梧桐葉): 오동잎

제32경 치자화(梔子花): 치자꽃

제33경 태봉괴석(苔封怪石): 이끼 낀 괴석

제34경 등만노송(藤蔓老松): 늙은 소나무의 등나무 덩굴

제35경 긍추홍시(矜秋紅柿): 가을을 자랑하는 홍시

제36경 읍로황등(浥露黃橙): 이슬 머금은 누런 등나무

제37경 촉포도(蜀葡萄): 촉나라 포도

제38경 안석류(安石榴): 안석류

제39경 분지함담(盆池菡萏): 항아리 못의 연꽃

제40경 가산연람(假山烟嵐): 가산에 이는 안개

제41경 유리석(琉璃石): 유리석

제42경 연거분(珚琚盆): 옥으로 만든 항아리

제43경 학려정송(鶴唳庭松): 학이 우는 뜰 소나무

제44경 사면원초(麝眠園草): 뜰에서 잠든 사향노루

제45경 수상금계(水上錦鷄): 헤엄치는 금계

제46경 농중화합(籠中華鴿): 새장 속의 화합

제47경 목멱청운(木覓晴雲): 목멱산 맑은 구름

제48경 인왕모종(仁王暮鍾): 인왕산 저녁 종소리

안타까운 점은 안평대군의 시가 전하지 않는 점이다. 다만 이 수창모임에서는 가장 연장자였던 최항이 안평대군의 시에 차운하였다고 하므로 그중에 두 수를 살펴보면 다음과 같다. [27]

맑은 달은 뜰 가운데 어스름한 잔디 비치는데

창 가로지른 한 가지에 하얀 비단 이어 있네

가만 보니 서늘하게 눈(雪)과 서로 비추고

그윽한 향 은근한데 삼성(參星)이 지는구나

서호(西湖)에 눈 맑아져 속된 생각 끊어지고

동각(東閣)에서 흥이 일어 잠 잘 생각 없어진다

화공(畵工)들은 응당 문인들의 우활함을 웃으리니

맑은 간담 내 놓고 설다(雪茶)를 마주하네

半庭涼月照烟莎　　一枝橫窓綴素紗

靜看寒影雪相映　　細聞幽香參欲斜

眼淨西湖絶塵想　　興動東閣無眠魔

畵工應笑騷人冷　　鉤盡氷肝對雪茶

제1경 〈매창소월〉이다. 운자는 사(莎), 사(紗), 사(斜), 마(魔), 다(茶)이다. 제1,2구에서는 맑은 달이 창을 가로지른 매화 한 가지를 비추고 있다고 해서 제목 그대로의 경관을 형상화하였다. 제3,4구에서는 매화 그림자가 다시 눈과 서로 조응하고 또 그윽한 매화향에 시간 가는 줄 모르는 흥취를 그렸다. 제5,6구에서는 함련의 흥취를 지속하되 비해당 서쪽의 호수, 동쪽 건물로 공간을 확장하고 탈속한 정취와 잠도 달아나게 하는 흥취를 들어 흥취의 심도를 강화시켰다. 제7,8구에서는 마무리로 비해당 시모임에 대해 노래했다. 화공의 등장으로 보아 비해당사십팔영도 그림으로 그렸을 것으로 추정되는데 비해당의 경관을 사실대로 그린 화공들이 보기에 시인들의 사십팔영시는 핍진해 보이지 않아 비웃을 수 있다지만 이런 사십팔영시를 읊는 본령은

27　崔恒, 〈匪懈堂四十八詠〉, 『太虛亭集』 詩集 卷1, 『총간』 9, 174쪽.

사실은 차를 마주하고 서로의 간담을 드러내는 벗들의 우정에 있음을 토로하여 자신을 비롯하여 신숙주, 이개, 김수온 등이 즐거운 밤을 함께하는 의미를 강조하였다.

수북한 동산 풀에 푸른 자리 몇 곳인가?
사향노루 평온하게 따듯한 바람에 잠을 자네
쑥 먹는데 반드시 영유(靈囿)에 의지할 필요없네
들에 있어도 오히려 갈천씨(葛天氏) 시대 같으니
뿔에 칠성(七星)을 인 것은 도를 사랑하기 때문이요
털이 천년에 드문 것은 신선이 되는 법을 알기 때문이네
배꼽을 씹으려다 못해 천 길 아래 떨어졌는데
마침 왕손 있는 자리에 인연 맺게 되었네

園草蒙茸碧數廛　　麝香眠穩暖風前
食莘何必依靈囿　　在野還同遇葛天
角戴七星緣愛道　　毛希千歲解登仙
噬臍不及投千仞　　好在王孫綠縟邊

제44경인 〈사면원초〉이다. 사향은 매우 귀한 약재였으므로 사향노루를 키우는 일은 일반 사대부들에게는 어려운 일이었을 것으로 여겨진다. 최항은 제7,8구에서 사향노루가 죽을 운명에서 마침 왕손을 만나 완상용이 될 수 있음을 들어 이를 키울 수 있는 안평대군의 역량과 높은 품격을 칭송하였다. 한편, 제1-4구에서는 사향노루가 편히 지내는 이 비해당이 고대 갈천씨 시대처럼 천연적이라고 칭송하였으며, 제5,6구에서는 사향노루의 뿔과 털이 매우 고급스러움을 노래하였다.

최항은 안평대군의 칠언율시를 차운하면서 비해당이라는 공간의 품위를

한껏 높이고 아울러 그런 공간에서 함께하는 자신들의 우의와 품격을 자랑함으로써 궁극적으로 이런 자리를 만든 안평대군의 역량을 칭송하고 있다.

성삼문의 사십팔영시는 오언절구로 이루어져 있다. 서두에 인(引)을 붙였는데 안평대군에 대해 "주공과 공자의 법도를 따르고 천리와 인성을 배워 궁구하였다. 부귀한 신분이었지만 덕과 기예가 보통보다 뛰어났다. 가난한 사람들과도 문장의 우열을 다투었다"[28]고 칭송하였으며, 이러한 팔경시는 200년 동안 없었던 것이라고 하였다. 안평대군의 사십팔영시가 성정을 근본으로 하여 어긋남이 없다고 칭송하였으며, 자신의 사십팔영시에서는 사물을 그대로 읊기도 하고, 사물에 정을 붙이기도 하며, 맺힌 마음을 풀기도 하고, 아름다운 덕을 칭송하기도 하였으며, 스스로를 반성하기도 하고 옛날에 대한 회포와 지금에 대한 느낌 등을 드러냈다고 하여 단순히 왕족의 화려한 거처에 대한 묘사에 그친 것이 아님을 주장하였다.[29]

자색·백색 종자는 귀하지 않고
붉은 색 종자가 동쪽 끝에서 왔다
선왕의 성덕이 멀리 퍼져서
바다 편코 하늘에 바람 없구나

紫白種非貴　　丹者來天東
先王聖德遠　　海晏天無風

이 시는 〈일본척촉〉이다. 기승구에서는 붉은 색 철쭉이 일본에서 온 꽃이므로 귀하다고 하였다. 그러나 전결구를 보면 그 귀함이 아름다움에 있는

---

28 "伏惟匪懈堂思存周, 孔. 學究天人. 習綺紈而德藝出於尋常. 與韋布而文章較其分寸." 〈匪懈堂四十八詠 幷 引〉,『成謹甫先生集』卷1,『총간』10, 184쪽.

29 "或直以賦物. 或因而寓情. 或出於宣暢鬱湮. 或發於贊頌德美. 有喩彼以省己. 有懷古而感今. 趣各不同." 앞 책, 같은 쪽.

것이 아님을 알 수 있는데 『양화소록』(1999, 95-96쪽)의 다음과 같은 구절이
이 내용 이해에 도움을 준다.

> 우리 주상전하께옵서 왕위에 오르신 지 23년(1441)이 되던 봄에 일본국에
> 서 철쭉 두어 분을 공물로 보내 왔다. … 아! 도이(島夷 = 일본: 필자 주)가 동해
> 밖의 먼 곳에 처하여 우리나라 서울과 거리가 만여 리가 넘으니 우리 주상
> 의 덕화가 동해 먼 데까지 미치지 아니하였던들 사신을 보내 공직(貢職)의
> 예를 닦고 심지어 이런 꽃까지 바칠 수 있었으랴?

조선전기 팔경시는 왕화칭송을 목적으로 한다고 했거니와 이 시의 경우
왕화가 일본에까지 미친 것을 드러내고 있음을 알 수 있다.

신숙주는 칠언절구로 화답하였다. 남해에서 상서석(祥瑞石)으로 올린 낭간
석이 난간으로 둘러 있음을 들어 세종의 은혜가 베풀어져 있다고 칭송하였
고, 인간세계 같지 않은 신선세계에서 한가하게 자연을 즐기는 안평대군의
취향을 칭송하였다.[30]

이개는 1441년 집현전 저작랑으로 당나라 현종의 사적을 모은 『명황계감』 편찬에 참여하였으며, 안평대군과의 교유는 언제부터였는지 명확하지 않으나 1444년 4월 시묘살이를 위해 고향으로 갈 때 안평대군이 시축을 만들어 줄 정도로 각별한 관계였다(안장리, 2000, 64쪽). 이후 〈몽유도원도시축〉, 〈무계수창시축〉 제작에도 참여한다. 비해당사십팔영시의 수창은 그 각별함의 증거의 하나인 셈인데 이개의 작품은 『동문선』(한국고전종합DB)에 칠언절구로 〈옥잠화〉, 〈삼색도〉, 〈옥각이화〉, 〈장미〉 등 4편만이 전한다.

마고선녀 사는 군옥산 머리에서
천녀가 요대(瑤臺)의 달 아래서 노는 것을 보노니
예상(霓裳)을 춤추고 나니 구름비단이 어지러워
돌아올 때는 취해 떨어진 옥잠 거두지 못했구나
麻姑群玉山頭見　　天女瑤臺月下遊
舞罷霓裳雲錦亂　　歸來醉墮不曾收

〈옥잠화〉이다. 중국 전설에 나온 마고선녀의 고사를 들어서 마고선녀가 춤추고 노닐다가 옥잠을 떨어뜨렸는데 그 옥잠이 바로 비해당의 옥잠화라고 하여 비해당을 천상의 물건을 둔 공간으로 칭송하였다.

정원은 깊고 깊어 봄 낮이 맑은데
배꽃은 가득 피어 자욱하구나
꾀꼬리는 참으로 무정하여
번성한 가지를 스쳐 지나가니 온 뜰에 눈일러라

30　〈海南琅玕〉, 昔年南海獻嘉祥, 簪笏催班拜舞忙, 聖主一朝恩眷重, 已歸花檻耀神光, 〈木覓晴雲〉, 南山當戶
儼蒼顏, 山腹晴雲一望間, 聚散須臾饒變化, 棲棲終不似人間, 《題匪懈堂四十八詠》, 『총간』 10, 53쪽.

院落深深春晝淸　　梨花開遍正冥冥

鶯兒儘是無情思　　掠過繁枝雪一庭

　위 시는 〈옥각이화〉이다. 『동문선』에는 〈이화〉로 되어 있다. 제1,2구에서는 비해당이 매우 깊어서 봄 낮인데도 맑으며, 배꽃이 자욱하게 피어 있다고 하였다. 제3,4구에서는 이렇게 지붕에 피어 있던 배꽃이 꾀꼬리의 무정한 몸짓으로 떨어지게 되었다고 하여 안타까움을 드러내었으며, 그렇게 떨어진 꽃들이 온 뜰을 눈처럼 하얗게 만들었다고 하여 또 다른 아름다움 경치가 만들어졌음을 노래하였다. 벚꽃 구경의 백미가 흐드러진 벚꽃이 바람에 우수수 떨어지는 순간이듯이 여기서는 배꽃이 꾀꼬리의 몸짓으로 하얗게 떨어지는 장관을 묘사하여 비해당에서의 운치를 노래하고 있다.

　〈장미〉의 결구에서는 아름다운 장미와 그 주변을 맴도는 벌과 나비 때문에 온종일 그 아름다움을 표현할 시구를 찾느라 정신없는 처지를 표현하여 비해당 아름다운 경관 속에서 시를 지으면서 소일하는 즐거움을 드러내었다.

　김수온은 오언율시를 지었다. 김수온의 문집인 『식우집』의 비해당사십팔영시는 별도의 제목이 없다. 첫수인 〈매창소월〉 아래 '이하 48수는 비해당을 읊은 것이라(此下四十八首 匪懈堂詠也)'는 구절이 있을 뿐이다. 그러나 정작 작품 수는 46수이다. 〈해남낭간〉과 〈사면원초〉가 누락되어 있다.[31]

　　오랫동안 매화 아끼던 버릇 있었고

　　또 달을 좋아하는 마음 있었는데

31　김수온의 문집은 성종의 명에 의해 교서관에서 인행되었는데 초간본이 화재로 거의 없어지고 권2, 권4만이 낙질본으로 전하고 훼손된 부분이 많다고 한다. 이에 대한 자세한 설명은 『표점영인 한국문집총간 해제』 1, 155-156쪽 참조.

어떻게 오늘 밤에

맑은 이 둘을 얻었을까?

희고 맑은 하늘가 달빛

은근한 나무 위의 향기

초연히 올려 보고 내려도 보니

갑자기 선계에 앉아 있음을 깨닫네

久有憐梅癖　　　仍含愛月情

何如今夜裏　　　供得一般清

皎潔天邊影　　　淙濛樹上馨

超然成俯仰　　　渾覺坐瑤京[32]

제1수인 〈매창소월〉이다. 제1-6구에서는 매화와 달을 좋아했는데 이제 그 둘을 얻어 희고 맑은 달빛과 은근한 매화향을 즐긴다고 하였으며, 제7,8구에서는 마치 자신이 선계에 있는 듯하다고 하여 비해당을 선계에 비유하였다.

삼월 봄도 저물려는데

첫 번째 꽃이 피었네

정신은 자못 아름다운데

자태는 교태로워지려는 듯

비를 맞아 화려한 자태 시들었고

바람 맞아 저녁노을에 싸여 있네

마침내 제왕의 소유가 되어

양귀비가 잠자듯 평화롭구나

---

32 〈梅窓素月 此下四十八首 匪懈堂詠也〉, 『총간』 9, 112쪽.

三月春將暮　　開於第一花
精神頗媚好　　態意欲嬌邪
帶雨頗繁錦　　迎風疊晚霞
終然帝王物　　妃子睡猶和

〈숙수해당〉이다. 제1,2구에서는 봄이 지나서 피는 해당화의 형상을 그리고 제3,4구에서는 몸과 마음으로 나누어 해당화의 아름다움을 칭송했으며, 제5,6구에서는 비를 맞거나 바람을 맞으며 시들거나 석양에 쌓인 해당화의 모습을 묘사하였다. 제7,8구에서는 해당화를 당현종의 비가 되었던 양귀비에 비유하여 그 아름다움을 극대화하는 한편 비해당이어서 해당화가 양귀비처럼 아름답게 보이고 또 그런 해당화가 있는 비해당이 바로 왕족의 거처임을 알게 하였다. 김수온은 이후《몽유도원도시축》제작에도 참여하여 칠언율시를 남겼다.

서거정은 이 모임에 참여한 이래《몽유도원도시축》,《유화시권》,《무계정사수창》등 안평대군의 시축제작활동에 꾸준히 참여하기도 하였다. 서거정의 사십팔영시는 칠언율시이다. 그러나 안평대군과 같은 운을 쓰지는 않았다. 제목도 〈영물 사십삼수〉라고 하였으나 제목을 보면 43수 뒤의 두 수인 〈남산제운〉과 〈북사모종〉이 각각 〈목멱청운〉, 〈인왕모종〉에 비견되므로 45수가 남은 것으로 볼 수 있다.[33] 이렇게 보면 〈영산홍〉, 〈등만노송〉, 〈해남

33　서거정의 시를 안평대군 비해당사십팔영의 원제목과 비교하면 '梅花〉-〈梅窓素月〉, 〈杏花〉-〈墻頭紅杏〉, 〈薔薇〉-〈滿架薔薇〉, 〈芍藥〉-〈翻階芍藥〉, 〈牧丹〉-〈春後牧丹〉, 〈梨花〉-〈屋角梨花〉, 〈海棠〉-〈熟睡海棠〉, 〈山茶花〉-〈半開山茶〉, 〈紫薇〉-〈爛熳紫薇〉, 〈茶蘼〉-〈輕盈玉梅〉, 〈冬柏〉-〈雪中冬柏〉, 〈葵花〉-〈向日葵花〉, 〈菊花〉-〈凌霜菊〉, 〈四季花〉-〈四季花〉, 〈百日紅〉-〈百日紅〉, 〈三色桃〉-〈三色桃〉, 〈金錢花〉-〈金錢花〉, 〈玉簪花〉-〈玉簪花〉, 〈蓮花〉-〈盆池菡萏〉, 〈躑躅花〉-〈日本躑躅〉, 〈拒霜花〉-〈拒霜花〉, 〈梔子花〉-〈梔子花〉, 〈竹〉-〈竹逕淸風〉, 〈蘭〉-〈傲雪蘭〉, 〈芭蕉〉-〈窓外芭蕉〉, 〈萱〉-〈忘憂萱草〉, 〈檜〉-〈籠烟翠檜〉, 〈萬年松〉-〈萬年松〉, 〈梧桐〉-〈梧桐葉〉, 〈楊柳〉-〈門前楊柳〉, 〈丹楓〉-〈暎日丹楓〉, 〈葡萄〉-〈蜀葡萄〉, 〈石榴〉-〈安石榴〉, 〈橙子〉-〈泡露黃橙〉, 〈柿子〉-〈矜秋紅柿〉, 〈華鴿〉-〈籠中華鴿〉, 〈錦鷄〉-〈水上錦鷄〉, 〈唳鶴〉-〈鶴唳庭松〉, 〈眠麞〉-〈麝眠園草〉, 〈假山〉-〈假山烟嵐〉, 〈怪石〉-〈苔封怪石〉, 〈琉璃石〉-〈琉璃石〉, 〈琿琚盆〉-〈琿琚盆〉, 〈南山霽雲〉-〈木覓晴雲〉, 〈北寺暮鐘〉-〈仁王暮鍾〉' 등에 해당된다고 할 수 있다. 서거

낭간〉 등 세 수만 누락된 셈이다.

남산을 집에서 보니 옥처럼 솟았고

옛고을 바위 돌아 차례로 열렸네

갑자기 저녁구름 희게 펼쳐진 후엔

다시 맑은 노을과 나뉘어 푸른 기운 보내네

기이한 봉우리에 때로 누대 그림자 비추고

자색 덮개 바뀌어 비단수를 놓은 듯

바로 남산처럼 장수하기를 빌려 하는데

머리 돌리니 오색구름이 봉래산을 두른 듯

南山當戶玉崔嵬　　古洞回岩次第開

忽有晚雲拖白去　　更分晴靄送靑來

奇峯時見樓臺影　　紫盖翻成錦繡堆

直欲維南將獻壽　　回首五色繞蓬萊

〈남산제운〉이라고 이름을 바꾼 〈목멱청운〉이다. '목멱산'은 '남산'이라 불렸으며, '청(晴)'과 '제(霽)'는 모두 '개인다'는 뜻이다. 저녁 구름에 남산의 기이한 봉우리들이 아름답게 변하는 모습을 보며 안평대군의 장수와 비해당이 선계임을 노래하고 있다.[34]

정이 이렇게 제목을 바꾼 이유는 안평대군이 역모로 죽었기 때문에 문집 편찬시에 안평대군의 거처를 읊은 사실을 드러내지 않기 위해서였던 것으로 여겨진다.

34 이 외에 마포 담담정에서 《淡淡亭十二詠》을 읊었다고 하며 현재 이승소와 강희맹의 작품이 남아 있는데 이들이 안평대군 당대에 향유했는지 아니면 이후 담담정은 신숙주의 별장이 되었다고 하므로 신숙주와 함께 향유한 것인지 불확실하므로 이에 대한 논의는 차후에 하기로 한다(『승람』, 415-416쪽에 담담정조에 '마포 북쪽 기슭에 있다. 안평대군이 지은 것인데 서적 만 권을 저장했고 선비들을 불러 모아서 십이경시문을 짓고 사십팔영을 지었다. 신숙주의 별장이다'라고 하였다).

3 성종대-중종대

1) 성종

성종대는 서거정에 의해 팔경문학이 집성되는 시기이다. 여기서 지향한 팔경시는 왕화(王化)의 실현에 의한 승경의 발현이다. 성종은 한국팔경문학의 전범인 소상팔경시 그리고 안평대군의 비해당사십팔영시를 수창하여 이상향으로서의 궁궐을 묘사하려고 하였으며, 이에 성종의 종숙 부림군(富林君)과 성종의 형 월산대군(月山大君)이 동조하여 궁중을 대상으로 한 팔경시를 지었다.

가. 《비해당사십팔영(匪懈堂四十八詠)》

성종은 1493년 8월 비해당사십팔영시에 차운한 뒤 호당(湖堂)의 학사들에게 화운하게 하였는데, 홍귀달(洪貴達), 채수(蔡壽), 유호인(兪好仁), 김일손(金馹孫), 어세겸(魚世謙) 등의 작품이 남아 있는 것을 볼 때 이들이 참여했던 것으로 추정된다.[35]

성종이 사십팔영시를 지은 1493년은 37세가 되던 해이다. 12세에 즉위하여 수렴청정과 원로 대신의 영향하에 있다가 이들을 견제할 수 있는 대간

---

35 金馹孫은 「四十八詠跋」에서 '今登極二十餘年'이라 하였다(金馹孫, 「四十八詠跋」, 『濯纓集』 卷1, 『총간』 17, 222쪽). 「濯纓集」, 『標點影印 韓國文集叢刊 解題1』(民族文化推進會, 1991. 271쪽)에서는 1493년 成宗 24년 8월에 사십팔영시에 화답하고 발을 지었다고 하였다. 洪貴達, 「奉敬次 匪懈堂 安平大君四十八詠韻」, 『虛白亭集』, 『총간』 14, 148쪽; 蔡壽, 「應製 四十八詠韻」, 『懶齋集』, 『총간』 15, 398쪽; 兪好仁, 「四十八詠」, 『㵛谿集』, 『총간』 15, 173쪽; 金馹孫, 「四十八詠韻 應製」, 『濯纓集』, 『총간』 17, 288쪽; 魚世謙, 「四十八詠次韻承傳製」, 『咸從世稿』, 여강출판사, 1987, 297쪽.

제(臺諫制)를 이용하여 왕권의 위상을 세웠다. 성종은 젊은 관료가 대간으로서의 역량을 키울 수 있도록 사가독서(私家讀書)를 계속 시행하였고 또한 이들에게 자주 선온(宣醞)을 내려 장려하였는데 이해 8월 17일에도 독서당에 선온을 내렸다고 하므로 이 시기에 선온을 내리면서 사십팔영시를 짓고 또 화답하게 한 것으로 여겨진다.[36]

승검초와 사초 옆의 한그루 겨울 매화
맑은 밤 작은 창으로 비단병풍에 비치는데
그윽한 향기는 은은하여 봄이 일찍 온 듯하고
성긴 그림자 희미하니 달은 저물려는 듯하구나
매화의 정신이 물나라(水國)에서 온 듯
매화꽃 아름다운 자태 시마(詩魔)를 부르네
옥피리 잡고 부는 소리 높은 곳에
근심 없는 어떤 사람 설다(雪茶)를 마시겠지

一樹寒梅傍薜莎　　小窓晴夜暎屛紗
幽香淡淡春如早　　疎影離離月欲斜
姑射精神來水國　　太眞嬌態喚詩魔
拈吹玉笛聲高處　　愁斷何人啜雪茶[37]

이 시는 제1수인 〈매창소월〉이다. 제1-4구에서는 맑은 달밤에 매화꽃이 병풍에 비추는 모습을 형상화한 뒤 제5,6구에서 매화의 아름다운 모습에 시를 읊게 된다고 하였다. 모진 겨울을 견디고 봄을 알리는 매화의 기상보다는 아름답게 하늘거리는 모습 자체를 중시한 성종의 취향을 엿볼 수 있다.

---

36 『成宗實錄』 성종 24년 8월 18일(庚辰) 賜宣醞于讀書堂, 仍賜水精杯. 吏曹佐郞申用漑等上箋謝恩.
37 성종, 《비해당사십팔영》, 「열성어제 권5」, 『열성어제』 2, 서울대학교 규장각, 2002, 581쪽.

그리고 제7,8구에서는 인간을 초월하여 근심 없이 차를 마시는 인물을 설정하고 있는데 이러한 성종의 태도에 대해 당시 차운에 참여한 김일손은 다음과 같이 우려하였다.

신이 바라는 바는 다스리는 여가에 이치(理致)가 사물에 만나는 무궁함을 찾아볼 수 있기를 바랄 따름입니다. 그렇지 않으면 전대(前代)에 경양(景陽)의 아름다운 나무나 서원(西苑)의 전채(翦綵: 금박 은박이나 비단으로 사람이나 동물 모양 등을 만들어 나무 등에 장식하는 일—필자 주) 이원(梨園)의 화훼 간악(艮嶽)의 꽃과 바위처럼 임금의 마음이 지나쳐서 시와 술을 탐닉하게 되면 비록 매우 충성스런 무리가 있어도 또한 무슨 쓸모가 있겠습니까?[38]

경양, 서원, 이원, 간악 등은 모두 옛 중국 황제들이 탐닉했던 유흥 경관으로 이 글에서는 황제가 화훼에 탐닉하여 국정에 소홀해지는 것을 경계하고 있다. 이렇게 경계의 뜻을 펼친 이유는 사십팔영에 담긴 성종의 미의식이 김일손을 비롯한 신하들에게는 당대 이상적인 유흥공간을 현실에 실현하려한 안평대군과 같은 것으로 여겨졌던 셈이다.

나. 《소상팔경》

성종의 《소상팔경》은 『열성어제』에 실려 있으며 각 경에 대해 오언율시 두 수씩 총 16수가 수록되어 있다.

---

38 "臣所願萬幾之餘, 尋常理會事物之無窮, 看得切己耳. 不然而前代景陽之玉樹, 西苑之翦綵, 梨園之花卉, 艮嶽之花石, 君心一溢, 耽玩詩酒, 則雖盡忠讜 亦何益哉"(金馹孫, 〈四十八詠跋〉, 『濯纓集』卷1, 『총간』 17, 221쪽).

만리를 나는 형양(衡陽)의 기러기

가을 하늘에 줄을 이뤄 가는구나

쓸쓸한 울음소리 칠택(七澤)이 시끄럽고

비낀 그림자 삼상(三湘)에 드리우네

물가를 따라 먹고 마시고

기장을 먹으며 살아가는구나

석양 피해 나지막이 나는 모습

점점이 이어져 또 글을 만드는구나

萬里衡陽鴈	秋空一兩行
寒聲喧七澤	斜影落三湘
飮啄隨江渚	生涯寄稻粱
低飛避殘照	點綴亦成章[39]

형양, 칠택, 삼상은 동정호가 있는 호남성의 산과 강의 지명이다. 이 시에서 성종은 먼저 기러기의 나는 모습을 묘사하고, 제3,4구에서는 기러기 소리를, 제5,6구에서는 기러기의 자연스런 생활을 읊은 뒤에 제7,8구에서는 다시 기러기의 나는 모습이 문장을 이루는 듯하다고 평가하였다. 한 마리 한 마리 기러기가 열을 짓는 모습을 한 글자 한 글자가 이어져 행을 이루고 문장을 이루는 모습에 비유하고 있어 시각적인 묘사를 보여 주고 있다. 성종이 소상팔경을 창작할 때 안평대군처럼 그림을 그리게 하고 시를 창화하게 했다는 기록은 없으나 안평대군의 작품과 문예활동을 선호하던 성종의 성정으로 볼 때는 창화를 했을 가능성이 높은 듯한데 인조대 장유(張維)의 다음과 같은 기록은 더욱 그 가능성을 높여 준다.

---

[39] 성종, 〈평사낙안〉, 《소상팔경》, 「열성어제 권5」, 『열성어제』 2, 607쪽, 서울대학교 규장각, 2002.

그런데 우리 성종대왕께서도 국사를 처리하시는 여가에 장난삼아 단율(短律) 16장을 지으신 적이 있었다. 한 경치마다 2장씩으로 된 이 시가 지금까지 예원(藝苑)에 전해져 내려오고 있는데 … 그 뒤 우리 전하(인조: 필자 주)께서 원훈(元勳) 여덟 사람에게 명하여 각각 2장씩 베껴 써서 바치도록 하였다. 그런데 오직 연평부원군(延平府院君) 이귀(李貴)만이 미처 써서 바치지 못한 채 죽고 말았는데, 그 집에서 草本을 구해 보니 자획이 많이 이지러졌고 종이 또한 같지가 않았다. 그래서 화가 이징(李澄)에게 명하여 그림으로 그리게 한 다음 연이어 거첩(巨帖)을 만들도록 한 것인데, 그 일이 완성되자 나에게 명하여 이 일을 기록하게 하였다.[40]

장유가 인조반정 공신으로 원훈의 위치에 있던 시기에 인조는 당시 원훈들에게 성종의 소상팔경시를 차운하도록 하였으며, 또 당대 화가인 이징에게 그림을 그리게 하여 소상팔경시첩을 제작하였다고 하였는데 이처럼 이상적인 경관에 대해 그림을 그리게 하고 당대의 문사들에게 시를 짓게 하여 첩을 만드는 일은 안평대군이 즐겨하던 일이다. 그러므로 인조의 이 행사는 《비해당사십팔영》을 화운했던 성종이 안평대군 때의 성사(盛事)를 재현하려한 마음을 인조가 모방한 것이라 할 수 있다.

다. 《금중잡영 팔수(禁中雜詠八首)》[41]

금중잡영시는 성종이 자신에게 바친 월산대군의 시에 대해 화운한 팔경시로 소표제는 다음과 같다.

---

40 張維, 「成廟御製瀟湘八詠帖序」, 『谿谷集』 7권, 『총간』 92, 123쪽.
41 『列聖御製』에서 이 시의 제목은 〈賜月山大君〉이다. 이 시의 서두에 "존형에게 아무 일도 없어 머리를 돌려 떠가는 구름을 보고 지어 올린 금중잡영팔수에 대해 화운하다(尊兄無一事, 回首看浮雲, 和所進禁中雜詠八首)"에서 월산대군이 지은 제목은 〈禁中雜詠八首〉임을 알 수 있다.

제1경 인정전후자미(仁政殿後紫薇): 인정전 뒤의 자미화

제2경 어구양류(御溝楊柳): 궁궐 도랑의 버드나무

제3경 궁괴(宮槐): 궁중의 괴나무

제4경 우청(雨晴): 비가 갬

제5경 관어제시(觀御製詩): 임금의 시를 보고

제6경 관어필서(觀御筆書): 임금의 글씨를 보고

제7경 금중문선(禁中聞蟬): 궁궐에서 매미소리 들음

제8경 금중만출(禁中晚出): 궁궐에서 늦게 나섬

인정전이라 한 것으로 보아 창덕궁을 대상으로 하고 있음을 알 수 있다. 앞의 네 수는 경상(景象)을, 뒤의 네 수는 사업(事業)을 읊고 있는데[42] 궁중에 있는 경물로 '장미꽃, 버드나무, 괴나무, 개인 하늘' 등이 제시되었다. 행위로 는 성종이 '시를 짓는 것'을 보고 또 '글씨를 쓰는 것을 보며', '함께 매미 소리를 듣고', '저녁에 집으로 돌아가는 일' 등이 선정되어 있다.

하늘을 가리는 영성수(靈星樹)

무성하여 추위를 견디네

노란 표면은 비 맞은 부분이고

아주 푸른 곳은 바람으로 서늘해라

햇빛을 새어나게 하여 온통 퍼지게 하고

매미소리 불러들여 멀리까지 가게 하네

내년 과거보는 많은 선비들에게

더 많이 햇볕을 가릴 수 있겠네

---

42 '경상'과 '사업'의 분류는 金安國이 제시한 바 있는데 간단히 말하면 '경상'은 '경물'을, '사업'은 '행위' 를 대상으로 하는 경우이다.

14도　창덕궁 금천교. 국립고궁박물관 촬영

掩靄靈星樹　　扶疎積陰行

粧黃着雨點　　密綠帶風涼

漏日光布轉　　招蟬響接茫

明年多擧子　　培得蔽斜陽

　제2경 〈어구양류(御溝楊柳)〉로 오언율시이다. 어구는 금천교 아래 흐르는 도랑으로 창덕궁의 돈화문에서 인정전으로 들어가는 입구임을 알 수 있다. 당시 이 도랑을 따라 심어진 버드나무가 매우 무성했던 것으로 보여진다. 제1,2구에서는 이 나무의 무성한 면모를 묘사하였고 제3-6구에서는 비, 바람, 햇빛, 매미소리 등에 대한 버드나무의 작용을 묘사하였다. 비를 스스로 맞아 변색이 되고, 바람을 간직해 서늘함을 유지시켜 주며, 햇빛을 새어 나오게 하여 널리 밝게 하고 매미도 불러들여 매미소리가 멀리까지 울리게 한다고 하였다. 궁중에 있는 사물로서 빛과 소리를 들어 국왕의 은혜가 백성에게 두루 미치는 모습을 비유한 것으로 여겨진다. 제7,8구에서는 내년에는 더욱 무성해져서 내년에 과거보러 온 선비들이 그 그늘의 혜택을 볼 수 있을 것이라고 하여 인재양성에 대한 기대와 이들에 대한 배려를 나타내었다.

제 글씨는 땅처럼 고르지도 못하고
놀라게 하려고 한 것도 아닙니다
집닭 같은 글씨는 제가 찾던 것이 아닌데
봄 지렁이 같은 글씨가 사람들을 오해하게 했네요
진나라 서첩과 오묘함을 다툴 만하지 못하고
원래 글씨가 좋아지길 바랄 뿐입니다
형님의 칭송은 너무 지나치지 않은가요?
『황정경(黃庭經)』은 써 보지도 못했습니다

墨不與地平	我無爭取驚
家鷄莫我問	春蚓誤人明
晉帖難偸奧	元書似向榮
兄譽何太過	未寫黃庭經

제6경 〈관어필시(觀御筆詩)〉이다. 월산대군의 원시가 남아 있지 않아 알 수 없지만 월산대군이 성종의 어필을 보고 칭송한 것에 대한 겸양의 뜻을 나타내었음을 알 수 있다. 제1,2구에서는 자신의 글씨가 대단치 않으며 사람들을 놀래킬 정도의 글씨를 쓰려고 한 것도 아니라고 하였다. 월산대군이 성종의 글씨를 보면 사람들이 놀라게 된다는 칭송을 한 것에 대한 겸양으로 보여진다. 제3,4구를 이해하기 위해서는 진(晉)나라 때 서예가 유익(庾翼)이 왕희지와 명성을 겨루어 자기의 서법을 우세하게 여겨 집닭에 비유하고, 왕희지의 서법을 경멸하여 봄 지렁이에 비유했던 데서 온 말이다.[43] 제5,6구에서는 자신의 글이 글씨로 유명한 시대인 진나라 때 서첩과 견주기 어렵다고

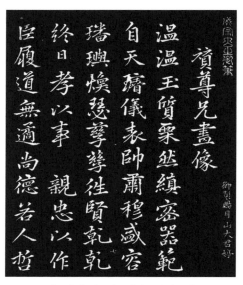

<u>15도</u>　성종어필. 한국학중앙연구원 장서각 소장

하였고 제7,8구에서는 『황정경』을 아직 쓰지 않았다고 하였는데 『황정경』
은 도교의 경전으로 천상의 신선이 이를 잘못 옮겨 쓰면 세상으로 귀양 온
다는 고사가 있다. 이로 볼 때 월산대군이 성종에게 『황정경』을 잘못 써서
천상에서 귀양 온 신선과 같다는 칭송에 대해 자신은 『황정경』을 잘못 쓴
것이 아니라 아직 써 보지도 못했는데 자신을 신선으로까지 비유한 것은 지
나치다고 한 것으로 보인다.

　월산대군은 성종의 형이었지만 기구한 운명으로 왕이 되지 못하고 늘 역
모에 연루될 것을 두려워하며 살았다. 이런 오해를 불식시키기 위해 성종과
의 유대를 증명해야 했고 그러기에 매일 궁궐에 들러 문안을 드렸으며, 그

43　이에 대해 소동파는 "집닭과 들꿩은 함께 제상에 올랐는데 봄지렁이 가을뱀은 다 경대에 들었네(家鷄
野鶩同登組 春蚓秋蛇總入奩)"(蘇軾, 〈書劉景文左藏所藏王子敬帖〉,『蘇軾波詩集』卷32, 1990)라 하였
다. 경대는 여성들이 쓰는 화장도구를 담는 상자로 제사상에 대해 하찮은 물건에 비유하고 있다.

럼에도 불구하고 35세의 젊은 나이에 삶을 마친 인물이다.⁴⁴ 성종과 늘 글을
주고받아 성종어제의 많은 부분이 월산대군에게 주는 시문으로 되어 있는
데 이 시를 볼 때 월산대군의《금중잡영》은 이 창덕궁을 선계로 성종을 신
선으로 칭송하면서 이 선계에 들었다가 저녁 늦어서야 속세인 자신의 거처
로 돌아온다는 내용이었음을 추정할 수 있다.

라.《궁중팔영》

이 궁중팔영시는 성종의《궁중팔영》에 당숙인 부림군 이식과 월산대군이
화운한 것으로 소표제는 다음과 같다.

제1경 금어청운(禁籞晴雲): 궁궐 구름이 갬
제2경 어구유수(御溝流水): 궁궐 도랑에서 흐르는 물
제3경 용루야월(龍樓夜月): 용루 위에 뜬 달
제4경 봉궐신종(鳳闕晨鍾): 대궐에서 듣는 새벽종소리
제5경 금전낙화(金殿落花): 궁궐 전각 앞에 떨어진 꽃
제6경 옥계방초(玉階芳草): 옥계단에 있는 향기로운 풀
제7경 궁문주루(宮門晝漏): 궁문에서 낮에 물 떨어지는 소리
제8경 연로춘풍(輦路春風): 가마길에 부는 봄바람

이 시에서는 경복궁 궁궐의 누각, 전각, 계단, 문, 길, 도랑 등 여러 곳에서
보고 들리는 경물들, 즉 바람, 구름, 물, 달, 꽃, 풀, 종소리 등의 모습을 묘사

---

44 월산대군의 삶에 대해서는 필자(2013)가 『成宗實錄』의 줄기 분석을 통해 정리한 바 있다. 잘산군(乽
山君)의 장인이었던 한명회가 월산대군의 어머니 소혜왕후와 의논하여 동생인 成宗을 왕위로 앉힘으
로써 월산대군은 왕위에 오르지 못하고 시문에 의탁하여 일생을 보내게 된다. 월산대군의 이름이 정
(婷), 호는 풍월정(風月亭)으로 『風月亭集』이 전한다.

16도   경복궁 경회루. 문화재청 촬영

하였다. 제7경의 주루(晝漏)는 물시계를 말하며 물시계는 경회루 남쪽 보루
각에 설치하였다고 하므로 이 시의 대상은 경복궁으로 추정된다. 경복궁은
임진왜란으로 파괴되어 시가 거의 남아 있지 않은데 이 시는 경복궁의 면모
를 엿볼 수 있게 하는 매우 중요한 자료이다.

　　궁궐 동쪽의 정원 가운데
　　무수히 떨어지는 향기로운 꽃잎
　　부질없이 펼쳐 있는 거미줄 곱게 만들고
　　이끼 낀 계단도 점점이 붉게 하네
　　나비들은 꽃 찾느라 근심이 이어지고
　　벌들은 꿀 만드느라 한탄만 쌓이겠지
　　모시고 활 쏘던 그해 풍화절(風花節)에
　　태액지 주루에서 하염없이 바라봤지
　　金殿之東御苑中　　飄香無數落花風
　　謾倩蛛網娟娟靜　　又襯苔階點點紅

粉蝶尋花愁脈脈　　黃蜂釀蜜恨匆匆
當年侍射風花節　　太掖珠樓望不窮[45]

이 시는 부림군 이식의 화운시로 제5경이다. 왕의 정원인 금원(禁苑)에서 떨어지는 꽃잎을 보는 감회를 읊고 있는데 왕의 정원을 당현종(唐顯宗)이 양귀비(陽貴妃)와 놀던 태액지(太液池)에 비유하여 그 아름다움을 칭송하였다. 나부끼며 떨어져 거미줄과 계단을 아름답게 덮는 꽃잎과 여기저기 날아다니는 벌과 나비, 바람 불고, 꽃 피는 좋은 계절에 성종을 모시고 활을 쏘기도 하고 따뜻한 봄을 맞아 연못가 누각에서 이를 하염없이 바라보기도 하는 정경이 당나라 현종이 양귀비와 노닐던 때와 비슷하다는 칭송이 담긴 시이다.

궁전 아스라한 어렴풋한 가랑비 속에
새벽에 본 도화·이화는 미풍에 흔들린다
처마 밖 몇몇 가지 마음을 푸르게 하고
계단 앞 꽃잎 하나 눈에 붉게 비치네
흐르는 물은 아름다운 꽃잎과 흘러가고
봄바람은 저녁되니 빨라지는구나
봄이 돌아오면 함께 흥취를 읊을 것 같더니
벌과 나비는 바쁜데 한은 다하지 않네

宮殿微茫細雨中　　曉看桃李逐殘風
數枝簾外關心綠　　一點階前照眼紅
流水芳塵俱衮衮　　東風斜日轉匆匆
春歸可是供吟興　　蜂蝶忙時恨不窮[46]

45　李湜,〈金殿落花〉,《承命恭和御製宮中八詠》,『四雨亭集』,『총간』16, 530쪽.
46　李婷,〈金殿落花〉,《奉賡御製禁中八詠》,『風月亭集』,『총간』속집1, 333쪽.

이 시는 월산대군의 화운시 제5경이다. 부림군과 마찬가지로 경복궁 봄의 아름다운 모습을 그렸으며 마지막 구에서는 봄이 오면 함께 봄의 흥취를 만끽하고자 했는데 이제 봄이 다 갈 때가 되었는데 여전히 흥취를 다하지 못한 아쉬움의 한이 무궁하다고 하여 가는 봄을 아쉬워하는 마음을 노래하였다.

이 팔경시에서 성종과 그의 왕족들은 소표제에 궁궐의 존엄을 상징하는 용어로 '금어(禁籞), 어구(御溝), 용루(龍樓), 봉궐(鳳闕), 금전(金殿), 옥계(玉階)' 등을 써서 궁궐의 우월성을 부각시켰으며, 안평대군이 동료들과 함께 이상적인 세계를 추구했던 것처럼 궁궐이 그런 이상 경관을 갖춘 곳임을 노래하고 이 이상경관에서의 유흥을 자랑하였다.

2) 중종

중종이 직접 팔경시를 지었는지는 확인할 수 없다. 다만 중종도 팔경을 즐겼던 것으로 추정되는 몇 가지 기록이 있다. 『중종실록』에 따르면 중종 20년(1525)에 홍문관, 예문관, 승정원, 시강원 등에 팔경에 대한 칠언율시 제목을 내려 차운하게 하였다는 기록이 있으며,[47] 『면앙집(俛仰集)』에 의하면 중종 22년에 문관들에게 정시(庭試)를 보이면서 《도원팔경》을 어제로 내렸다는 기사가 있다. 이처럼 팔경시를 문관의 시험 소재로 삼은 일에서 중종 역시 팔경을 즐겼음을 추정할 수 있다.

현재는 당시 시험에서 2등을 했던 송순의 《도원팔경》만이 전하는데[48] 이

---

47 『中宗實錄』 권54, 중종 20년(1525, 을유) 6월 5일(계사) "八景에 대한 七言律詩 제목을 내리며 일렀다. '전일에 대제학 李荇이 侍從하는 문신들은 불시에 글을 짓도록 해야 한다'고 했기 때문에 지금 짓도록 하는 것이니, 홍문관·예문관·승정원·시강원은 내일까지 지어 와야 한다"(下八景七言律詩題曰: "前者, 大提學李荇言: '侍從文臣, 不時命製.' 故令命製爾. 弘文館藝文館, 承政院, 侍講院, 明日製進可也.").

48 宋純, 〈丁亥秋. 揀文官庭試御題桃源八景. 余以右正言. 入參居副. 左正言李澯居首〉, 『俛仰集』, 『총간』 26, 191쪽.

《도원팔경》은 중국에서 유입된 팔경시로 소표제는 다음과 같다.

제1경 도천선은(桃川仙隱): 도천에 숨은 신선

제2경 백마운도(白馬雲濤): 백마사 구름파도

제3경 녹라청주(綠蘿晴晝): 녹라에 개인 낮

제4경 매계연우(梅溪煙雨): 매계의 안개비

제5경 심양고사(潯陽古寺): 심양의 옛절

제6경 초산춘만(楚山春晩): 초산의 늦은 봄

제7경 원강야월(沅江夜月): 원강의 밤달

제8경 동방효도(童坊曉渡): 동방에서 새벽에 강 건너기

명나라 오관(吳寬)은 《도원팔경》에 대해 다음과 같이 언급한 바 있다.

유여청은 유명한 진사로 처음에 무릉령으로 나갔는데 친구인 길사 진옥녀가 도원팔경을 뽑아서 여러 친구들과 노래를 지어 주면서 내게 서문을 부탁하였다. 대개 옛날의 도원은 실로 무릉 경내에 있었지만 지금은 별도로 자체적으로 현의 이름이 되었다. 그러나 팔경은 또한 선경으로 세상에 유명하니 이는 진실로 이른바 도원으로서 곧 진(晉)나라 어부가 진(秦)나라 때의 난리를 피해 왔던 사람을 만난 곳으로 그 일은 도연명의 기록에 매우 자세하다.[49]

이처럼 도원은 이상향으로 또 팔경은 선경으로 유명한 명칭인바 중종이

---

49 "劉君與淸 以名進士 初出爲武陵令 其友陳吉士玉汝 取桃源八景 率諸同志 詠歌而投贈之 屬予引其首 蓋古桃源 實在武陵境內 今則別自名縣矣 然八景亦惟仙景者著稱于世 是固所謂桃源乃晋漁者逢避秦時人處也 其事見陶靖節記甚悉"(吳寬,「送劉武陵詩引」,『CD롬 四庫全書』). 이 번역은 윤재민 선생님의 도움을 받았다.

《도원팔경》으로 그리고자 한 바는 이상향에 대한 희구라고 할 수 있다.

　마을에 가득한 안개는 작은 장원 감쌌는데

　등 덩굴에 높은 대나무 사이로 시냇길이 길구나

　학이 조는 구름 걸친 나무에 산 빛은 고요하고

　봄을 맞은 복사꽃에 시냇물도 향기롭다

　빗돌에 글자 희미한 건 이끼 때문이니

　옛 제단에 늙은 소나무는 얼마나 오래되었나?

　농업과 잠업에 아직도 진나라 풍속 남았으니

　누가 속세 세월의 **빠름**을 알겠는가?

　一洞煙霞鎖小莊　　亂藤高竹細蹊長

　鶴眠雲樹山光靜　　春傍桃花澗氣香

　陰石字微曾着蘚　　古壇松老幾經霜

　農桑尙有秦時俗　　誰信人間歲月忙　　　　　_『총간』 26, 191쪽

　이 시는 제1수 도화천의 선경이다. 등 덩굴과 높은 대나무에 안개까지 덮여 있는 무릉도원, 그 안에는 옛 풍속이 변함없이 남아 있다. 세태의 변화에 따라 가치와 형태가 바뀌는 세속과 다른 탈속공간인 것이다.

4 숙종

숙종은 재위 47년간 왕권강화와 민생안정에 주력한 왕으로 평가된다. 그런 가운데서도 도서와 서화의 간행과 구입, 정리와 보관, 모본(模本)의 제작 등을 적극적으로 추진하였다. 팔경에 있어서도《소상팔경》,《서호십경》,《관동팔경》,《상림십경(上林十景)》,《한도팔영(漢都八詠)》등 다수의 작품을 남겼다.[50]

이 중《한도팔영》은 태조대 유행한《신도팔경》을 모방하여 당대가 태평성대임을 자랑한 것이지만[51] 다른 작품들은 중국의 경관뿐 아니라 우리나라의 대표적 승경을 대상으로 삼거나 궁궐에서도 정원이나 누정을 대상으로 하고 있어 성종과 마찬가지로 궁궐에서의 유흥을 주로 표현하려 했던 듯이 보인다. 그러나 숙종은 성종에 비해 유흥보다는 '위정(爲政)'과 '유교적 덕목'을 강조했던 임금이다.[52] 이는 태평성대의 덕목인 덕치(德治)를 칭송한《신도팔경》의 모방에서도 확인할 수 있지만 누정을 대상으로 한 팔경시에서도 확인된다. 이를 차례대로 살펴보면 다음과 같다.

가.《소상팔경》

숙종의 소상팔경시는 별도의 큰 제목 없이 소제목만 나열되어 있으며,

---

50 이 외의 集景題詠詩로는 〈翠雲亭六詠〉, 〈滌惱堂四詠〉, 〈喚醒閣四絶〉 등이 있다.
51 숙종의《한도팔경》은『숙종어제』에 수록되어 있지 않고 규장각 소장 「숙종대왕어필」(규11963)에 있는 것으로 본고는 김남기(2004, 148쪽)를 참고하였다.
52 숙종의 이런 면모는 본인이 명명한 궁궐 건물명에서 확인할 수 있다(안장리, 2006).

〈어촌석조〉, 〈산시청람〉, 〈소상야우〉, 〈연사모종〉, 〈원포귀범〉, 〈동정추월〉, 〈평사낙안〉, 〈강천모설〉 순으로 수록된 칠언절구이다.

봄 언덕에 어린 도화꽃 절로 붉게 비치는데
어촌에는 마침 바람에 주막 깃발 날리네
아름다운 꽃 속에서 배 댄 하늘 위에
석양 중에 노을 몇 점 펼쳐져 있네
春岸夭桃自暎紅　　漁村時動酒旗風
可憐花裏牽船處　　多少煙霞夕照中　　　　　　 _『열성어제』 2, 193쪽

　　제1수 〈어촌석조〉이다. 홍(紅), 풍(風), 중(中)이 운자이다. 붉은 도화가 피어 있는 봄 언덕, 깃발을 날리는 주막, 꽃 속에 대어 있는 배, 붉은 노을 등이 펼쳐진 경치를 그리고 있다. 내면적으로는 주막 깃발이 있으니 술 생각이 나고 배가 대어 있는 것으로 보아 뱃사람들이 주막에서 술을 마셔 벌써 얼굴이 노을처럼 붉어졌을 생각에 흥취가 일고 있으나 시에서 직접적으로 이 흥취를 드러내 표현하지 않았으며, 경치의 의미에 대해서는 암시조차 하지 않았다. 흥취에 빠지지 않고 절제하는 숙종의 자세가 엿보인다. 〈산시청람〉, 〈소상야우〉, 〈원포귀범〉, 〈강천모설〉 등도 모두 경치 묘사에만 중점을 두었다. 그러나 흥취를 아주 배제한 것은 아니다.

가을밤 동정호 물이 맑아
악양성 그림자 물결칠 때마다 흔들리네
주위 산하 둘러보니 흥이 끊이지 않는데
저 높이 넓은 하늘에 달빛도 밝구나
秋夜洞庭湖水淸　　時時波撼岳陽城

山河一望興無盡　萬里長空月色明　_『열성어제』 2, 195쪽

제6수 〈동정추월〉이다. 가을밤 동정호의 물도 맑고 달도 밝아 동정호에 비친 악양성 그림자가 물결칠 때마다 흔들리는 모습이 선명히 보인다. 또한 이를 둘러싼 경치의 아름다움에 흥취가 계속 일어난다고 하여 아름다운 경치로 유발되는 흥취를 읊었다. 〈평사낙안〉에서는 가을 기러기 모습에 술만으로는 흥이 다하지 않아 거문고로 달랜다고 하였다.[53]

나. 《관동팔경》

관동(關東)은 안축의 죽서루팔영 이후 대표적인 팔경의 대상이었다. 그러나 정작 관동팔경이 팔경으로 팔경시의 대상이 된 것은 한참 후대였던 것으로 추정된다. 이정암(李廷馣, 1541-1600)의 칠언절구 관동 경관시는 주천현(酒泉縣) 청허루(淸虛樓), 삼척부(三陟府) 죽서루(竹西樓), 교가역(交柯驛) 북쪽의 소공대(召公臺), 강릉부(江陵府) 경포대(鏡浦臺), 양양부(襄陽府) 낙산사(洛山寺), 고성군(高城郡) 삼일포(三日浦), 통천군(通川郡) 총석정(叢石亭), 춘천부(春川府) 청평산(淸平山) 등을 들고 있다.[54] 또한 최립(崔笠)은 관동 경관 그림 중 경포대, 죽서루, 망양정(望洋亭), 월송정(越松亭) 등에 대해 시를 지었다고 하고 있다.[55] 이로 볼 때 이 시기까지 현대와 같은 관동팔경의 전형이 수립되어 있지 않았던 것으로 추정된다.

조선후기 지리학자 이중환은 『택리지』에서 흡곡(翕谷) 시중대(侍中臺), 통천 총석정, 고성 삼일포, 간성(杆城) 청간정(淸澗亭), 양양(襄陽) 청초호(靑草湖),

53 "何處霜風動雁群 千行萬點落紛紛 杭香酒熟興無盡 獨抱瑤琴日日醺," 〈평사낙안〉, 숙종, 『열성어제』 2, 195쪽.

54 李廷馣, 〈聞德薰出按關東, 作小詩八章 以記舊遊, 贈別〉, 『四留齋集』 卷2, 『총간』 51, 265쪽.

55 崔笠, 〈仲燮示以關東諸作, 就和一二尤絶境者. 次韻〉, 『簡易集』, 『총간』 49, 440쪽.

강릉 경포대, 삼척 죽서루, 울진(蔚珍) 망양정 등을 세상에서 관동팔경이라고 부른다고 하였다.[56] 한편 숙종은 경포대, 죽서루, 낙산사, 월송정, 만경대(萬景臺), 삼일포, 총석정, 망양정 등을 관동팔경으로 보고 이에 대한 칠언절구를 지었다.[57]

물가의 난초와 둑의 지초 서동쪽에 둘렀는데
십리 펼친 노을안개 수면을 비추는구나
아침에 드리웠다 저녁에 개는 천만 가지 모습에
경치 보며 술잔 드니 흥취가 무궁하네
汀蘭岸芷繞西東　　十里煙霞映水中
朝曀夕晴千萬狀　　臨風把酒興無窮　　　　　　　　_『열성어제』 2, 201쪽

〈경포대〉를 읊은 칠언절구로 중(中), 궁(窮)이 운자이다. 기승구에서는 경포대 주변에 핀 난초와 지초 그리고 노을과 이를 비추는 수면의 모습을 읊었다. 전구에서는 이런 모습이 아침부터 저녁까지 시간의 흐름에 따라 천변만화한다고 하였으며, 결구에서는 이런 경치를 보는 흥취에 술을 마실 수밖에 없음을 토로하였다. 아름다운 경치를 보는 흥겨운 정취를 읊은 셈이다. 경관요소를 보면, 계절은 봄, 시간은 아침부터 저녁까지이며, 장소는 바닷가, 경물은 난초, 지초, 안개, 노을, 술 등이다.

울퉁불퉁 층진 벼랑 백척되는 누대와
아침 구름 저녁 달은 맑은 물에 비추고

---

56 "多樓臺亭觀之勝 若歙谷之侍中臺 通川之叢石亭 高城之三日浦 杆城之淸澗亭 襄陽之靑草湖 江陵之鏡浦臺 三陟之竹西樓 蔚珍之望海亭 國人號爲關東八景," 李重煥, 1975, 66쪽.

57 肅宗, 〈詠關東八景〉, 『列星御製』 2, 201쪽. 현재의 관동팔경에서는 '만경대' 대신에 '청간정'이 소속되어 있다.

맑은 물결 속에는 물고기 떴다 잠기는데

할 일 없이 난간에 기대 흰 갈매기 희롱하네

碑兀層崖百尺樓　　朝雲夕月影淸流

渺渺波裏魚浮沒　　無事凭欄狎白鷗　　　　　_『열성어제』 2, 201쪽

〈죽서루〉를 읊은 제2수이다. '류(流), 구(鷗)'가 운자이다. 삼척 죽서루는 본래 안축의 죽서루팔경 창작 후 팔경을 조망하던 장소로 유명한 곳인데 관동팔경에서는 팔경의 하나로 흡수되었다. 높은 벼랑의 누대, 아침저녁으로 바뀌는 구름과 달 그리고 변함없이 이들을 비추는 맑은 바다를 보면서 자연의 하나가 되어 갈매기를 벗삼아 사는 작가의 흥취가 잘 드러나 있다. 이 밖에 〈낙산사〉에서는 낙산사에 오르는 기쁨을, 〈월송정〉에서는 월송정에 올라 조망하는 흥취를, 〈만경대〉에서는 흥취에 빠져 돌아갈 줄 모르는 상황을, 〈삼일포〉에서는 시선(詩仙)이었던 사선(四仙)에 대한 흥취를, 〈총석정〉에서는 신선을 찾지 못하는 아쉬움을, 〈망양정〉에서는 바닷물이 술이 되어 양껏 마셨으면 하는 소원을 각각 읊어 아름다운 경치로 인해 일어나는 흥취를 다각도로 읊었다.

다. 《상림십경》

숙종이 팔경시의 대상으로 삼은 누정을 보면 대개 숙종 자신이 짓거나 이름 지은 건물을 대상으로 하고 있다. 즉, 지금의 비원인 상림을 읊은 《상림십경》의 경우 십경 중에 6개의 건물은 숙종이 세우거나 개수(改修) 혹은 개명한 건물이다.[58] 각 경의 소표제는 다음과 같다.

58　《上林十景》은 비원에 있는 天香閣, 魚水堂, 深秋亭, 逍遙亭, 喜雨亭, 淸心亭, 觀德亭, 觀豐閣, 暎花堂, 凌虛閣 등 10개의 건물을 대상으로 하고 있는데 이 중에 숙종이 신축하거나 개축한 건물은 다음과 같

제1경 천향간화(天香看花): 천향각에서 꽃을 봄

제2경 어수관등(魚水觀燈): 어수당에서 등불 관람

제3경 심추상련(深秋賞蓮): 심추정에서 연꽃 감상

제4경 소요관천(逍遙觀泉): 소요정에서 옥류천을 바라봄

제5경 희우범주(喜雨汎舟): 희우정에서 뱃놀이 구경

제6경 청심완월(淸心玩月): 청심정에서 달 감상

제7경 관덕풍림(觀德楓林): 관덕정에서 단풍 숲 거닐기

제8경 관풍예도(觀豊刈稻): 관풍각에서 벼 베기

제9경 영화췌시(暎花萃試): 영화당에서 인재 선발

제10경 능허설제(凌虛雪霽): 능허정에서 눈 개인 경치 감상

창덕궁 후원을 부용지(芙蓉池), 애련지(愛蓮池), 반월지(半月池), 옥류천(玉流川)의 4개 지역으로 나눈다고 할 때 천향각은 반월지 지역에 있던 건물로 효종이 1653년(효종 4)에 세웠다.[59] 『정조실록』에는 정조가 후원에서 꽃구경을 하고 낚시질을 할 때 신하들을 이끌고 어수당에 이르러 말에 내려 천향각에 어좌(御座)를 설치하였으며, 효종이 어수당과 천향각에서 송시열과 군국의 기무를 의논하였던 일을 대신들에게 말했다는 기록이 있다.[60] 효종과 숙종

다. ─심추정은 인조 때 세운 정자로 1692년(숙종 18)에 개수하였다. ─소요정은 인조 때 세웠으며 歠逝亭이었는데 숙종 때 이름을 바꾸었다. ─희우정은 1690년(숙종 16)에 기우제를 지내자 비를 내린 것을 기념하여 본래 醉香亭이던 이름을 개칭한 경우이며, ─청심정은 1688년(숙종 14)에 세웠다. ─영화당은 오래되어 기울어진 것을 1692년(숙종 18)에 고쳐 지었다. ─능허정은 1691년(숙종 17)에 세웠다(서울학연구소, 「창덕궁지」, 『궁궐지』1, 1994).

59 『궁궐지』에서 천향각은 척뇌당 서북쪽에 있었다고 하며 척뇌당은 애련정 북쪽에 있었다고 하므로 척뇌당에서 가까운 반월지 지역에 속한다고 할 수 있다.

60 "賞花釣魚于內苑, 諸閣臣子姪兄弟亦與焉, 凡五十四人. 又特召領議政洪樂性, 直赴李始源. 領相以齒德之俱邵, 每歲是會, 輒召與筵, 始源以儲望奎選也. 上曰: '今年卽曠千載一有之慶年也. 凡所以飾慶志喜者, 予心容有旣乎? 每年花釣之遊, 閣臣子姪之召入者, 只及於子若弟若姪, 而今年則推及於再從三從, 蓋亦寓與衆樂之義也.' 少頃, 乘馬以出, 許諸臣乘馬以從. 至魚水堂前, 命諸臣下馬, 設御座於天香閣, 賜大臣, 閣臣酒壺, 看橘, 俾各隨意游憩於水石佳處. 有頃, 上復御瞻德亭之西太淸門內幕次, 諭諸大臣曰: '自古內苑之遊, 非戚里不得入參. 以外臣與內宴, 異數也. 在昔長陵癸亥以後, 眷遇勳臣, 曲宴陪遊, 禮同家人. 孝廟初

제2장 조선왕실 팔경문학의 흐름

<u>17도</u> 『동궐도』 후원일대. 고려대 박물관 소장

이 의논한 군국의 기무란 북벌계획으로 추정되며, 이런 기록에서 숭명배청
(崇明排淸) 의식을 지닌 정조의 대외인식을 엿볼 수 있다.[61]

분칠 담장과 붉은 난간 높고 낮음이 있으나

봉미는 우뚝하여 아름다운 건물과 나란하구나

찬란하게 꽃은 피어 나를 반기는데

꾀꼬리 저 너머서 두어 마디 우는구나

粉墻朱檻有高低　　鳳尾亭亭畫閣齊

灼灼花開迎我笑　　黃鸝隔葉兩三啼　　　　　_『열성어제』 2, 232쪽

服, 痛革動貴之弊, 招延土林, 絜合密勿, 魚水堂, 天香閣尙傳宋文正登對故事, 而朝著分張之患又作焉. 自
肅廟朝曁乎先朝, 不得不托肺腑於戚聯之臣, 出入禁闥, 有非外朝之比, 時勢使然耳. 予自春邸, 深知左賢
右戚之義, 御極之初, 首建內閣, 非爲賁飾文治也, 蓋欲朝夕密邇, 藉其啓沃獻納之益耳…', "『正祖實錄』卷
42, 정조 19년(1795, 을묘) 3월 10일(신유).
61　이하《상림십경》관련 번역은 서울학연구소(1994)의 번역을 인용하되 필요한 경우에 가필하였다.

이 시는 제1수인 〈천향간화〉이다. '천향'은 모란의 향기로 천향각은 모란처럼 화려한 꽃을 감상하는 공간인 셈이다. 이 시는 꽃의 향기와 새소리를 감상하는 봄의 흥취를 담고 있는데 〈어수관등〉과 함께 궁궐에서의 낮과 밤의 유흥을 대표한다. 어수당은 천향각에서 가까운 거리에 있었으며, 반월지 지역에 속한다.[62] 어수당의 관등에 대해서는 홍대용 『계방일기(桂坊日記)』의 다음 구절이 참고할 만한다.

야대(夜對)에 입시하였다. 필선 이진형(李鎭衡)·사서 홍국영·사어(司禦) 김근행(金謹行)·시직(侍直)인 내가 존현각(尊賢閣)에 이르렀다. 첨당(簷堂)엔 많은 양각등(羊角燈)과 옥등(玉燈) 너댓 쌍을 달아 안팎을 통해 밝게 하였다. 나아가 부복하자 동궁이 이르기를, "오늘은 곧 등석(燈夕: 관등일 저녁)이다. 대조(大朝)께서 마침 사찬(賜饌)이 있고 또 옥등도 하사하신 까닭에 계방(桂坊)과 상하번(上下番)을 아울러 부른 것은 꼭 함께 한번 구경하자는 것이오" 하고, 또 이르기를, "이미 등(燈)을 보았소?" 함에, 춘방이 대답하기를, "야대하라는 명령이 계신 까닭에 감히 멀리 떠나지 못했습니다" 하였다. 동궁이, "계방은 보았소?" 함에, 김근행은 "못 보았습니다" 하였고, 홍국영은 "계방도 또한 야대하라는 명을 들었기 때문이라"고 답하였다. 동궁이, "북경의 등(燈) 제도는 어떠했었소?" 함에, 이진형이 대답하려고 하자, 동궁이, "계방 하번(下番)에게 물은 것이오" 하였다. 내가, "대개 양각등이 많고 혹 사등(紗燈)에다 채색으로 그림을 그린 것도 있습니다" 하니, 동궁이, "유리등(琉璃燈)도 보았소?" 하였다. 내가, "못 보았습니다" 하니, 동궁이, "궁중에 진주등(眞珠燈)이 있는데, 이것은 인원 성모(仁元聖母)께서 손수 만들었소. 난간등(欄干燈)에 비교하면 드는 비용은 아주 적게 먹혔는데, 유난히 번쩍이기에 매

---

62 서울학연구소(1994)는 어수당은 영화당 북쪽에 있는데 동서쪽에 영소 연못이 있고, 남쪽에 석거문이 있다고 하였다. 이철원(1954, 3쪽)은 연경당 상하연못의 중간이라고 하였다.

제2장 조선왕실 팔경문학의 흐름

우 볼 만하오" 하였다. 또 이르기를, "창덕궁 어수당은 계방이 혹 보았소?" 하였다. 내가, "못 보았습니다" 하니, 동궁이, "어수당 관등이 자못 좋지요. 연전까지만 해도 등석 때마다 옥당(玉堂)에서 많이 입시하였지요. 후원 연못 가운데는 용주(龍舟)가 있는데 평소엔 쓰지 않다가 등석에 혹 쓰게 되는데, 나도 어릴 적에 한 번 보았지요. 또 수면에 등을 놓아둔 것이 가장 볼 만하지요" 하였다.[63]

어수당 관등은 석가탄신일인 4월 8일 밤의 행사였음을 알 수 있으며, 왕실 인물뿐 아니라 옥당 관리 등이 참여하여 즐기는 성대한 행사였음을 알 수 있다.

심추정은 『궁궐지』에 애련정 북쪽에 있었다고 하는데 숙종이 이곳에서 연꽃을 감상했다고 한 것으로 볼 때는 애련정과 가까운 지역에 있었던 것으로 여겨지며, 애련지 지역의 건물로 추정된다.

죽정의 쇄락한 모습 황강보다 나아
세 연못 굽어보니 물빛은 푸르구나
저녁에야 살랑살랑 서풍 불어오기에
연꽃이 은연히 향기 전해 오게 하였네
竹亭瀟灑勝黃岡　　俯瞰三池碧水光
晚來陣陣西風起　　一任荷花暗送香　　　　　_『열성어제』 2, 233쪽

이 시는 제3수인 〈심추상련〉이다. 이 시에서 죽정은 심추정을 말하며, 황강은 호북성의 대나무로 유명한 지역을 말한다. 즉 제1구에서는 심추정이

63　'乙未年 1775 영조 51 4월 8일,' 洪大容, 『湛軒書』 內集2卷, 「桂坊日記」.

중국보다 아름답다는 점을 읊은 셈이다. 여기서 감상한다는 연꽃은 대개 송나라 도학자였던 주돈이(周敦頤)의 〈애련설(愛蓮說)〉과 관계되므로 수양과 연계된다 할 수 있는데 숙종은 심추정의 남쪽에 있는 애련정에 대한 기문에서 다음과 같이 언급하였다.

임금의 마음이 바르게 되면 조정이 바르게 되고 사방이 바르게 되어 모든 복과 좋은 징조가 모두 이르지 않음이 없이 정도(政道)에 맞을 것이니, 하늘과 땅의 지극한 즐거움이 어찌 이에서 벗어나겠는가. 만일 풍경의 번화함만 구경하겠다는 즐거움이라면 나는 이를 취하지 않겠다.[64]

이처럼 연꽃은 '마음'과 '조정' 그리고 '전국'이 바르게 되는 정도를 추구하는 이념적 꽃이므로 이를 통해 수양하게 되는 것이다.

소요정은 옥류천 지역의 정자로 인조가 1636년(인조 14)에 세웠다. 또한 이때에 소요암 앞으로 물이 돌아 흘러 폭포처럼 떨어지게 하여 관람거리로 삼았다고 한다. 정조는 정자의 목적에 대해 다음과 같이 언급하였다.

정자가 후원의 중앙에 있어 후원의 좋은 경치가 이 정자로 모아졌다. 기이한 산봉우리와 층층의 암벽, 그윽한 골짜기들이 아침과 저녁, 그리고 사계절에 제 경치를 드러내어 사람으로 하여금 세속을 벗어난 맑고 깨끗한 생각을 갖게 하니 소요할 만한 경치란 바로 그러한 것이다.[65]

이로 볼 때 정조는 소요정에서 탈속한 흥취를 즐기려 했음을 알 수 있다.

---

64 "君心正而朝廷正 朝廷正而四方正 諸福休祥莫不必臻而王道終矣 天壤至樂寧逾是耶 若其風景之繁華 玩賞之逸興 吾所不取也"(서울학연구소, 1994, 137쪽).
65 "亭中于苑, 一苑之勝, 咸萃於亭, 奇峰異岫, 層巖幽壑, 朝暮四時, 各呈其景, 令人有瀟灑出塵之想, 地之可以逍遙者然也," 〈逍遙亭記〉正祖,『弘齋全書』,「春邸錄」4, 記.

정조의 아들 순조도 소요정에서의 놀이에 대해 "소요정은 참으로 인간세상의 기이한 절승(絶勝)이라 할 만하다. 앞에는 흐르는 물에 잔을 띄우는 놀이를 할 만한 아름다움이 있고 뒤에는 숲이 울창하고 대나무가 빽빽한 봄에서 여름이 되는 사이에 한가히 거닐면서 경치를 구경하면서 또한 속 깊은 정감을 충분히 펼 수 있다"라고 하였다.[66]

소요정은 옥류천 지역의 청의정, 태극정, 농산정, 취한정 등의 중앙에 있어 주변을 관람하며, 구불구불 돌아가는 물에 잔을 띄우고 술을 마시며 놀이를 하는 유상곡수(流觴曲水)의 장소이며 특히 봄과 여름에 산책하기 좋은 장소였음을 알 수 있다.

희우정은 주합루의 서북쪽에 있어 부용지 지역 정자에 속한다. 본래 인조가 1645년(인조 23)에 지은 초당(草堂)으로 당시 이름은 취향정(醉香亭)이었다. 숙종이 이곳에서 기우제를 올렸다가 비가 내린 것을 기념하여 희우정으로 개명하였는데 숙종은 이곳을 정사(政事) 여가에 '휴식하고 함양하는 처소'라고 하였다.[67] 현재 남아 있는 희우정을 보면 서향각 북쪽 높은 지역에 있어 부용지에 띄운 배를 구경하기에 좋은 장소였음을 알 수 있다.

청심정은 반월지 지역인 폄우사 북쪽의 정자이다. 옥류천 지역과 반월지 지역의 중간 정도에 위치하고 있다. 숙종이 1688년(숙종 14)에 세웠는데 정자의 남쪽 뜰에는 못을 파서 빙옥지(氷玉池)라 하였고, 정자 동쪽의 협곡수에는 홍예교(虹霓橋)를 놓아 왕래하는 통로로 삼았다고 한다(『궁궐지』 1, 145쪽). 정자 주변에 연못과 다리를 설치하여 경치를 완성했던 셈이다. 숙종은 이 정자에서 봄에는 나비와 꾀꼬리 소리를 즐기고, 여름에는 더위를 피하며, 가을에는 단풍 숲을 산책하고, 겨울에는 눈 덮인 소나무를 감상한다는 시를

---

66 순조, 〈소요정에서 금직학사를 불러 난정의 수계를 모방하다〉, 『궁궐지』 1, 154쪽.
67 숙종, 〈희우정명병서(喜雨亭銘幷序)〉, 『궁궐지』 1, 113쪽.

짓기도 하였으며,[68] 또 《상림십경》에서는 이 정자에서 가을 저녁 달을 감상하면 즐겁다고 하였다.

관덕정은 영화당 동쪽에 있다고 하였는데 〈동궐도형〉에 따르면 애련정과 집춘문 사이에 있다. 인조가 1642년(인조 20)에 세웠으며, 처음 이름은 취미정(翠微亭)이었다고 한다. 현종이 1664년(현종 5)에 개수하고 관덕정이라 고쳤다(『궁궐지』 1, 139쪽). '관덕(觀德)'은 『예기』의 '활을 쏘는 것은 성대한 덕을 볼 수 있기 때문이다(射者所以觀盛德也)'라고 하는 말에서 나온 이름으로, 제후 및 사대부들이 활을 쏠 때 군신 간의 예의와 장유유서 등을 지키는 도덕적 태도가 중요함을 지칭한 것이다. 즉, 활 쏘는 일이 단순히 무술을 훈련하거나 즐거운 놀이가 아니라 인간의 도덕적 면모를 보여 주는 행위라는 뜻에서 활 쏘는 곳에 있는 정자를 관덕정이라고 일컫은 것이다. 이 관덕정은 과거시험장이었던 춘당대 동북쪽에 위치해 있고 춘당대 쪽에 단풍나무를 많이 심어 단풍정(丹楓亭)이라 이름한 곳이 있는데 《상림십경》의 제7경인 〈관덕풍림〉에서는 관덕정에서 활쏘는 모습을 보기보다는 단풍정의 붉게 물든 단풍 숲을 보는 흥취를 읊고 있다. 숙종은 이 시 결구에서 거문고와 술을 가지고 관덕정에 오르게 된다고 하여 흥취를 즐기는 구체적 양상을 보여 주기도 하였다.[69]

관풍각은 춘당대 남쪽에 있으며, 인조가 1647년(인조 25)에 세운 정자이다. 관풍각 앞으로는 논이 펼쳐져 있는데 임금이 이 관풍각에 올라 농사짓는 것을 구경하고 매년 이곳에서 추수한 수확물을 신하들에게 나눠 주면서 풍년을 기원하였다고 한다.[70]

68 『궁궐지』 1, 145-146쪽, 〈四時題詠〉.
69 〈觀德亭〉, 京都, 東國輿地備考, 『新增東國輿地勝覽』, 한국고전종합DB.
70 〈觀豐閣〉, 앞과 같음, 한국고전번역원DB.

서리 내리니 정말 추수철이 되었구나

띠집에 앉아 한가롭게 벼 베기 살피네

비와 바람 금년부터 고르게 내리셔서

해마다 풍성한 가을 즐기게 해 주시길

霜來正屬西成節　　閑坐茅堂檢稻收

風調雨順從今始　　歲歲年年樂有秋 _『열성어제』 2, 234-235쪽

이 시는 제8경인 〈관풍예도〉이다. '관풍(觀豊)'은 풍년에 대한 기원을 담은
이름으로 관풍각의 북쪽에는 논이 있고, 앞에는 연지(蓮池)가 있어 임금이
아름다운 경관 속에서 풍년을 기원하던 모습을 엿볼 수 있다. 숙종은 이 외
에도 〈관풍각시(觀豊閣詩)〉를 남겼는데 영조, 정조, 순조, 익종 등이 이에 차운
하여 임금의 위정(爲政) 정신을 계승하였다.《상림십경》중 위정과 관련된 시
로는 이 외에 인재를 뽑는 〈영화췌시〉 정도가 있다.

　영화당은 부용지 지역이다. 창건 시기를 알 수 없지만 숙종이 1692년(숙
종 18)에 고쳤으며, 이곳에서의 한적한 흥취를 읊기도 하였다.[71] 그러나 영화
당은 과거를 실행할 때 임금이 자리한 역사적인 공간이기도 하다. 이는 영
화당이 부용지와 춘당대의 사이에 있어서 한쪽으로는 부용지에서의 유흥을
관람할 수 있고 반대편 쪽으로는 춘당대의 과거시험을 관장할 수 있는 양면
을 지니고 있는 건물이기 때문이다.

　능허정은 연경당의 서북쪽에 있던 건물로 숙종이 1691년(숙종 17)에 세웠
다.[72] 이에 대한 숙종의 〈능허정에서 짓다(題凌虛亭)〉, 〈능허각에 올라 멀리 충
경공의 사당을 바라보다(登凌虛閣遙望忠敬公祠堂)〉 등 여러 시를 볼 때 능허정

71　『궁궐지』 1, 123쪽.
72　『궁궐지』 1을 보면 연경당의 서북쪽에 백운사가 있었고 백운사의 서북쪽에 사가정이 있었으며, 사가
　　정의 서쪽에 능허정이 있었다고 한다.

<u>18도</u>   창덕궁 영화당. 필자 촬영

은 창덕궁에서는 가장 높은 지역에 있는 정자로 조망을 위해 지었을 것으로 추정된다. 궁궐 북쪽의 백악산, 동쪽의 낙산 등이 두루 보였기에[73] 《상림십경》에서는 눈이 개인 후 이 정자에서 뭇 산과 나무들이 눈에 덮여 있는 장관을 조망하는 흥취를 읊었다.

숙종은 궁궐의 여러 지역 중에서도 후원 공간에 대한 시를 많이 지었으며, 특히 《상림십경》이라는 팔경시를 처음 지었는데 이는 팔경시로 읊어야 아름다운 자연 경관이라는 인식을 가졌기 때문으로 여겨진다. 《상림십경》은 동궐 후원에서의 사시가흥(四時佳興)으로 이루어져 있는데 건물명의 의미와 시의 내용을 보면 '유흥'도 있지만 '위정'과 '수양' 등이 종합되어 있음을 볼 수 있다. 이처럼 후원을 읊는 시에서도 위정과 수양에 관계된 내용이 많은 이유는 특별히 수양을 강조하던 당대 풍조와 연관이 있었던 것으로 여겨진다. 이 《상림십경》의 경우 특히 이후 왕들의 전범이 되었는데 정조, 순조, 익종 등은 이 시를 차운하거나 모방한 시를 지었으며, 영조는 상림십경시를

---

73   숙종은 〈능허정에서 짓다〉에서 "백악에 안개 거치니 검푸른 빛 보이고, 낙산에 해 비치니 밝은 빛 우러른다"고 하여 주변 경관이 잘 보임을 표현하였다.

표 4 숙종의 《상림십경》

제목	계절	시간	기후	지역	경물	기타
천향간화	봄	낮	맑음	반월지 지역	누정, 꽃, 꾀꼬리	흥취
어수관등	여름	밤	달	부용지 지역	연못, 잣, 소나무, 등불	석탄일, 경치
심추상련	봄	저녁	바람		죽정, 연못, 서풍, 연꽃향	
소요관천	여름	낮	맑음	옥류천 지역	유상곡수	흥취
희우범주	여름	낮	맑음	부용지 지역	부용지, 용주, 채련가, 낚시	태평시절
청심완월	가을	밤	달	반월지 지역	서리	흥취
관덕풍림	가을	낮	맑음	애련지 지역	단풍, 거문고, 술	흥취
관풍예도	가을	낮	맑음	애련지 지역	서성절, 모당	풍년
영화췌시	(봄, 가을)	낮	맑음	부용지 지역	옥당, 춘당대, 문무과거	인재선발
능허설제	겨울	낮	눈	반월지 지역	후원	경치

짓지는 않았지만 〈영화당에서 친히 공신을 인견하고 시를 내리다(暎花堂引見親功臣賜詩)〉, 〈영화당명(暎花堂銘)〉, 〈관풍각시를 공경히 차운한 노래를 지어 풍년을 기원하다(以頌敬次觀豊閣御詩韻仍祝有年)〉, 〈관풍각에서 세자와 함께 벼 심는 것을 구경하다(觀豊閣與元良觀種稻時作)〉 등 후원에 건립된 각 건물에 대한 시를 남겨 숙종의 취향에 동조하였다. 끝으로《상림십경》의 내용을 계절, 시간, 기후, 지역, 경물 등으로 정리하면 〈표 4〉와 같다.

라.《서호십경》

《서호십경》은 중국 절강성 항주시의 서호에서 10개의 경치를 읊은 시로 서호의 경치는 남송 때부터 유행하였다. 이 시의 소표제를 열거하면 다음과 같다.

제1경 소제춘효(蘇堤春曉): 소제(蘇堤)에서의 봄새벽

제2경 평호추색(平湖秋色): 평평한 호수의 가을 빛

제3경 화항관어(花港觀魚): 화가산(花家山) 기슭 항구에서 물고기 구경

제4경 유랑문앵(柳浪聞鶯): 버드나무 물가에서 꾀꼬리 소리 듣기

제5경 삼담인월(三潭印月): 호수 중 세 개의 못에 비친 달

제6경 양봉삽운(兩峰揷雲): 두 봉우리에 걸친 구름

제7경 남병효종(南屏曉鍾): 남병산에서의 새벽 종소리

제8경 뇌봉석조(雷峰夕照): 뇌봉탑(雷峰塔)의 석양

제9경 국원풍하(麴院風荷): 국원(麴院)의 바람에 이는 연꽃향

제10경 단교잔설(斷橋殘雪): 단교에 남은 눈

제1경의 소제(蘇堤)는 서호 안에 있는 제방으로 소동파가 항주에서 근무할 때 거닐었다고 해서 붙여진 이름이다. 제2경의 평호(平湖)는 서호 자체를 일컬으며, 제3경의 화항(花港)은 소제 남쪽 끝 서쪽편인데 화가산 기슭을 거친 물줄기가 서호로 들어간다고 해서 붙여진 이름이다. 제4경 유랑(柳浪)은 유주(柳州), 즉 버드나무 있는 물결을 말한다. 제5경의 삼담(三潭)은 서호 안에 가장 큰 섬이 밭 전자 모양인데 여기 세 곳에 달이 비치는 모습을 말한다. 제6경의 양봉우리는 서호 남쪽과 북쪽에 있는 봉우리를 말하며, 제7경의 남병산은 서호 남쪽에 있는 병풍 같은 석벽을 말한다. 이 산 산허리 아래 정자사(淨慈寺)라는 절이 있어 이곳에서 치는 종소리를 읊었다. 제8경은 서호 남쪽에 정자사 앞의 뇌봉탑에 비치는 석양이다. 제9경의 국원은 서호 서쪽 악비묘(岳飛廟) 앞에 있었는데 여기에는 술을 빚는 집이 있었고 또 부근에 연꽃 핀 연못이 있어 여름에 바람이 일면 술냄새와 연향이 진동했다고 한다. 제10경의 단교는 서호의 다리가 눈에 덮여 마치 끊어진 듯이 보이는 것을 말한다.

숙종은 《서호십경》을 그리게 하여 장인 어른인 김주신(金柱臣, 1661-1721)에게 주었으며 당시에 홍세태가 시로 이름이 있었으므로 십영시를 지어 바치게 하니 홍세태가 오언절구시를 지어 바쳤다고 한다.[74]

---

74 '上命工畵西湖十景. 賜札國舅慶恩金公曰. 洪世泰以詩名世. 可使製進十詠. 公援筆立成以進之'浣巖集卷之四 昌寧鄭來僑潤卿著 滄浪洪公墓誌銘. 蘇堤春曉: 漠漠柳梢月. 輕雲弄春曉. 已聞踏歌聲. 花底翻宿鳥. 平湖秋色: 平湖一萬頃. 秋色浸空闊. 遙看鴈拖去. 天際半明滅. 花港觀魚: 水暖花港深. 羣魚爭出戲. 宜觀不宜綸. 須識放生意. 柳浪聞鸎: 維舟柳岸側. 上有黃鸚語. 只得隔樹聞. 不知在何處. 三潭印月: 一片水中月. 三潭照處同. 誰知印無跡. 非色亦非空. 兩峰挿雲: 壁立幾千仞. 雙峰雲霧連. 不緣深着地. 何得便擎天. 南屛曉鍾: 南屛月欲落. 鍾響出禪房. 喚起孤舟夢. 漁樵亦自忙. 雷峰夕照: 夕陽有遠意. 掛在西峰秒. 孤霞一邊開. 鳥沒天更杳. 麴院風荷: 十里鋪一色. 荷花高下紅. 香風吹不斷. 偏入棹歌中. 斷橋殘雪: 危橋橫一水. 半帶殘雪白. 山僧時往來. 猶得見行跡. 《西湖十景》, 『총간』 167, 401쪽.

5 영조

영조는 잠저시에 머물렀던 창의궁에서 《양성헌팔영(養性軒八詠)》과 《전원낙흥십영(田園樂興十詠)》을 남겼다. 다시 궁궐로 들어가서는 《서재팔영(書齋八詠)》, 《집경당팔경(集慶堂八景)》, 《위선당팔경(爲善堂八景)》, 《덕유당좌경(德游堂坐景)》은 물론 궁중 행사나 행차가 있을 때 집경시를 짓기도 하였다. 이를 차례로 살펴보도록 하겠다.

가. 《양성헌팔영》

양성헌은 영조가 19세에 잠저로 갈 때 숙종이 지어 준 창의궁의 당호이다. 영조는 양성헌에서 인왕산, 대나무, 연등, 구름, 연못의 물고기, 달, 눈 속에 핀 매화 등에 대한 8가지 정취를 읊었다. 소표제는 다음과 같다.

제1경 서망인왕(西望仁王): 서쪽으로 인왕산을 바라봄

제2경 정전수죽(庭前脩竹): 뜰앞의 대나무

제3경 의함관등(倚檻觀燈): 난간에 기대어 등놀이를 구경함

제4경 북악층운(北岳層雲): 북악산의 층진 구름

제5경 관어지당(觀魚池塘): 연못에서 물고기 구경

제6경 농암모연(農巖暮烟): 농암의 저녁 연기

제7경 등루완월(登樓翫月): 누각에 올라 달놀이 함

제8경 유헌설매(幽軒雪梅): 그윽한 숙소의 눈속 매화

양성헌은 한성부 북부 순화방, 즉 지금의 종로구 통의동에 위치해 있는데 양성헌 팔영에 의하면, 인왕산의 동쪽에 있었고, 뜰 앞에는 지금과 같은 소나무가 아니라 대나무가 있었으며, 연등과 달을 구경할 수 있는 누대, 그리고 거처할 수 있는 집이 있었다.

> 누각에 기대어 멀리 보니
> 인왕산이 지척지간에 있네
> 갑자기 안개 노을 속에 쌓임은
> 산이 본래 예로부터 한가롭기에
> 倚閣遙望處　　　仁王指覩間
> 焂忽煙靄裏　　　山意古今閒　　　　　　_『열성어제』 3, 197-198쪽

제1경이다. 양성헌에서 보니 창덕궁에서보다 인왕산이 지척이어 좋아했는데 갑자기 안개 속에 가려지는 것을 보고 번거로운 세속에 거리를 두는 산의 뜻을 알게 되었다는 내용이다. 이처럼 산의 여유로움과 연못에서의 맑은 흥취(淸興復洋洋)를 읊으며,[75] 양성헌에서 한가한 날을 보내는(幽軒閑暇日) 상황을 노래하기도 했지만[76] 깎아지른 북악산의 기상(一峰如削立)과 대나무의 고고함(長立復亭亭)을 칭송하여 세속에의 의지를 드러내기도 하였다.[77]

나. 《전원낙흥십영》

이 시는 『열성어제』에 보이는데 잠저시인 1722년(경종 2)에 지었다고 한

---

75 〈觀魚池塘〉 "無事草堂日 釣魚到夕陽 水天同一色 淸興復洋洋"(『열성어제』 3, 199쪽).

76 〈幽軒雪梅〉 "春色雖云好 我常愛雪梅 幽軒閑暇日 馥馥暗香來"(『열성어제』 3, 200쪽).

77 〈北岳層雲〉 "白岳徹九霄 層雲幾萬重 一峯如削立 寫出亦難容", 〈庭前脩竹〉 "猗猗庭前竹 如何四節靑 風霜獨不畏 長立復亭亭"(『열성어제』 3, 198-199쪽).

다.[78] 이때 지은 〈한가히 읊음(閒吟)〉에서 영조는 자신이 전원에 한가히 누워 있어 태고적 사람이라 일컬어졌으며, 자신에게 대나무로 만든 정자 정도가 충분한 이유는 정자 자체보다 스스로 새로워지는 자연경치가 중요하기 때문이라고 하였다.[79] 흥취를 일으키는 10가지 전원 경치 중에 고유지명을 알 수 있는 경우는 제1경의 고령, 제2경의 가현, 제6경의 북악, 제7경의 관덕정 등이다. 고령과 가현은 모두 어머니 숙빈 최씨의 묘가 있는 곳이다.[80] 궁궐을 포함한 서울 북부 지역을 두루 포괄함을 알 수 있다. 소표제는 다음과 같다.

제1경 고령청람(高嶺晴嵐): 고령의 맑은 안개[81]

제2경 가현조하(加峴朝霞): 가현(加峴)의 아침 노을

제3경 청창일영(晴窓日映): 맑은 창에 비추는 해

제4경 정헌월명(靜軒月明): 고요한 추녀의 밝은 달

제5경 전계청류(前溪淸流): 앞내의 맑은 물

제6경 북악층운(北岳層雲): 북악산 층진 구름

제7경 송정사후(松亭射帿): 송정에서 활쏘기

제8경 초당관예(草堂觀刈): 초당에서 벼베기 보기

제9경 계간철국(階間掇菊): 섬돌 사이 국화꽃 줍기

제10경 설리상매(雪裏賞梅): 눈 속 매화 감상

먼저 제1경 〈고령청람〉을 보면 다음과 같다.

---

78 『列聖御製』卷21 〈臥遊淸興2首〉의 補註에서 여기서부터 〈草堂四詠〉까지는 壬寅 잠저시 지은 것을 추가로 기록하였다고 하였다. 이 작품은 이 사이에 수록되어 있다.

79 "閒臥田園裏 常稱太古人 竹亭心自足 景色自然新"(『열성어제』 3, 200쪽).

80 장서각소장 영조어제첩인 〈어제강개음(御製慷慨吟)〉(4-0850)에 '戊戌年 於加峴 庚子年 龍峴道'라고 하여 '가현'이 고령의 숙빈 최씨 묘가 있는 곳임을 표시하였다.

81 고령은 실제 지명으로 『정조실록』(정조 5년 8월 15일 을유)을 보면 영조가 신축년(1721, 경종 1) 8월 15일 숙종의 탄신일에 明陵에 전배하고 高嶺 農舍에서 머물렀다가 5일이 지난 뒤에 돌아와서 곧 세제가 되었다는 내용이 있다. 고령은 생모의 능인 소령원이 있는 곳이기도 하다.

　　　　　　　　　　　　　　　　　제2장　조선왕실 팔경문학의 흐름

모든 골짜기와 봉우리들 병풍처럼 둘러싼 곳

삼한에 도를 전한 곳이 바로 고령이네

게다가 마치 무릉도원 같아

아침 해 처음 올라 산의 모습 드러내네

萬壑千峰如擁屛　　三韓傳道是高嶺

依俙髣髴武陵源　　朝日初升山色暎　　　　　　_『열성어제』 3, 522쪽

기승구에서는 요새같이 험준하고 견고한 지세를 명시하였고 전결구에서
는 아침 햇빛에 비춘 산천이 무릉도원 같다고 칭송하였다. 아름다운 산수를
보는 흥취를 읊은 셈이다. 이와 같은 정취는 "멀고 가까이 있는 봉우리가 그
림 같다(遠近峰巒渾似畵)"는 제2경을 비롯하여 10경 전체에 깔려 있다. 또한
이런 경관 속에서 한가하게 노니는 자신의 모습을 읊기도 하였다.

두건 편한 차림으로 지팡이 짚고서

천천히 물가 따라 걷는데 물도 맑구나

맑은 샘에 발 담그니 마음 이미 즐거워

한가히 냇가 빨래하는 소리 듣고 있네

葛巾野服策筇行　　緩步溪邊水自淸

濯足澄泉心已樂　　閒聞石上浣紗聲　　　　　　_『열성어제』 3, 523쪽

제5경이다. 편안한 복장으로 길을 나서고 더우면 탁족(濯足)을 하면서 아
무 생각없이 빨래하는 소리를 듣는 한가한 모습이다. 이런 정취는 "조용한
집에서 일없이 노래하거나(幽軒無事詠歌膚-제4경)", "여름날 낮잠 뒤에 흥취가
일거나(夏日睡餘起高興-제6경)", "마을 사람들과 소나무 뜰에 모여 술을 나누거
나(鄕人酌酒會松庭-제7경)", 도연명의 한적한 삶에 비유한 "가히 도연명의 율리

집에 비견할 만하니(可比淵明栗里舍-제9경)", 눈오는 날 매화 감상하러 "지팡이
집고 천천히 뒷산에 간다(携杖緩行到後山-제10경)" 등으로 나타난다. 다음 시를
보면 그러면서도 왕족으로서 백성에 대한 관심을 잃지 않았음을 엿볼 수
있다.

초당에서 온 들 누런 모습 봤는데
일년 농사 이미 마당에 올라왔네
멀리 격양가 소리 들리는 가운데
곳곳에서 농부들 기쁜 기운 넘치네
滿野黃雲倚草堂　　一年稼穡已登場
遼聞擊壤歌聲裏　　處處農人喜氣洋
　　　　　　　　　　　　　　　　　　_『열성어제』3, 524쪽

　　제8경으로 기승구에서는 누렇게 벼가 익은 들판을 누런 구름에 비유하였
으며, 수확의 상황까지 그렸다. 전결구에서는 풍작을 기뻐하는 백성들이 땅
을 두드리며 즐거움을 표현할 뿐 아니라 기쁜 기색이 넘치기까지 하고 있다
고 하였다. 이런 정황은 숙종이 지은《상림십경》제8경의 〈관풍예도(觀豊刈
稻)〉와 유사한 위민의식이라 할 수 있다. 이 외에도 제7경에서 〈송정사후〉는
《상림십경》제9경의 〈영화당에서의 인재선발(暎花萃試)〉에 비견된다고 할 수
있다.
　　《전원낙흥십영》은 소표제의 유사성과 대비성에 있어서 팔경시의 면모를
갖추고 있으며,[82] 전원의 바람, 안개, 해, 달, 시내, 구름 등 평화로운 환경에

82　이 시는 전원에서의 즐거움을 읊어서 경관을 읊은 팔경시와는 관계가 없는 듯이 보이나 소표제를 보
　　면, 제1경과 2경의 高嶺과 加峴은 지명이며, 제3경과 4경의 日映과 月明은 해와 달을 대비하고 있으
　　며, 제5경과 6경의 前溪와 北岳은 앞쪽과 뒤쪽을, 제7경과 8경의 松亭射帿와 草堂觀刈는 소나무 정자
　　와 풀로 엮은 집을, 제9경과 10경의 階間撥菊과 雪裏賞梅는 섬돌 사이에서 국화 줄기와 눈 속에서 매
　　화 감상 등으로 이루어져 있어 2경씩 유사성과 대비성이 분명하다. 이러한 특징이 팔경시의 특징이
　　다(안장리, 2002, 105-115쪽).

서 무예와 농사 등에서 태평성대임을 확인하고 국화와 매화를 즐기던 인사의 흥취를 보여 준다. 평화로운 전원을 즐기면서도 늘 국정을 염려했던 영조의 의식이 잘 표현되어 있다.

다.《서재팔영》

이 시를 다루는 데 있어서 먼저 해결해야 할 문제는 언제 어디서 지었느냐는 점일 것이다. '서재'라는 표현에서 잠저시절이건 재위시절이건 왕족의 서재에 대해 밝힐 수 있다면 또한 좋은 성과가 될 수 있을 것이다. 먼저 이 시는 장서각 소장 『어제』(4-6905)에 실려 있는데 갑진년(1724)에서 병오년(1726) 사이에 수록되어 있으며, 을사, 병오는 즉위 초이므로 한가하게 서재를 읊을 여가가 없을 것으로 추정할 때 갑진년에 동궁으로 있을 때 지은 것으로 추정된다. 여기 나오는 고유지명을 보면 운정(雲亭), 남한산성, 북악산 등인데 남한산성은 추모의 장소이며, 영조의 서재에는 뜰 앞에 포도를 심었고, 계단에는 국화꽃이 창 앞에는 매화가 있고 연못이 있는 건물임을 추정할 수 있다. 십경의 소표제는 다음과 같다.

제1경 운정풍종(雲亭風鍾): 운정에서 종소리 듣기
제2경 취경만취(聚景晚翠): 경치 중의 소나무
제3경 하담월색(荷潭月色): 연꽃 못의 달빛
제4경 남한모운(南漢暮雲): 남한산성의 저녁 구름
제5경 정전포도(庭前葡萄): 뜰 앞의 포도나무
제6경 계간황국(階間黃菊): 섬돌 사이의 누런 국화
제7경 매창청향(梅窓淸香): 매화 창에서 맑은 향기
제8경 북악제설(北岳霽雪): 북악산에 눈이 개임

이 중 제1경은 다음과 같다.

봄도 저무는 때 서재에서
방에 기대 있으니 마음 편안해
화목한 기운 펼쳐진 곳에
때로 종소리 한가하게 울리네
齋裏晚春日　　　倚軒心意安
和氣陳陳處　　　時有鍾聲閑
　　　　　　　　　　　　　　　_『열성어제』3, 201쪽

이 시는 저무는 봄에 대한 아쉬움보다는 한가하게 늦봄을 만끽하는 여유를 느끼게 한다. 이 시에서 영조는 "세상이 온통 은 같은 눈이 덮인(依然堆白銀－제10경)", 경치를 보고, "초당에서 일없이 지내는데(草堂無事日－제5경)", 도연명과 같은 은사로서의 삶을 즐기며(依俙栗里人－제6경), "사계절 푸른 소나무의 기상(長含四節靑－제2경)", "연꽃에 있는 군자의 절개(知有君子節－제4경)", "매화에서 느끼는 맑은 홍취(淸香自芬馥－제9경)" 등을 향유한다. 다만 그런 중에서도 역사적 아픔을 노래하고 있는 것은 제4경 〈남한모운〉이다.

멀리 보이는 안개 구름 속에
한강 남쪽을 돌아보다 보니
갑자기 지난 역사가 떠올라
한탄스런 눈물이 눈에 가득해지네
遙望煙雲裏　　　漢南指顧中
忽憶向年事　　　興歎涕滿瞳
　　　　　　　　　　　　　　　_『열성어제』3, 202쪽

이 시에서는 저녁 남쪽의 구름을 보며 문득 병자호란 때 남한산성에서의 치욕이 떠올랐다고 한다. 경관에서의 흥취가 역사의식으로까지 확장된 셈이다.

라. 제목만 전하는 팔경시

영조가 만년에 지은 《집경당팔경》, 《위선당팔경》, 《덕유당좌경》은 각각의 소표제만이 전한다.

제1경 동첨조일(東瞻朝日): 동쪽으로 아침 해 바라보기

제2경 의함완월(倚檻玩月): 난간에 기대어 달 감상하기

제3경 당중하향(塘中荷香): 연못에서 풍기는 연꽃 향기

제4경 계전해당(階前海棠): 섬돌 앞 해당화

제5경 금계보시(金鷄報時): 닭이 때를 알림

제6경 정령무원(丁令舞園): 학이 동산에서 춤춤

제7경 녹음문앵(綠陰聞鶯): 숲속에서 꾀꼬리 소리 들음

제8경 송림선성(松林蟬聲): 솔숲에서 나는 매미 소리

제1경 창덕지도(昌德指睹): 창덕궁 지척에 있음

제2경 인산상근(仁山相近): 인왕산에서 가까움

제3경 제광동문(霽光東門): 동문의 맑은 햇빛

제4경 영렬서천(靈洌西泉): 서쪽 샘의 맑고 차거움

제5경 장덕재남(章德在南): 남쪽의 장덕문

제6경 통선재북(通善在北): 북쪽의 통선문

제7경 의함견일(倚檻見日): 난간에 기대어 해를 봄

제8경 완보영월(緩步咏月): 천천히 걸으며 달을 읊음

제1경 서암오운(瑞岩五雲): 서암에 낀 오색구름

제2경 모정봉황(茅亭鳳凰): 모정에 깃든 봉황

제3경 당전수청(堂前水淸): 당 앞의 맑은 물

제4경 요첨팔송(遙瞻八松): 멀리 보이는 여덟 개의 소나무

제5경 부시회상(俯視會祥): 내려다보이는 회상전

제6경 동첨금오(東瞻金烏): 동쪽으로 바라보이는 해

제7경 서령옥토(西嶺玉兎): 서쪽마루에 걸린 달

제8경 숭정문창(崇政聞唱): 숭정전에서 노래 듣기

이 세 건물은 영조가 만년에 거처하던 경희궁에 있던 건물이며 특히 집경당은 영조가 만년에 주로 거처하면서 정무와 생활을 두루 하던 장소이다. 영조는 만년에 불면증에 시달려서 물시계가 그치는 소리를 듣고 닭이 울기를 기다리곤 하였는데 이는《집경당팔경》제5경인 닭이 때를 알림에 부합되며, 역시 이 때문에 아침이 밝아오기를 기다리곤 했는데 이는 제1경인 〈동첨조일〉에 해당된다.[83]

위 팔경시의 각 소표제에 대한 시는 남아 있지 않지만 영조가 숙종처럼 궁궐 건물을 팔경의 대상으로 삼되 그중에서도 후원처럼 아름다운 경관이 있는 곳보다는 자신이 생활을 하는 건물을 대상으로 하고 있으며, 게다가 그곳에서의 일상생활을 팔경의 대상으로 삼은 특징이 있음을 확인할 수 있다. 영조는 이 외에도 실제 생활 자체를 팔경의 대상으로 삼기도 하였는데 《송도육영(松都六詠)》은 영조가 1740년(영조 16) 9월에 송도에 들러 지은 팔경시로 소표제는 〈송도 남부 경덕궁의 상서로운 구름(慶德祥雲)〉, 〈관리단에서의 병거 참관(管理觀戎)〉, 〈남문에서 백성을 부름(南門召民)〉, 〈만월대상에서

---

83 한국학중앙연구원 장서각 소장 영조 작품인 「御製待金鷄何時唱」(K4-1706)을 보면, "問金鷄 問金鷄 何時唱 何時唱"이라 하여 새벽 닭울음을 기다리는 내용이 나온다.

19도 　『어제속집경당편집』. 한국학중앙연구원 장서각 소장

급제자를 뽑음(臺上新恩)〉, 〈성균관 학당에서 성인에게 절함(府學拜聖)〉, 〈목청
전의 상서로운 풍경(穆淸瑞色)〉 등으로 임금으로서의 위정활동을 위주로 기
술하고 있다.

> 저 송악산 남쪽 누정 하나 자리함을 보니
> 의연히 높고 크게 햇빛을 받고 있구나
> 백성 모아 두루 그 인정(人情)을 물어보고
> 예전 조상들의 지극한 덕택을 추모하네
>
> 瞻彼松南一座樓　　依然高大日映色
> 召民遍問其情也　　追憶昔年至德澤　　　　　　　　_『열성어제』 3, 259쪽

이 시는 제3수로 〈남문소민〉이다. 남문에서 백성을 모아 이들의 생활모습
을 살핀 일을 읊은 내용인데『영조실록』에 다음과 같은 기록이 있다.

어가가 다시 송도에 주차하였다. 임금이 남문(南門)의 누대에 올라가서 말하기를, "이곳은 선대 다섯 임금이 말을 머물던 곳이다" 하고, 마을 어른들을 불러 위로하고 또 마을 병폐에 대해 하문하였다.[84]

위 시와 실록의 내용을 비교해 보면 차이가 없음을 알 수 있는데 이처럼 영조는 임금으로서의 이상적 위정활동을 그리기보다는 실제 경험한 내용을 그대로 어제시에 표현하려 했음을 알 수 있다. 이 외에도 《추전알일십이수(秋展謁日十二首)》, 《관무재일작십수(觀武才日作十首)》 등에서는 가을에 대왕대비를 뵙는 행사와 무과시험을 관장하는 과정 등을 칠언절구로 읊기도 하였다.[85]

---

84 "御駕還次松都, 登南門樓. 上曰, 此五聖駐驛之所也. 召父老等慰諭之, 且問弊瘼,"『영조실록』권52, 영조 16년(1740 경신) 9월 2일(경오).

85 《秋展謁日十二首》(『英祖文集補遺』, 291-292쪽)의 소표제는 〈其一乘輿興懷〉, 〈其二敦化小住〉, 〈其三齋殿追慕〉, 〈其四餘懷賦詩〉, 〈其五鍾樓衆民〉, 〈其六展拜伸禮〉, 〈其七輦過故園〉, 〈其八光化興懷〉, 〈其九六曹布列〉, 〈其十並見耆社〉, 〈其十一寫懷三軍〉, 〈其十二回述予意〉 등이다. 앞에 숫자를 제시하여 순서대로 이루어짐을 나타내었다. 소표제가 네 글자로 이루어져 있으며 앞의 두 글자는 행사장소를, 뒤의 글자는 행위를 각각 표시하였다. 《觀武才日作十首》(『英祖文集補遺』, 292-293쪽)의 소표제는 〈宰樞執鼓〉, 〈柳葉片箭〉, 〈六兩强弓〉, 〈宗文帳箭〉, 〈騎蒭騎槍〉, 〈月刀馬才〉, 〈提督釰藝〉, 〈倭劍交戰〉, 〈示意三軍〉, 〈因附餘意〉 등으로 순서를 보면, 재추가 북을 친 뒤 표창, 활, 창, 칼 등 무예를 시험하고 끝으로 자신의 뜻을 알리는 과정으로 이루어져 있다.

6 정조

정조는 《상림십경(上林十景)》,《국도팔영(國都八詠)》,《소상팔경》,《규장각팔경(奎章閣八景)》 등을 향유하였다.《소상팔경》과《상림십경》 그리고《국도팔영》 등을 읊은 점은 숙종의 팔경향유 양상과 같다. 다만 이들은 모두 세손일 때 지었다는 점에서 학습차원에서 지은 것으로 여겨진다.

가.《상림십경》

정조도 숙종과 같이 창덕궁 후원을 대상으로《상림십경》을 지었다. 소표제를 제시하면 다음과 같다.

제1경 관풍춘경(觀豊春耕): 관풍각에서 봄 밭갈이

제2경 망춘문앵(望春聞鶯): 망춘정에서 꾀꼬리 소리 듣기

제3경 천향춘만(天香春晩): 천향각 늦은 봄

제4경 어수범주(魚水泛舟): 어수당에서 배 띄우기

제5경 소요유상(逍遙流觴): 소요정에서 유상곡수

제6경 희우상련(喜雨賞蓮): 희우정에서 연꽃 감상

제7경 청심제월(淸心霽月): 청심정 맑은 달

제8경 관덕풍림(觀德楓林): 관덕정 단풍 숲

제9경 영화시사(暎花試士): 영화당에서 문무시험

제10경 능허모설(凌虛暮雪): 능허정 저녁 눈

표 5　숙종과 정조의 《상림십경》 소표제 변화

소표제		비교
정조	숙종	
제1경 觀豊春耕	天香看花	觀豊刈稻 → 觀豊春耕
제2경 望春聞鶯	魚水觀燈	望春聞鶯
제3경 天香春晚	深秋賞蓮	天香看花 → 天香春晚
제4경 魚水泛舟	逍遙觀泉	魚水觀燈, 喜雨泛舟 → 魚水泛舟
제5경 逍遙流觴	喜雨泛舟	逍遙觀泉 → 逍遙流觴
제6경 喜雨賞蓮	淸心玩月	深秋賞蓮, 喜雨泛舟 → 喜雨賞蓮
제7경 淸心霽月	觀德楓林	淸心玩月 → 淸心霽月
제8경 觀德楓林	觀豊刈稻	觀德楓林 → 觀德楓林
제9경 暎花試士	暎花萃試	暎花萃試 → 暎花試士
제10경 凌虛暮雪	凌虛雪霽	凌虛雪霽 → 凌虛暮

　정조의 《상림십경》은 소표제에 있어서 순조, 익종 등이 차운한 숙종의 《상림십경》과 차이를 보이는데 이를 비교하면 〈표 5〉와 같다.

　위의 비교표에서 보다시피 숙종의 10경과 경점(景點)에 있어서 차이가 있는 부분은 제2경의 망춘정 하나뿐이다. 이로 볼 때 숙종과 유사하다고 하겠으나 경상(景象)에 있어서는 많은 차이를 보인다. 첫째는 제2경의 '문앵(聞鶯)', 제3경의 '춘만(春晚)', 제5경의 '유상(流觴)' 등 새로운 경상을 제시하거나 제1경의 '춘경(春耕)', 제7경의 '제월(霽月)', 제9경의 '시사(試士)', 제10경의 '모설(暮雪)' 등 기존 경상을 고친 경우 그리고 제4경, 제6경처럼 경상의 장소를 바꾼 경우 등이 있다. 경점과 경상이 같은 경우는 제8경 하나뿐이다.[86]

86　팔경시 소표제는 네 자로 이루어진 경우가 많으며, 앞의 두 글자는 경치의 장소를 뒤의 두 글자는 그 장소에서 펼쳐진 장면을 제시하므로 이를 각각 景點, 景象으로 명명하였다.

어린 비둘기 날개 퍼덕이고 얼룩비둘기 울어 대니

물 가득한 공전(公田)에서 비로소 경작을 하네

이때부터 제왕들이 농사를 힘쓰게 한다면

보기당(寶歧堂) 아래서 가을 풍년을 고하겠지

乳鳩拂翅斑鳩鳴　　水滿公田始課耕

自是帝王勤稼穡　　寶歧堂下告秋成　　　_『열성어제』 6, 208쪽

　　제1수인 〈관풍춘경〉이다. 기승구에서는 봄을 맞아 어린 비둘기들이 나는 연습을 할 때에 궁궐에서도 임금이 밭갈이 행사를 하고 있음을 그렸다. 얼룩비둘기는 울면 비가 온다고 하여 '환우구(喚雨鳩)'라고도 한다고 하는데 농사를 위해 비를 내려 주기 바라는 뜻이 담겨 있다. 전결구에서는 이러한 임금의 노력이 계속되어야 풍년을 이룰 수 있다고 다짐하였다. 본래 친경의례는 왕이 적전(籍田: 제사용 곡물을 수확하기 위해 마련한 전답)을 가는 의례로 풍년에 대한 기원이 담겨 있는 의례이다. 숙종의 〈관풍예도〉는 가을 추수철의 벼 베기를 형상화하여 풍년의 상황을 형상화했다면 정조는 이를 춘경으로 바꾸어 풍년에 대한 기원을 더 중시하고 있음을 보여 주었다. 결구의 보기당은 송나라 고사에 나오는 궁전으로 쌀이 넉넉지 못하여 송나라 황제가 보리밥을 먹었던 장소이다. 흉년의 어려움을 제시하여 풍부한 수확을 위해 농사에 힘쓸 것을 권면하고 있다.[87]

　　나. 《관동팔경》

　　정조가 세손일 때 어떤 사람이 그려 온 〈관동팔경도〉에 대해 시를 지어

---

[87] '농사의 어려움이 생각나면 보기전에서 보리를 보았던 일을 생각하라.' 〈『宋史筌』 전문〉, 『정조실록』, 정조 4년(1780), 10월 10일.

20도 『관동십경도』 중 경포대.
서울대 규장각 소장

보냈다고 한다. 시의 형식은 칠언절구이며, 팔경의 대상은 경포대, 죽서루, 낙산사, 월송정, 만경대, 삼일포, 총석정, 망양정으로 숙종의 《관동팔경》과 같다.[88]

　강남에 가랑비와 저녁 안개 개고 나니
　거울 같은 수면이 비단같이 펼쳐졌네

88　"江南小雨夕嵐晴 鏡水如綾極望平 十里海棠春欲晩 半天飛過白鷗聲〈鏡浦臺帖〉, 鷲峯門對浙江潮 直欲橫流泛石橋 夜靜月明僧入定 諸天柏樹影搖搖〈洛山寺帖〉, 層溟盡處最高臺 吳楚東南几案開 巨浸漫天天四蓋 風流太史可停杯〈萬景臺帖〉, 環亭松柏太蒼蒼 皮甲嶙峋歲月長 浩蕩滄溟流不盡 帆檣無數帶斜陽〈越松亭帖〉, 巨石含靈碧海連 尋常仙客住蘭船 丹書古壁知何世 回笑麻姑綠鬢年〈三日浦帖〉, 高高亭子入蒼空 削立蓮花大匯中 箇箇六稜森似束 誰知造化自鴻濛 叢石亭帖〉, 雕石鐫崖寄一樓 樓邊滄海海邊鷗 竹西太守誰家子 滿載紅粧卜夜遊〈竹西樓帖〉, 元氣蒼茫放海溟 誰人辦此望洋亭 恰如縱目宣尼宅 宗廟宮墻歷歷經〈望洋亭帖〉,"《有人自楓嶽歸 以關東圖屛示余 書其屛以還 八首》, 『총간』 262, 35쪽.

　　　　　　　　　　　　　　　　제2장　조선왕실 팔경문학의 흐름

십리 걸친 해당화를 보니 봄은 저무는데

허공에 날아가는 흰비둘기 울음소리 들리네

江南小雨夕嵐晴　　　鏡水如綾極望平

十里海棠春欲晩　　　半天飛過白鷗聲

_『열성어제』 6, 257쪽

제1수인 〈경포대첩(鏡浦臺帖)〉이다. 기승구에서는 하늘의 비가 그치고 또 안개도 걷힌 저녁 경포대 바다가 비단처럼 매끈하게 펼쳐져 있는 원경을 그렸다. 전결구에서는 경포대 지역에 핀 해당화와 하늘에서 지나가는 비둘기를 그렸는데 해당화를 통해 봄이 가려고 하는 상황을 보여 주고 비둘기를 통해 봄이 가는 것을 안타까워하는 저자의 심정을 드러내었다. 봄과 어우러진 경포대의 아름다움이 담긴 이 시의 경관요소를 보면, 계절은 봄, 시간은 저녁, 장소는 바닷가, 경물은 가랑비, 해당화, 흰비둘기 등이다.

다. 《국도팔영》

《국도팔영》의 내용을 보면, 한양의 명승지인 필운대(弼雲臺), 압구정(狎鷗亭), 삼청동(三淸洞), 자각(紫閣), 청계(淸溪), 반지(盤池), 세검정(洗劍亭), 광통교(廣通橋) 등을 대상으로 하고 있으며 이곳에서의 꽃놀이, 뱃놀이, 녹음(綠陰), 관등놀이, 단풍놀이, 연꽃, 얼음폭포, 눈세계 등을 향유하는 모습을 담았다. 정도전의 《신도팔경》보다는 서거정의 《한도십영》의 정서에 가깝다(김성룡, 1995, 142쪽). 세손 시절에는 왕으로서의 '위정'보다는 왕족으로서의 '흥취'에 더 관심을 두었다고 볼 수 있다. 정조는 세손일 때에 《소상팔경》을 읊기도 하였다.[89]

---

89 "叢篁小雨夜霏霏, 響入黃陵寶瑟希. 萬里淸湘流不盡, 客舟寒夢轉依微. 〈瀟湘夜雨〉洞庭湖水碧如天, 秋月中浮淏漾然. 好倚岳陽樓上望, 朗唫詩過問飛仙. 〈洞庭秋月〉鬐鬐春水蘸江扉. 山日曛黃半落暉. 橫抹細籠

21도 〈규장각도〉.
국립중앙박물관 소장

라.《규장각팔경》

《규장각팔경》은 정조가 검서관제를 운영하면서 1779년 검서관 이덕무(李德懋), 유득공(柳得恭), 박제가(朴齊家), 서이수(徐理修) 등에게 짓게 한 시이다. 이 중에 1위를 한 이덕무의 시가 남아 있는데 각 경의 소표제는 다음과 같다.

迷遠近. 隔林漁子捲絲歸, 〈漁村落照〉雨餘山色染如藍, 抖靄調霞映水南, 浦肆酒闌人影散, 濛濛空翠更艦鬖, 〈山市晴嵐〉諸天遙指最高岑, 數點浦烟鎭梵林, 石逕歸僧何處向, 斜陽飛錫趁鐘音, 〈烟寺暮鐘〉楚檣吳帆盡烟波. 去去來來港口多. 極望長洲秋一色. 蘆花深處有漁家. 遠浦歸帆, 十里平沙鴈陣橫. 一時飛下九秋聲. 更看隻影南來遠. 知是傳書報子卿. 〈平沙落鴈〉江雲漠漠雪華凝. 千尺闌干萬木冰. 薄暮放舟何郡客. 獨將簑笠不收罾. 〈江天暮雪〉,"《瀟湘八景 癸巳》,『총간』262, 33쪽.

110   제2장 조선왕실 팔경문학의 흐름

제1경 봉모운한(奉謨雲漢): 봉모당의 은하수

제2경 서향하월(書香荷月): 서향각 연꽃과 달

제3경 규장시사(奎章試士): 규장각 문장시험

제4경 불운관덕(拂雲觀德): 불운정에서 활쏘기

제5경 개유매설(皆有梅雪): 개유와 눈 속 매화

제6경 농훈풍국(弄薰楓菊): 농훈각 단풍과 국화

제7경 희우소광(喜雨韶光): 희우정의 봄빛

제8경 관풍추사(觀豊秋事): 관풍각의 추수

이 팔경시는 봉모당(奉謨堂), 서향각(書香閣), 규장각(奎章閣), 불운정(拂雲亭), 개유와(皆有窩), 농훈각(弄薰閣), 희우정(喜雨亭), 관풍각(觀豊閣) 등 궁궐 내 건물들을 대상으로 하고 있으며, 왕실의 선조를 경모하고 인재를 대우하며 태평한 시대를 추구하는 내용을 담고 있다.

방대한 왕가 문헌 후손에 전해지니

성대한 덕 천추에 잊힐 리 없겠네

성조(聖祖)와 신손(神孫)이 마음으로 주고받아

천지의 도를 따른 법도가 남아 있네

아름다운 은하수 언제나 밝게 비추고

원대한 기운은 큰 말씀에 길이 머무르네

구름 가에 높은 집 우뚝 솟았으니

황사성(皇史宬) 옛일을 조정에서 본받았네

森羅寶帙誕垂昆　　盛德千秋不可諼

聖祖神孫心法授　　天經地緯典刑存

休光每護昭回字　　元氣長留灝噩言

雲際巋然高閣出　皇成舊事大朝援[90]

이 시는 제1수인 〈봉모운한〉이다. 봉모당은 정조가 영조를 비롯한 선왕들의 글과 유품을 보관하기 위해 설치한 서고이다. 정조는 제1-4구에서 봉모당의 역할을 읊었으며, 제5,6구에서는 이 봉모당 위에 떠서 언제나 밝게 비추는 은하수가 바로 왕업을 돌보는 선왕들의 기운임을 나타내었고, 제7,8구에서 다시 봉모당의 우뚝한 모습을 묘사하여 성조(聖祖)를 칭송하였다. '황성(皇成)'은 명나라의 실록을 비롯한 중요한 전적을 보관하던 도서관인 황사성을 말하는데 봉모당을 비유한 것이다. 왕실 선조를 숭모하는 인식은 "주나라 문왕의 덕치를 생각하라"는 제2경 〈서향하월〉까지 이어진다.

새로 지은 규장각은 높고도 높고
보이는 문장마다 모두 훌륭하네
어진 선비 모여들어 나랏일 생각하고
영재가 일어나니 인재교육 노래하네
한나라는 현량책을 시행하였고
당나라는 때로 박학과를 열었지
봉황새 풍채 갖춘 사람 그 누구인가
밝은 요즘 조정에서 예를 갖춰 맞아들이네

奎躔新閣鬱嵯峨　即看文章濟濟多
吉士來歸思棫樸　英材振作詠菁莪
漢庭親發賢良策　唐殿時開博學科
誰是鸞鳳珍彩備　熙朝近日禮爲羅

_『총간』 257, 276쪽

90　李德懋, 『靑莊館全書』 20卷, 「雅正遺稿」 12, 應旨各體, 『총간』 257, 276쪽. 이하 번역은 고전번역원DB
　　를 인용하되 필요한 경우 가필하였다.

이 시는 제3수 〈규장시사〉이다. 정조는 세종대 집현전의 영광을 재현하기 위하여 규장각을 설치하였고 인재들을 임용하였으며, 능력을 중시하여 신분을 차별하지 않고 서얼까지 중용하는 결단을 보였다. 이 시의 제1,4구에서는 그러한 규장각의 면모를 읊었으며, 제5,6구에서는 중국의 예를 들었고, 제7,8구에서는 능력 있는 인재를 초청하는 구절로 마무리하였다. 이와 같은 인재 등용책에 대한 칭송과 선비들의 마음가짐에 대한 언급은 제6경 〈농훈풍국〉까지 이어진다.

높직한 봉황각에 상서로운 구름 덮이니
사람들은 요순시대에 살고 있는 듯
수많은 백성들 덕화의 은택에 젖고
소생하는 만물은 화창한 바람 쐬네
새해가 이 땅에 돌아오니 상서로움 퍼지고
봄이 조선에 이르니 맑은 기운 어리었네
꽃피는 궁성에 기름진 비 흡족하니
만년된 가지 위에 꽃이 먼저 붉었네

岧嶤鳳閣靄雲籠	人在唐天舜日中
藹蔚群生霑化澤	昭蘇萬種扇仁風
星回蒼陸祥光遍	春到靑丘淑氣融
花暖宮城膏雨洽	萬年枝上是先紅

_『총간』 257, 276쪽

이 시는 제7수인 〈희우소광〉이다. '희우(喜雨)'는 농사 때에 맞게 내리는 비로 풍년의 징표이기도 하다. 제1,4구에서는 궁궐 위에 구름이 덮여 비를 내리는 모습을 왕의 덕화로 형용하였다. 제5,6구에서는 새해, 봄의 신선함을 강조하였으며 제7,8구에서는 영원한 국가에 대한 바람을 담았다. 이는 백성의 풍요를 통한 왕업의 지속을 칭송한 것이라 할 수 있는데 이 같은 태평성대에 대한 칭송은 벼베기를 노래한 제8경 〈관풍추사〉로 이어진다.

　이상에서 살펴보듯이 정조는 세손 시절에는 숙종을 본받되 탐승과 흥취의 면모를 보여 주었으나 즉위 이후에는 선왕의 뜻을 이어 받아 인재를 뽑고 백성의 삶을 도모하는 데 주력하였음을 엿볼 수 있다.

7 순조대

1) 순조

순조(1790-1834, 재위 1800-1834)는 안동 김씨 세도정치의 그늘 아래서 벗어나기 위해 효명세자를 내세우기도 했지만 세자의 단명으로 뜻을 이루지 못했다. 그러나 개인적 문집인 『순재고』를 만들 정도로 글을 남겼는데 특히 궁궐 건물에 대한 명을 많이 남겼으며,[91] 천향각, 청심정, 서향각 등에 대한 율부를 짓는 등 후원 경치에 대한 글도 많은 편이다. 그러나 팔경문학으로는 숙종의《상림십경》에 차운한 시 한 편만이 전한다.

향기로운 구름 울창한 숲이 하늘까지 닿았고
아리따운 안개와 붉은 꽃은 멋진 누각과 나란해
바람 따뜻한 소나무 그늘 아래 섬돌 풀에 있으니
온 숲에선 목소리 좋은 새 사람 향해 우는구나
香雲蒼翠接天低　　繡霧紅葩畫閣齊
風暖松陰臨砌草　　千林好鳥向人啼[92]

제1경인 〈천향간화〉이다. 제1,2구에서는 구름과 숲, 안개와 꽃이 천향각에서 아름답게 어우러진 경치를 읊었으며, 제3,4구에서는 시원한 소나무 그늘에서 따뜻한 바람을 맞으며 계단의 풀을 밟고 있는데 비원 숲에서 꾀꼬리

91　純祖는 昌德宮, 仁政殿, 熙政堂, 大造殿, 集祥殿, 澄光樓, 齊政閣, 誠正閣, 寶慶堂 등에 대한 銘을 남겼다.
92　純祖, 〈敬次肅宗大王御製上林十景韻〉, 『純齋稿』, 『純祖文集』, 한국정신문화연구원, 1998, 6쪽.

가 아름답게 운다고 하여 경관 속으로 들어간 작가의 흥취를 읊었다. 계절은 봄, 시간은 그늘이 생기는 낮이며, 기후는 맑고 따뜻하고 안개가 있으며, 경물은 구름, 솔숲, 섬돌풀, 꾀꼬리 등이 있다. 특히 결구에서 이런 자연물들이 사람을 유혹한다고 하여 이에 빠질 수밖에 없는 자신의 흥취를 드러내었다. 숙종과 마찬가지로 경치 속에 흥취를 담은 셈이다.

> 숲은 우거지고 풀 향기로운 여름 해는 긴데
> 옥 같은 물 솟구치는 샘은 굽이굽이 흐른다
> 한가히 소요정에 앉아 내려보니
> 마음 맑고 뜻 깨끗해져 근심걱정 씻기네
> 綠陰芳草日悠悠   噴玉飛泉九曲流
> 閒坐逍遙亭上看   心淸意潔滌憂愁[93]

제4경인 〈소요관천〉이다. 제1,2구에서는 여름 긴긴 해에 맑은 물이 흐르는 옥류천을 묘사했으며, 제3,4구에서는 소요정에서 이를 내려다보며 세속의 근심을 덜었다고 하였다. 계절은 여름, 시간은 낮, 기후는 맑음, 경물은 숲, 해, 옥류천, 소요정 등이다. 순조는 이곳에서 왕유의 난정모임을 흉내내었다고 했는데 실제로는 그런 흥취도 흥취지만 세속 근심을 잊을 수 있는 공간으로 이 공간을 활용했던 셈이다.

숙종의 시를 차운한 순조의 《상림십경》은 시대는 다르지만 지역이 같고 신분이 같은 상황이었으므로 환경적 차이는 별로 보이지 않는다. 각 경에서 나열한 경물과 기타 정취를 숙종과 비교하면 〈표 6〉과 같다.

---

93 순조, 같은 책, 같은 쪽.

표 6   숙종과 순조의 《상림십경》 비교

제목	경물		기타	
	숙종	순조	숙종	순조
천향간화	누정, 꽃, 꾀꼬리	구름, 안개, 꽃, 솔숲, 꾀꼬리, 사람	흥취	경치
어수관등	연못, 잣, 소나무, 연등	연꽃, 연못, 연등, 채색장대	석탄일, 경치	경치
심추상련	죽정, 연못, 서풍, 연꽃향	죽경, 소나무, 연못, 부용	경치	경치
소요관천	유상곡수	여름해	흥취	흥취
희우범주	부용지, 용주, 채련가, 낚시	용주, 난가, 희우, 노와 삿대	태평시절	흥취
청심완월	서리	이슬	흥취	흥취
관덕풍림	단풍, 거문고, 술	연꽃향, 나비, 아침놀, 단풍	흥취	흥취
관풍예도	서성절, 모당	중양절	풍년	연속 풍년
영화췌시	옥당, 춘당대, 문무과거	오색구름, 봄기운, 문무과거	인재선발	인재선발
능허설제	후원	선계, 달빛	경치	경치

이상에서와 같이 숙종과 거의 비슷한 정취를 읊었다. 다만 제7경을 비원에서 가장 멋진 곳이라(上林最是奇觀處)고 하여 10경 중에서도 대표적인 경관으로 꼽았으며, 제10경에서 "눈 개인 하늘 찬 달빛이 새롭다(雪霽天寒月色新)"고 하여 시간을 밤으로 바꾼 정도가 차이라 할 수 있다.

2) 익종

익종(1809-1830)은 왕으로 즉위하지 못하고 세자시절에 사망했지만 역대

어느 왕보다 문학적 재능이 뛰어났으며 그만큼 많은 작품을 남겼다. 세도정치 시대를 살았던 순조는 왕권 강화에 부심했는데 익종은 세자로서 순조의 뜻에 따라 대리청정을 수행하면서 왕실 권위 회복의 방법으로 응제, 강학, 제술 등을 수행함은 물론 진작의(進爵儀)와 진찬의(進饌儀) 등 범국가적 행사를 통해 왕실의 권위를 높이려 했다는 평가를 받는다.

익종은 태조, 선조, 효종, 현종, 숙종, 영조, 정조 등 역대왕의 글을 차운하는 방법으로 선대왕을 높였으며,[94] 팔경시에 있어서도《상림십경》,《경차숙종대왕소상팔경운(敬次肅宗大王瀟湘八景韻)》,《차서호십경운(次西湖十景韻)》,《이화정십경(梨花亭十景)》,《만향헌십경(晩香軒十景)》,《유산암팔경(西山庵八景)》,《전사팔경(田舍八景)》,《매화초월루팔경(梅花初月樓八景)》,《의두합십경(倚斗閣十景)》,《일반령팔경(一半欞八景)》,《홍두원십영(紅豆園十詠)》등 많은 작품을 남겼다.

익종은 어려서 이미〈잠룡(潛龍)〉이라는 작품으로 왕으로서의 자질을 보였거니와 춘계방의 신하들과 연구(聯句)를 즐겨 지었고 특히 궁궐 안의 정경(情景)을 대상으로 한 팔경시를 많이 지었다. 박영원(1781-1854)에 의하면 1827년 세자인 익종이 춘계방의 신하들에게 보여 주고 갱진하게 하였다고 한다.[95] 당시에 참여한 인물로는 각신(閣臣) 박종훈(朴宗薰)·김로(金鏴)·서희순(徐憙淳), 승지(承旨) 박회수(朴晦壽)·권돈인(權敦仁)·김병조(金炳朝)·박영원(朴永元), 춘방(春坊) 이가우(李嘉愚)·이노병(李魯秉)·서좌보(徐左輔)·이민회(李敏會)·박용수(朴容壽)·이경재(李景在)·이인필(李寅弼)·이근우(李根友)·권직(權溭), 사관(史官) 성수묵(成遂默), 가주서(假注書) 김정집(金鼎集), 계방(桂坊) 김병원(金炳元)·박제상(朴齊尙)·조진문(趙鎭文)·홍백순(洪百淳)·김초순(金初淳)·이

---

94 태조의 시를 차운한〈敬次太祖大王御製登白雲峰韻〉, 선조의 시를 차운한〈敬次宣祖大王御製題畫韻〉, 효종의 시를 차운한〈敬次孝宗大王御製韻〉, 현종의 시를 차운한〈敬次顯宗大王御製韻〉, 정조의 시를 차운한〈敬次正宗大王御製愛蓮亭韻〉(이상 4-16,『열성어제』권90, 6쪽), 숙종의 시를 차운한〈翠雲亭敬次肅宗大王御製韻〉(K4-16,『열성어제』권90, 7쪽), 영조의 시를 차운한〈敬次英宗大王御製四佳亭韻四首〉(4-16,『열성어제』권90, 10쪽) 등이 있다.

95 박영원,〈應製錄○賡韻 王世子睿製詩頒示, 春桂坊諸臣, 仍承命賡進.〉,『오서집』,『총간』302권, 316쪽.

준수(李俊秀)·이조영(李祖榮)·홍철영(洪徹榮)·임백수(任百秀)·서석보(徐碩輔)·
홍익모(洪益謨)·김재선(金在善)·윤흥규(尹興圭)·홍종호(洪鐘浩) 등을 들 수 있
다.[96] 박영원이 참여한 작품 중 팔경시로는《상림십경》,《소상팔경》,《서호십
경》 등이 있다.

가.《이화정십경》

이화정의 위치는 창덕궁 후원에서 창경궁쪽으로 가던 길에 있었던 것으
로 추정된다. 왜냐하면 소표제 제4경에서 '내원(內苑)'이라 하여 후원임을 나
타냈으며, 제2경에 서울 동쪽의 '낙산(駱山)'을 언급하여 동쪽에 가까운 건물
이었음 보여 주고 있기 때문이다. 이로 볼 때 제1경의 해가 떠오르는 '층성
(層城)'은 낙산 쪽의 북한산성으로 추정된다. 십경의 소표제는 다음과 같다.

제1경 층성승욱(層城昇旭): 높은 성벽에 떠오르는 해

제2경 낙산춘만(駱山春晩): 낙산의 늦은 봄

제3경 격림이화(隔林梨花): 수풀 너머 배꽃

제4경 내원유앵(內苑柳鶯): 비원 버드나무의 꾀꼬리

제5경 녹음선향(綠陰蟬響): 한여름 숲속 매미 소리

제6경 학석문종(鶴石聞鍾): 학석에서 종소리 듣기

제7경 죽림야우(竹林夜雨): 대숲의 밤비

제8경 송하보월(松下步月): 소나무 아래 달

제9경 서유한등(書帷寒燈): 서재 휘장 찬 등불

---

96 "春坊齋居. 日與諸臣. 聯句賡韻. 王世子攝享于景慕宮前一日. 齋宿侍講院. ○入對閣臣朴宗薰, 金鑢, 徐熹
淳. 承旨朴晦壽, 權敦仁, 金炳朝, 朴永元, 春坊李嘉愚, 李魯秉, 徐左輔, 李敏會, 朴容壽, 李景在, 李寅弼, 李
根友, 權渶. 史官金鼎集. 假注書金鼎集. 桂坊金炳元, 朴齊尚, 趙鎭文, 洪百淳, 金初淳, 李俊秀, 李祖榮, 洪
徹榮, 任百秀, 徐碩輔, 洪益謨, 金在善, 尹興圭, 洪鐘浩,"『총간』302권, 319쪽.

22도 『학석집』 언해본. 한국학중앙연구원 장서각 소장

제10경 창매대설(窓梅對雪): 매화 핀 창에서 눈을 마주함

이 시는 익종의 문집인 『학석집』, 『담여헌시집』, 『경헌집』 등에 두루 보이
며 『학석집』에는 언해본도 실려 있다.

또한 이 시는 각 경마다 서두에 경치에 대한 주석이 있어 경치 이해에 도
움을 준다. 제1경의 서두에서는 다음과 같은 설명이 있다.

먼 숲이 처음 밝아 오니 거듭 친 휘장에서 빛이 새어 나오고 푸른 바다에
서 해가 솟아오르니 성벽 한쪽에 빛이 비춰져서 세상 만물이 드러난다. 겨
우 하늘 가운데 이르러 온 나라가 밝아졌다 하는 것은 바로 밝은 기상을
말하는 것이다(遠林初曙 重簾生白 碧海火輪湧出 層城一面 光輝所照 萬象呈露 纔到天中
萬國明云者 正道光明氣像).

이 시의 제목은 〈성벽에 떠오르는 해〉이고 주석의 내용도 해가 떠오를 때
성벽의 모습을 형용하고 있다. 그러나 끝으로 온 나라를 밝게 하는 '밝은 기

제2장 조선왕실 팔경문학의 흐름

상'을 노래했다고 하여 이 시가 단순히 경치 묘사에 머무르는 것이 아니고 조선의 밝은 미래를 염원하고 있음을 보여 준다.

하늘 저멀리 별들이 흩어지니
상서로운 해의 기운 동쪽 성에 펼쳐진다.
그림자 개이니 온 봉우리 푸르고
새벽빛에 온 성벽이 붉구나
후원 꽃은 간밤 이슬 머금었고
둑의 버들가지 잔바람에 살랑인다
채색 구름이 성벽에 이어 있으니
해뜨는 곳이 바로 옆에 있는 듯하다

遠天星欲散	祥旭遍東城
霽影千峯碧	晨光萬堞紅
苑花含宿露	堤柳帶輕風
彩靄連層檻	扶桑咫尺同[97]

이 시의 제1-4구에서는 저녁이 가고 해가 뜸으로써 펼쳐지는 동쪽 원경을 그렸다. 새벽빛에 푸르름을 띠는 봉우리와 붉은 햇살을 받은 새벽 성벽의 모습이 실제적으로 묘사되어 있다. 제5-8구에서는 자신이 있는 후원의 꽃과 버들가지 그리고 구름 등을 들어 해뜨는 곳과 가까운 곳에 있음을 그렸다. 이를 통해 우리가 '광명기상(光明氣像)'을 가져야 함을 강조한 셈이다. 이 시의 경관요소는 계절은 봄, 시간은 새벽, 기후는 해, 맑음, 경물은 별, 산, 성

---

[97] "먼 하늘에 별이 흩터지고자ㅎ여시니 상셔에 날빛치 셩동녁희 두로ㅎ엿도다 긴 그림즈는 일천뫼 푸르럿고 싀벽빗츤 일만 셩쳡의 블것도다 동산에 꼿츤 찬이슬을 머금엇고 언덕에 버들은 가바야온 바름을 씌엿도다 칙칙구름이 층난에 연ㅎ여시니(1구 결락)," 〈니화졍십경〉, 『학석집』, 『익종문집』 2, 18쪽.

벽, 꽃, 버드나무, 이슬, 바람, 구름, 부상(扶桑), 주제는 광명기상이다. 제2경은 봄 새벽을, 제3경은 배꽃이 핀 봄 풍경을, 제4경은 봄의 버들가지와 꾀꼬리를 각각 노래하고 있다.

제5수에서는 여름 경치를 읊었는데 서두의 주석은 다음과 같다.

여름날이 전년 같아 낮 졸음에 취했는데 한바탕 소낙비가 갑자기 더위를 씻네. 일만 나무 맑은 매미 문득 귀를 놀래키니 너를 불러 깨운 벗이라고 해야 할 것인가?(夏日如年 午睡方酣 一陣驟雨 頓然滌暑 萬樹晴蟬 忽覺驚耳 喚渠爲喚 醒友可乎)

해가 길고 더운 여름날에 졸음에 겨워하다가 갑작스런 소낙비와 이어 들리는 매미 소리에 더위와 잠이 모두 달아난 상태를 말하고 잠을 깨운 매미를 벗이라고 해야 하느냐고 따졌다. 일견 한낮 여름 곤한 낮잠을 깨운 매미에 대한 불평과 늘어지는 정신을 일깨운 것에 대한 고마움이 섞여 있는 것으로 보인다.

가랑비 속 일만 마리 매미가
울창하고 푸르른 궁궐 숲에서
울기는 꾀꼬리 버들가지 통해 울 듯하고
날기는 나비들 숲에 붙어 날 듯하네
무르녹은 녹음은 전각까지 옮겼고
여기저기 꾀꼬리 소리는 뜰 가운데 이르렀네
갑자기 약간 서늘함을 깨달으니
맑은 창에서 부질없이 함께 읊조리고 있네

萬蟬踈雨裏　　　宮樹碧深深

囀若鶯穿柳	飛同蝶着林
濃陰移殿角	流鶯度庭心
忽覺微涼動	晴窓謾供吟

_『열성어제』 13, 89쪽

이 시에서는 서두에서 말한 상황을 구체적으로 묘사하였다. 제1-4구에서는 매미가 궁궐에서 울고 나는 모습을 꾀꼬리와 나비에 비유하였다. 제5,6구에서는 긴 여름날의 더위와 꾀꼬리 소리가 뜰 중심까지 왔다고 하여 노곤한 졸음의 상황을 연출하였고, 제7,8구에서는 비로 인해 더위가 가고 서늘함이 왔기에 깨어 보니 매미가 맑은 창 앞에서 울고 있더라고 하였다.

이 시는 긴긴 해의 여름날을 졸음으로 또 비와 매미소리로 인한 청량함으로 지내는 익종의 한가하고 태평한 면모가 잘 그려져 있다. 이 시의 경관요소로 계절은 여름, 시간은 낮, 날씨는 비온 뒤의 맑음, 경물로는 매미, 궁궐, 버드나무, 나비, 창문 등이다.

나. 《만향헌십경(晚香軒十景)》

만향헌은 궁궐 후원에 있던 건물로 여겨지나 미상이다. 몽의루 옆에 있다 하나 몽의루 역시 미상이다. 십경의 소표제는 다음과 같다.

제1경 취미춘효(翠眉春曉): 푸른 눈썹의 봄새벽

제2경 화음동하(花陰彤霞): 꽃 그늘 붉은 노을

제3경 나유향풍(羅帷香風): 비단 휘장 향기로운 바람

제4경 격렴취화(隔簾翠華): 주렴 건너 푸르름

제5경 몽의추운(夢倚秋雲): 몽의루 가을 구름

제6경 정오월백(庭梧月白): 뜰 앞 오동나무에 비친 달빛

제7경 산비청종(山扉聽鍾): 산집 사립문에서 듣는 종소리

제8경 송단팽다(松壇烹茶): 소나무 제단에서 차를 삶음

제9경 죽협도서(竹篋道書): 대나무 상자에서 책을 읽음

제10경 설창한등(雪窓寒燈): 눈 쌓인 창의 차가운 등불

익종은 이 십경의 각 경에 대한 설명을 쓴 작품과 오언율시를 남겼으며, 율시에 대한 언해도 하였다.

〈몽의루 가을구름〉

몽의루가 나모의

가을 구름이 담연이 그늘을 믹잣도다

바룸을 싸라 가바야이 발이 지나고

식벽이 갓가오니 가늘게 슈플을 통ᄒ도다

긔야 지쳐로 찬 남게이 픠엿고

닌가 의심ᄒ니 먼 뫼의 빗기도다

오며 가기 자최 잇지 아니코

모히며 흣터지믹 스스로 ᄆ음이 업도다

계오 것치이니 들빗치 조ᄒ며

낫게 나니 국홰 이슬의 잠기도다

봉닉의 오쇠이 엉긔여시니

ᄲᅡᆼ뒤궐이 바라ᄂ 즁의 깁허도다

夢倚樓邊樹	秋雲淡結陰
隨風輕度箔	近曉細通林
似絮披寒樹	疑煙抹遠岑
去來非有跡	聚散自無心

제2장 조선왕실 팔경문학의 흐름

纔飲月華淨　　　低飛菊露沈
蓬萊凝五色　　　雙闕望中深

　제5경 〈몽의추운(夢倚秋雲)〉의 한글언해본과 원문이다. 이에 대한 설명에서 익종은 다음과 같이 언급하였다.

　구름은 네 계절에 각각 다른 모습을 보인다. 봄 구름은 매우 짙고, 여름 구름은 매우 무거우며, 겨울 구름은 아주 차다. 오직 가을에만 가장 맑고 담담해서 사랑할 만하다. 멀리 한번 바라보니 문득 가슴이 넓게 트인다. 구름의 흩림은 꿈에 비유되거니와 더욱이 몽의루에서 바라보는 입장에서라(雲於四時各異態 春雲太濃 夏雲太重 冬雲太冷 惟於秋最淸澹可愛 悠然一望 便覽襟懷疎曠然 雲之幻譬則夢也 尤當於夢倚樓上望之).
　　　　　　　　　　　　　　　　　　　　　　　　　　　_『익종문집』 2, 172쪽

　경관요소에서 중요한 것이 계절과 날씨인데 여기서는 특히 계절에 따른 구름의 차이에 대해 구체적으로 구분하고 있어 주목된다. 구름은 바람, 비, 눈, 안개 등에 비해 경상(景象)의 대상으로 별로 언급된 적이 없어 더욱 그렇다. 익종은 위 설명에서 '꿈에 의지하는' 몽의루에서 꿈같이 흩어졌다 뭉쳤다를 반복하는 하늘의 구름, 사계절 중에서 가을 구름을 최고의 경관으로 뽑고 있다.
　시를 보면 구름의 외형을 버들개지와 안개에 비유하였으며, 달을 가리다가 거두어 달이 더욱 깨끗해 보이게 하고, 가을 국화를 덮어 국화의 아름다움을 더한다고 하여 긍정적인 존재로 묘사하였다. 또한 구름의 성격은 오고감에 자취가 없고 모이고 흩어짐에 스스로 마음 쓰지 않는다고 하여 인간이 이상형으로 여기는 신선 같은 존재로 묘사하였다. 끝으로 봉래산의 오색구름을 제시하여 선계의 상징물로 형상화하였고 자신이 있는 대궐도 그와 같은 존재라고 은연중에 자랑하였다.

위에서 보다시피 익종은 특히 경관에 대한 설명에서 경관요소에 대한 남다른 관찰과 묘사를 보여 주고 있는데 "봄은 네 계절의 처음이고 그 기운은 따뜻하며 새벽은 하루의 시작이고 그 모습은 맑다. 봄새벽은 대개 따뜻하고 맑은 것을 아우른다(春爲四時之首而其氣氤氳曉爲一日之始而 其象淸明 春曉者蓋兼氤氳 淸明者也)"[98]라고 하여 계절과 시간을 분석 설명하였으며, "꽃을 감상하는 법은 너무 가까우면 흥취가 없고 너무 멀면 색감이 없으므로 반드시 가까운 듯하면서 먼 듯한 곳에서 본 뒤에야 동하(彤霞)가 일게 된다. 동하는 꽃의 정영(精英)이 피어오르는 것이다(賞花之法 太近則沒趣 太遠則無色 必於若近若遠處 觀之 然後 彤霞生焉 彤霞者 花之精英蒸上者也)"[99]라고 하여 꽃을 감상하는 법을 제시했으며, "시인이 반성하는 마음이 생기고 현명한 사람이 도를 깨달을 때는 모두 종소리를 들을 때이다(詩人發省 賢師悟道 皆在聽鐘之時)"[100]라고 하였는데 이들은 또한 각각 '춘효', '동하', '청종' 등 소표제의 경상 용어를 풀이하고 있어 팔경 경관에서 소표제의 중요성을 일깨워 준다. 이 외에도 후원의 거처를 대상으로 한 익종의 팔경시로는 《태고정사팔경》,[101] 《전사팔경(田舍八景)》,[102] 《매균헌팔경》[103] 등이 있다.

---

98 익종, 〈취미춘효〉, 『익종문집』 2, 170쪽.
99 익종, 〈화음동하〉, 『익종문집』 2, 171쪽.
100 익종, 〈산비청종〉, 『익종문집』 2, 172-173쪽.
101 제1경 山窓彤旭, 제2경 竹簾花陰, 제3경 杏庭子規, 제4경 松翠步鶴, 제5경 北岳雲烟, 제6경 空山開鍾, 제7경 萬峯臘雪, 제8경 緗帷寒燭, 『익종문집』 2, 160-163쪽, 《西山庵八景》으로도 불림.
102 제1경 牖對翠岳, 제2경 簾捲水田, 제3경 臨畝觀穮, 제4경 前塘睡鴈, 제5경 滿野黃雲, 제6경 秋風歸鴈, 제7경 登傷乘屋, 제8경 書幔寒螢, 『익종문집』 2, 164-166쪽.
103 제1경 遠山春夢, 제2경 東郭朝霞, 제3경 凉簾桐琴, 제4경 午欄荷香, 제5경 水潭月涵, 제6경 楓林日斜, 제7경 松菊傲霜, 제8경 梅竹耐雪, 『익종문집』 1, 203-207쪽, 《梅花初月樓八景》으로도 불림.

다.《의두합십경(倚斗閣十景)》

의두합은 창덕궁 후원 애련지 남쪽에 있는 건물로 현재는 기오헌으로 이름이 바뀌었으며, 그 옆에는 운경거라는 한 칸짜리 부속 건물이 있다. 1827년(순조 27) 익종이 춘궁에 있을 때 고쳐서 지었으며, 익종의 상량문과 십경시가 남아 있다. 익종은 이 상량문에서 자신이 '책을 소장하고 읽을 건물(藏修之堂)'로 지었으며, '이로부터 찬란한 문채가 날 것이다'라고 하였다. 익종의 십경시 제목은 다음과 같다.

제1경 동루영월(東樓迎月): 동쪽 누각에서 달맞이

제2경 북란의두(北欄倚斗): 북두성에 기댄 북쪽 난간

제3경 만정산행(滿庭山杏): 뜰에 가득한 산살구꽃

제4경 격림자규(隔林子規): 숲 저편에서 우는 자규새

제5경 청야송뢰(清夜松籟): 맑은 밤의 솔바람 소리

제6경 만풍하향(晚風荷香): 저녁 바람에 이는 연꽃 향기

제7경 황화영준(黃花映樽): 술동이에 비친 노란 국화꽃

제8경 적엽함상(赤葉含霜): 서리 머금은 붉은 단풍잎

제9경 제후청선(霽後清蟬): 비가 개인 뒤에 우는 매미

제10경 설리명학(雪裏鳴鶴): 눈 속에 우는 학

동쪽 누각과 북쪽 난간, 자규, 매미, 학 등의 울음소리, 산살구, 국화, 단풍의 모습과 솔바람 소리와 연꽃 향기 등 이 시에서는 시청각 및 후각적인 요소들을 승경의 내용으로 삼고 있는데 전체적으로 이런 경치를 통해 이념적인 지향을 담고 있다.

가을 금원이 새로 개인 날

달은 아득히 동쪽에 떠오르니

푸른 바다 쪽에 흰 빛 생기고

수정궁에는 찬 기운 든다.

숲에 가리면 비껴 비추고

연기와 어울리면 빈 듯이 맑다

밝은 빛 푸르게 떨어지니

진정으로 주렴계를 그린 듯하다.

禁苑秋新霽	依依月上東
白生滄海界	寒入水晶宮
隔樹斜仍照	和烟淡若空
光明麗碧落	眞像畫濂翁[104]

이 시에서는 의두합 동루에서 바라본 가을 달의 모습을 다양하게 묘사하
고 있다. 수련에서는 가을 궁궐 후원에 달이 떠오르는 모습을, 함련에서는

---

104 익종, 〈東樓迎月〉, 《의두합십경》, 『담여헌시집』, 『익종문집』 1, 한국정신문화연구원, 1998, 209쪽.

제2장 조선왕실 팔경문학의 흐름

달빛의 주렴계는 〈애련설〉 때문에 연꽃으로 유명하지만 황정견(黃庭堅)에 의해 광풍제월(光風霽月)의 풍모가 있다는 평가를 받기도 했는데[105] 이 시에서는 바로 그 점을 강조하였다. 광풍제월은 맑은 날에 부는 바람과 비갠 후에 뜬 달로 맑고 선명하면서 시원한 인품이면서 동시에 경치이기도 하다. 즉 이 시에서는 주렴계와 같은 인재에 대한 갈망도 담았다고 할 수 있다.

산의 누각 신령처와 가까워
북두성 자루에 걸려 있는 듯
빽빽한 뭇 별들이 공수하고 있는데
시간 따라 일곱 별도 옮겨 가누나
때때로 임금자리 쳐다보지만
명나라 수도 바라볼 곳은 없구나
매일 밤 왕도를 회복할 생각에
부질없이 두보의 시 읊조린다네

山樓靈壇近	斗柄上垂垂
森列羣星拱	昭回七點移
有時瞻帝座	無處望京師
每夜風泉感	空吟老杜詩

_『익종문집』1, 209쪽

제2경 〈북란의두〉이다. 수함련에서는 의두합 북쪽 난간에서 북두성을 보는 상황을 읊었다. 경련에서는 황제를 상징하는 북두성은 볼 수 있지만 명나라 수도(京師)는 볼 수 없는 아쉬움을 노래했는데 이는 단순히 물리적으로 명나라 수도를 볼 수 없다는 것보다 수도로 대표되는 중화문화를 볼 수 없

---

105 "黃庭堅稱 其人品甚高 胸懷灑落 如光風霽月",「周敦頤」,「道學」1,「列傳」제186,『宋史』권427, 中國基本古籍考, 北京愛如生數字化技術研究中心.

다는 것을 말한 것으로 여겨진다. 미련의 '풍천'은 『시경』 '비풍(匪風)'과 '하천(下泉)'을 합한 말로 정이(鄭伊)는 이를 존주의리(尊周義理)로 해석하였다. 즉 이들은 멸망한 주나라를 그리워하는 내용으로 해석되며 이는 중화문화에 대한 그리움이기도 하다. 이를 두보가 전란 속에서 나라의 안정을 기원한 우국지정과 같은 맥락으로 읽음으로써 중화문화의 위기에 대한 근심을 드러내었다. 숙종대부터 명나라 황제를 배향한 대보단을 지어 존주의리를 강조하였고 이를 표현한 어제(御製)가 청나라에 알려지는 것을 우려하여 열성어제별편으로 편찬하기도 하였는데 이 시에는 이와 같은 숭명배청의 이념성이 담겨 있다.[106]

지난 밤 가랑비 지나간 뒤에
산살구 한창 때가 반감되었네
떨어지는 꽃잎은 비늘과 비슷
꽃잎 문 새부리에 향기가 나네
필시 매화의 차가움이 싫어서
가벼히 버들개지 흩날림을 쫓는가 보네
피고 짐이 모두 조물주의 뜻이니
내년 봄에 또 활짝 펴리라

前宵微雨過	山杏減芬芳
飛下魚鱗錯	啣來雀嘴香
應羞梅蘂冷	輕逐柳花忙
開落皆天造	明春又艶陽

_『익종문집』1, 209쪽

---

106 숙종, 영조, 정조, 순조, 익종 등이 남긴 『열성어제별편』에 담긴 숭명배청사상에 대해서는 (안장리, 2014) 참조.

제2장 조선왕실 팔경문학의 흐름

제3경 〈만정산행〉이다. 수련에서는 간밤 비에 산살구 꽃이 떨어져 온 뜰
이 꽃잎으로 가득한 모습을 그렸다. 함련에서는 떨어지는 꽃잎의 모습을 비
늘에 비유하고 그 향기에 새의 부리에서도 향내가 난다고 묘사하였다. 아울
러 매화보다는 버들개지를 닮았다고 하였으며, 미련에서는 이렇게 금년에
는 다 지고 있지만 내년에는 조물주의 뜻에 따라 다시 활짝 필 것이라는 말
로 마무리하였다.

이처럼 달과 같은 주렴계, 두보와 같은 애국심, 산살구 등을 읊었으며, 이
외에 제4경에서는 주자의 자규시를, 제5경에서는 팔음(八音: 악기의 종류이면서
의례의 상징), 제6경에서는 군자의 절조, 제7경에서는 도연명의 국화, 제8경
에서는 조화로운 단풍, 제9경에서는 여조겸의 매화, 제10경에서는 왕자유
의 학 등 중국역대고사와 자연의 운행을 각 경의 주제로 제시하고 있다.[107]

이 시에 대해 좌빈객(左賓客) 김이교(金履喬, 1764-1832), 원임우빈객(原任右賓
客) 김노경(金魯敬, 1766-1840), 우빈객(右賓客) 박종훈(朴宗薰), 좌부빈객(左副賓
客) 조종영(趙鍾永), 우부빈객(右副賓客) 이학수(李鶴秀, 1780-1859), 돈녕도정(敦
寧都正) 서희순(徐憙淳, 1793-1857), 겸보덕(兼輔德) 이인전(李寅溥), 응교(應敎) 안
광직(安光直, 1755-1861), 전겸사서(前兼司書) 김로(金鏴, 1783-?), 전문학(前文學)
서좌보(徐左輔, 1786-1855), 겸사서(兼司書) 김정희(金正喜, 1786-1856), 전사서
박용수(朴容壽), 전겸설서(前兼說書) 이경재(李景在, 1800-1873), 설서 김동건(金
東健, 1788-1848), 전문학(前文學) 이규방(李圭祊, 1791-1855), 전설서 이근우(李

---

107 "〈隔林子規〉入夜雲林靜, 多情聽子規. 叫雲巖竹裂, 啼血潤花垂. 寂寂山深處, 依依月落時. 微禽多警意, 惟
有晦翁知. 〈淸夜松籟〉靜夜羣喧息, 寒松自起聲. 淸歸南郭几, 踈和女媧笙. 擺雪叢筠響, 引風石澗鳴. 虛中
元有樂, 佇看八音成. 〈晩風荷香〉新秋開菡萏, 花氣藹前塘. 出水亭亭影, 隨風冉冉香. 潔宜君子操, 淡似美
人粧. 回笑繁華者, 牧丹獨擅芳. 〈黃花映晩〉紫禁回重九, 黃花晩節孤. 傲霜隣玉陛, 含露泛金壺. 名重陶彭
澤, 香傳范石湖. 釀酥成寶液. 萬歲獻天廚. 〈赤葉含霜〉禁垣霜信早, 樹樹政酣楓. 着雨臙脂落, 環山錦繡同.
林收三夏翠. 風送九江紅. 邑邑隨嬋變, 方知造化功. 〈霽後淸蟬〉忽覺微涼至, 千林聽晩蟬. 口緘猶吸露, 身
蛻却成仙. 上苑秋霖後, 枯枝夕照邊. 高風誰得似. 回憶伯恭賢. 〈雪裏鳴鶴〉胎仙飛羽化. 色可雪中看. 逈立
千山白. 明分一頂丹. 盤雲爭皎潔. 叫月倍淸寒. 應待山陰客. 翩翩步石壇." 익종, 『경헌집』, 『익종문집』 1,
61쪽.

根友, 1801-?), 전설서 김영순(金英淳, 1798-?), 익찬(翊贊) 김대균(金大均, 1787-?), 세마(洗馬) 김최수(金㝡秀), 좌익위(左翊衛) 서임보(徐任輔), 부율(副率) 김명희(金命喜, 1788-1857), 시직(侍直) 김헌(金憲), 좌사어(左司禦) 이택현(李宅鉉), 위율(衛率) 정동시(鄭東時) 등 24명의 차운시가 있다(『익종문집』 1, 262-281쪽). 이런 이념적 지향을 통해 단순한 경치 향유가 아니라는 뜻을 보여 줌으로써 국왕의 권위를 세우려 했던 셈이다.

라. 《일반령팔경》

일반령의 위치는 미상이나 내용으로 볼 때 궁궐에 있던 익종의 작은 서재로 추정된다. '령(欞)'은 격자창을 뜻하며 '일반령(一半欞)'은 하나 반 정도의 격자창으로 이뤄진 집을 의미하기 때문이다. 여기에서의 팔경을 들면 다음과 같다.

제1경 관화(灌花): 꽃에 물을 댐

제2경 청우(聽雨): 빗소리를 들음

제3경 탄금(彈琴): 거문고 연주

제4경 초시(抄詩): 시를 뽑음

제5경 간월(看月): 달을 봄

제6경 독서(讀書): 책을 읽음

제7경 시명(試茗): 새 차를 맛봄

제8경 분향(焚香): 향을 사름

내용을 보다시피 '경치'라기보다는 거처에서의 '행위'로 이루어져 있는데 일찍이 이정구(李廷龜)는 이를 '사업'이라고 명명하였다. 이정구가 친구 현문원(玄聞遠)의 팔경에 붙인 서문은 다음과 같다.

> 내 글친구 현문원은 스스로 호를 희암이라 한다. 머무는 곳을 역암이라 명
> 명했는데 대개 바위 위에 역수가 많이 살기 때문으로 그 쓸모없이 흩어진
> 모습을 자신의 상황에 빗댄 것이다. 거처의 아름다운 경치를 모아 16영을
> 읊어 내게 보이면서 이르기를 위 8구는 경상이요 아래 8구는 사업이라
> 하면서 나에게 시를 지어 주기를 요청하였다. 내가 시를 지을 겨를이 없
> 기도 하고 또 경상은 내가 일찍이 본 적이 없었다. 사업은 나와 자못 비
> 슷한 부류이기에 먼저 아래 8구에 대해 시를 붙이니 또한 우리 道이기
> 때문이다.[108]

현문원이 거처했던 곳이 구체적으로 어떤 곳인지는 확인해야겠지만 '역
암(櫟巖)'이라는 거처명에서 보다시피 쓸모없는 나무나 자라는 별 볼일 없는
곳이다. 게다가 이정구는 자기가 이 곳을 본 적이 없으므로 시를 쓸 수 없다
고 할 정도로 이름 없는 곳이기도 하다.[109]

그런데 이름이 없고 별 볼일 없는 곳이지만 사업만은 팔경화할 수 있다
고 하면서 이는 자신의 생활과 비슷하기 때문이라고 하였다. 그래서 읊어
진 팔경의 내용은 〈달이 비친 다리를 건너는 일(橫橋步月)〉, 〈호젓한 돌에 앉
아 낚싯줄 드리우는 일(斷磯垂綸)〉, 〈구름낀 절에 중을 찾아가는 일(雲寺尋僧)〉,
〈깊은 산에서 백이·숙제처럼 나물을 캐는 일(帳嶺採蕨)〉, 〈맑은 창을 통해 햇
빛을 쬐는 일(晴窓曬日)〉, 〈베개에 기대어 책을 읽는 일(欹枕看書)〉, 〈봄 동이에

---

108 "吾詞友玄聞遠 自號希菴 號所居櫟巖 盖巖上多生櫟樹 取其樗散以自況也 撮居之佳致 爲十六詠 示余曰
　　上八句景象 下八句事業 要余題詩 顧余忽忽不暇盡構 且景象則吾未嘗寓目 而事業與我頗相類 故先以下
　　八首寄語 亦所以自道也," 李廷龜, 『月沙集1』, 『총간』 69, 367쪽.
109 이를 이름 없는 곳으로 본 이유는 대개 이름 있는 명승의 경우 직접 보지 않아도 앞의 문인들이 어떤
　　경물이 유명한지 읊어 왔기에 대충의 윤곽은 잡을 수 있었기 때문이다.

술을 발효시키는 일(春甕釀酷), 〈가을 교외에서 수확하는 모습을 보는 일(秋郊觀稼)〉 등이다. '경점+사업'으로 이루어져 있지만 '경점'은 '사업'을 위한 배경일 뿐이며, 사업의 내용을 보면 '보월(步月), 수륜(垂綸), 심승(尋僧), 채궐(採蕨), 연일(曬日), 간서(看書), 발배(醱酷), 관가(觀稼)' 등을 말한다. 이렇게 사업을 팔경의 대상으로 삼는 일은 이제현의 송도팔경시에서 단초를 보였고 김시습의 팔경시에서 시작되었으며, 이황의 팔경시에서 정점을 이뤘는데 이정구가 이를 명확하게 명명하였으며, 이를 자신들이 추구하는 도(道)라고 평가하였다.

화분에 물을 주다 보니
붉은 꽃 사이로 푸른 잎 보이네
신선 베개 베고 한가한 꿈 꾸다 보니
날게 되어 기뻐하는 나비 되었네
注水花盆中　　　浮紅間翠葉
閒夢伴仙枕　　　化飛栩栩蝶

_『익종문집』1, 66쪽

이 시는 화분에 물을 주면서 자신이 화분 꽃에 앉았다 나는 나비가 되는 꿈을 꾸었음을 읊고 있다. 호접몽은 장자의 꿈으로 유명하거니와 이 시는 화분에 물을 주는 일이 선계를 꿈꾸는 일임을 드러내고 있다. 이 시의 경관 요소는 화분에 물 주는 일이며, 경물은 화분, 꽃, 잎, 선계, 꿈, 나비 등이다.

이어서 익종은 이곳에서 빗소리를 들으며 인간낙원이라고 하였으며, 거문고 연주를 하니 학이 날아와 춤추고, 시를 뽑다가 조니 그 시 세계로 들어가게 된다고 하였다. 세계를 밝게 비추는 달을 보노라니 자신과 정이 통한다고 하였고, 달빛 밝은 곳에서 책을 읽노라니 기본 이치가 보인다고 하였다. 새싹 차를 맛보니 세속의 때가 벗겨진다고 하였으며 향을 사르면서 꿈

속에 청산의 처사집을 찾는다고 하여 선계에의 희구를 나타내었다.[110]

마.《홍두원십영》

홍두원은 익종이 궁중에 만들었던 후원으로 여겨지나 미상이다. 익종은
일반령과 마찬가지로 여기에 서재를 만들고(築亭) 꽃을 품평하고(香界品花經),
여름과 벗하여(夏友), 여름을 보내며(納凉), 거문고를 연주하고(彈琴), 꿈을 읊
조리며(吟夢), 풍경소리를 듣고(揭聲), 그림을 평하고(評畫), 매화를 보고(看梅)
또 저녁에 불을 돋아 책을 읽는(燒燈) 등 한적한 여유를 즐겼다.[111] 십경의 소
표제는 다음과 같다.

제1경 축정(築亭): 정자를 지음

제2경 공화(供花): 꽃을 바침

제3경 우하(友夏): 여름을 벗함

제4경 납량(納凉): 시원하게 함

제5경 탄금(彈琴): 거문고를 연주함

제6경 음몽(唫夢): 꿈을 읊음

제7경 게경(揭磬): 풍경을 매닮

제8경 평화(評畫): 그림을 평가함

제9경 간매(看梅): 매화를 봄

제10경 소등(燒燈): 등불을 피움

---

110 《일반령팔경》의 전체 내용은 본서 제4장 왕실팔경문학의 요소와 특징, 2. 행위요소, 3) 개인으로서의
   행위 257-259쪽 참조.
111 《홍두원십영》의 전체 내용은 본서 제4장 왕실팔경 문학의 요소와 특징, 2. 행위요소, 3) 개인으로서
   의 행위 260-265쪽 참조.

제1경 〈축정〉을 보면 다음과 같다.

누가 원생의 꿈을 일깨웠나
구름이나 경작하려 지은 작은 장원
오동나무 담장에선 들사슴 달리고
대나무 울타리에서 예쁜 양 기르니
새싹 차는 스님에게 주는 공양이요
향기로운 메벼는 학의 식량이네
아름다운 장식의 돌상자는
종마다 책을 쌓는 창고라네

誰覺圓生夢	耕雲小築莊
梧垣馴野鹿	竹埠牧花羊
苦茗支僧供	香秔半鶴糧
縹緗粧石笈	種種畜書倉

_『익종문집』1, 69쪽

이 시는 오언율시이다. 수련에서는 산속에 작은 집을 세우겠다고 했고 그
뒤에는 그 집에 있는 경물에 대해 읊었다. 들사슴, 예쁜 양, 학, 차잎, 메벼,
서적 등이 그것이다. 세속을 벗어난 삶에 대한 염원에 담겨 있으며 경물의
수준을 볼 때 단순한 처사의 삶과 달리 왕족의 품격이 드러남을 알 수 있다.

바.《상림십경》

익종은 무려 3편의 칠언절구《상림십경》을 남겼다.《상림십경》은 숙종이
창작한 이래 정조, 순조 등도 작품을 남긴 대표적 왕실팔경시이다. 운자는
'齊(제), 陽(양, 3수), 尤(우, 2수), 歌(가), 支(지), 灰(회), 眞(진)' 등으로 3편 모두

숙종의 상림십경시를 차운하고 있다.

『경헌집』에 《상림십경》이 세 편 연이어 실려 있으며, 첫 번째 작품에만 소표제가 붙어 있다. 『열성어제』에는 이 중에 두 번째 작품만 실려 있다.[112]

> 상원 숲속 옥 같은 집에
> 상서러운 구름 서려 그림 같은데
> 붉은 꽃 푸른 잎은 봄 기운에 싸여 있고
> 온갖 새들 온 나무에 내려와 울고 있네
>
> 上苑林中玉宇低　　瑞雲色色畵圖齊
> 紅花綠葉籠春氣　　白鳥飛下萬樹啼

〈천향간화〉이다. 제1,2구에서는 후원의 천향각이 상서러운 구름에 싸여 있는 모습이 그림 같다고 했으며, 제3,4구에서는 온갖 나무와 꽃, 새들이 봄 계절 속에서 평화롭게 있는 모습을 그렸다. '춘기(春氣)', '백조(白鳥)', '만수(萬樹)' 등의 표현에서 온갖 만물이 봄을 맞아 새로워지는 느낌을 주며 봄의 흐드러짐보다는 모든 사물을 포용하는 위정자의 기상을 느끼게 한다. 숙종의 《상림십경》에는 경관, 위민, 수양 등의 내용을 담고 있다고 한 바 있는데 익종의 경우 〈관풍예도〉, 〈영화췌시〉는 위민과 인재선발의 공적인 내용을 담고 있지만 수양의 뜻을 나타내는 시는 없다. 이 외에 익종은 소상팔경시와 서호십경시를 읊었는데 이를 제목으로 하는 박영원의 응제시가 남아 있음을 볼 때 이 시들 역시 신하들과 함께 창화하였음을 추정할 수 있다.[113]

112　익종의 『열성어제』에 누락된 글자가 문집에는 모두 실려 있다. 『열성어제』 편찬당시에 왜 누락시켰는 지 미상이다.

113　'賡韻 王世子睿製詩頒示. 春桂坊諸臣. 仍承命賡進,'《西湖十景》, 『총간』 302, 317쪽.

8 소결

본장에서는 왕과 왕족의 팔경시 창작 향유양상을 통시적으로 고찰하였다. 고려시대 왕실에서 수용한 팔경시가 조선시대에 들어와서도 계속 유행하였으며 특히 조선후기에 집중적으로 창작 향유되었음을 확인할 수 있었다.

조선 태조-세종대에는 조선 왕실 팔경문학의 전범을 세운 시기로 정도전은《신도팔경》으로 문명화된 경관을 읊어 이상적 국가상을 제시하였으며, 안평대군은《비해당사십팔영》으로 왕족으로서 실현할 수 있는 성시산림의 세계, 즉 도성 중심에 있으면서 자연 경관을 겸비한 이상향을 보여 주었다. 나아가 일본의 철쭉, 해남의 낭간석, 학, 사향노루, 유리석 등 일반인이 구하기 어려운 경물을 끌어들여 왕실의 고급문화 향유양상을 과시하였는데 이에는 강희안과 같이 정원 조성에 취미를 지닌 당대 사대부들의 영향도 컸다고 할 수 있다. 또한 안평대군은 당대의 화가인 안견에게 그림을 그리게 하고, 또 대표적 문인들인 집현전 학사들과 함께 대대적으로 창화한 뒤 이를 시축으로 만드는 취미도 있었다.《신도팔경》은 이후 왕실의 관심보다는 신하들의 응제시 정도로 이어진 반면《비해당사십팔영》은 궁궐 후원 경관 조성의 중요한 전범으로 활용되었다. 아울러 역대 왕실에서는 소상팔경시 창화를 통해 팔경시의 동아시아적 전범을 확인하였다.

성종-중종대는 안평대군이 세운 전범을 묵수한 시기이다. 성종은 김일손을 비롯한 당대의 문인들에게《비해당사십팔영》을 차운하게 하였다. 또한 형인 월산대군과 당숙인 부림군 등과 함께 궁중을 대상으로 한 팔경시를 향유하여 처음으로 궁중을 팔경의 대상으로 삼게 하였다.

성종이 소상팔경시를 지어 팔경시의 동아시아적 전범을 따랐다면, 중종은 중국의 도원팔경시를 창작하게 하여 이상적 경관의 지평을 더욱 넓혔다.

숙종은 조선왕실 팔경문학의 전개에 있어서 매우 중요한 작가이다. 숙종은 중국의 소상팔경, 도원팔경 등으로 이어져 오는 관념적 이상세계에 대한 동경을 서호십경까지 확대하였다. 또한 국내의 관동팔경을 읊어 조선 역시 승경이 있음을 드러내었다. 나아가 창덕궁 후원을 대상으로 한 《상림십경》을 지어 안평대군의 《비해당사십팔영》의 세계를 궁중에 실현시켰다. 이를 위해 숙종은 《상림십경》의 대상이 되는 6개의 건물을 수리하거나 새로 지었으며, 내용에 있어서는 아름다운 경관에 대한 칭송은 물론 '위민'과 '수양' 등 임금으로서의 위상도 함께 세우려 했다. 《상림십경》은 이후 왕들의 팔경 창작의 전범이 되어 정조, 순조, 익종 등이 《상림십경》을 지었으며, 많은 팔경시를 창작한 익종은 《상림십경》을 세 편이나 지어 적극적으로 동조하였다. 후대 왕들은 숙종의 《상림십경》뿐 아니라 《관동팔경》, 《서호십경》 등도 차운하였다.

영조는 숙종의 아들임에도 불구하고 숙종의 대표적 팔경시인 《상림십경》에 대한 시를 짓지는 않았다. 그렇다고 영조가 팔경시를 적게 지은 것은 아니다. 영조는 잠저시에 지내던 양성헌을 비롯하여 재위시에 지내던 집경당 등 일상공간에 대한 팔경시를 많이 지었으며, 자신이 직접 참여한 왕실행사와 관련된 팔경시를 짓기도 하였다. 이 팔경시들에서는 숙종이 추구하던 이상이나 관념과 거리를 두었던 영조의 특성을 읽을 수 있다.

정조는 영조와 달리 《소상팔경》, 《상림십경》 등을 지어 숙종과 같은 정서를 보였다. 그러나 내용에 있어서는 약간 차이가 있는데 특히 《국도팔영》, 《규장각팔경》 등을 짓게 하여 문명화된 세계에 대한 기대를 드러내었다.

순조대는 순조와 익종이 팔경시를 지었는데 특히 익종의 활약이 두드러진다. 순조는 숙종의 《상림십경》을 차운하여 동조하는 뜻을 보였으며, 익종 역시 차운시를 써서 이에 동참하였다. 그러나 익종은 이 외에도 많은 팔경시를 썼으며, 특히 이를 언해하기도 하여 그 경관의 아름다움을 누이를 비롯하여 보다 많은 사람들에게 알리려 하였다. 익종은 의두합, 이화정, 일반령 등 궁궐 후원의 많은 공간을 팔경의 대상으로 삼았다. 특히 《이화정십경》처럼 각 경의 서두에서 작시의 배경을 알려 줌으로써 시 이해에 도움을 주기도 하였다.

또한 익종은 정원의 경물을 최대한 나열하는 안평대군의 《비해당사십팔영》에 버금가는 《산재영물사십구수》[114]를 지었는데 이 중에는 천리경(망원경), 자명종(시계) 등 당대 진귀한 물건들이 포함되어 있어 익종의 다양한 관심을 엿볼 수 있다.

왕실의 팔경시를 관념적 팔경시와 체험적 팔경시로 나누어 보면, 태조대-중종과 숙종-순조대의 전후기로 구분할 수 있다. 전기의 팔경문학은 관념적 팔경시를 지향했으며, 실제 경치와 거리를 두고 관조하는 경향이 있었다면 후기의 팔경문학은 체험적 팔경시를 지었다. 영조는 일상 공간 및 생활을 팔경시의 대상으로 삼을 정도로 실재 공간을 대상으로 한 팔경시를 많이 지었고, 익종은 문학적 감성이 풍부했던 세자로서 일상 공간으로서의 후원 경관을 다양하고 폭넓게 묘사하였다.

---

114 이 시의 배경인 山齋는 익종이 거처하던 궁궐 후원의 거처로 酉山庵으로 추정되나 미상이다. 49수 각 경의 내용은 〈鶴〉, 〈鸚鵡〉, 〈石榴花〉, 〈辛夷花〉, 〈月桂〉, 〈梅花〉, 〈竹〉, 〈松〉, 〈海棠花〉, 〈棕櫚〉, 〈梧桐〉, 〈百日紅〉, 〈芭蕉〉, 〈假桃〉, 〈假蘭〉, 〈珊瑚〉, 〈文王鼎〉, 〈硯〉, 〈竹筆筒〉, 〈萬壽香〉, 〈琴〉, 〈冊〉, 〈筆〉, 〈墨〉, 〈竹筆架〉, 〈竹如意〉, 〈牋〉, 〈竹水缸〉, 〈砂筆洗〉, 〈玻璃燈〉, 〈燭臺〉, 〈花草鏡〉, 〈千里鏡〉, 〈自鳴鐘〉, 〈茶罐〉, 〈茶鐘〉, 〈茶壺〉, 〈茶〉, 〈氈〉, 〈枕〉, 〈簾〉, 〈帷〉, 〈驢〉, 〈車〉, 〈烏巾〉, 〈靑袍〉, 〈組帶〉, 〈織鞋〉, 〈扇〉 등이다.

제 3 장

왕실팔경문학의 공간

어떤 공간을 왕실팔경문학의 공간으로 삼았는가? 왜 그 공간은 왕실팔경의 대상이 되었는가? 왕실팔경의 공간은 어떻게 구성되어 있는가? 이 점이 본고에서 밝히려는 점이다. 이를 위해 왕실팔경의 전범 역할을 한 공간에 대해 먼저 논의하고 이어서 왕실팔경문학으로 향유된 공간에 대해 거론하도록 하겠다.

왕실팔경문학의 전범은 시대적으로 앞서거나 공간적으로 선진문화 지역인 중국에서 먼저 수립되었는데 시대와 공간의 모든 면에 있어서 전범이 된 팔경은《소상팔경》이며, 이 외에 중국을 대상으로 한《도원팔경》과《서호십경》 등이 있다. 또한 국내에서는 시대적으로 앞선 안평대군의《비해당사십팔영》이 전범이 된 것으로 여겨진다.

소상강은 팔경의 전범 역할을 한 대표적 공간으로 우리나라에서는 소상팔경시가 유입된 고려시대부터 이인로, 이규보, 진화 등 당대를 대표하는 문인들이 다투어 소상팔경시를 지었다. 조선시대 왕실에서는 이를 전범으로 여긴 안평대군, 성종, 인조, 숙종, 정조 등이 직접 소상팔경시를 짓거나 신하들에게 짓게 하였다.

도원지역은 도연명의 〈도화원기〉로 유명해진 지역으로 중종이 신하들에게 중국의 도원팔경시에 차운하게 하였고, 서호지역은 숙종대에 왕실에서 소장하고 있던 〈서호십경도〉를 바탕으로 하여 서호십경시를 짓게 하였다. 숙종은 또 국내 관동지역에 대해《관동팔경》을 지었는데 이들 지역은 모두 경승으로 유명하여 팔경의 대상이 된 지역이기도 하다.

비해당은 안평대군의 처소이다. 안평대군은 당대 사대부들이 귀하게 여기는 동물, 식물, 가산(假山) 등을 이 처소에 조성하고 48개의 경물을 들어 명사들에게 시를 짓게 하고 '비해당사십팔영'이라고 명명하였다. 안평대군은 정치적 비운에 의해 죽음을 당했지만 성종은 김일손 등 당대 신하들에게 이 사십팔영시를 차운하게 하여 비해당정원에 대한 호감을 보였다. '비해당 사십팔영'을 궁궐에 조성하고 싶은 정원 조경의 전범으로 여겼던 듯하다. 그러나 정작 궁궐에 실현하지는 못했으며 이는 인조, 숙종대를 거쳐 상림십 경으로 이루어졌다.

왕실팔경문학의 공간은 궁궐이 중심이다. 궁궐에 대한 관심은 숙종의 『어 제궁궐지』에 잘 나타난다. 숙종은 궁궐공간을 치조(治造)공간, 후원공간, 대 비(大妃)공간, 세자공간, 잠저공간 그리고 행궁 등 본인의 생활양상에 따라 구분한 바 있다. 그러나 지금의 우리는 궁궐을 경복궁, 창덕궁, 창경궁, 경희 궁, 덕수궁으로 5대궁으로 대별하고 있는데 이 중에 팔경의 대상이 된 공간 은 경복궁, 창덕궁, 창경궁, 경희궁으로 4개 궁이다. 창덕궁과 창경궁은 동 궐이라는 명칭으로 함께 다루었으므로 본서에서는 경복궁, 동궐, 경희궁의 1궐 2궁으로 나누어 고찰하도록 하겠다.

경복궁은 임진왜란 이전에 주요 궁궐 역할을 했으나 경복궁을 대상으로 한 팔경시는 성종의 종친에 의한 작품 한 편이 있을 뿐이다. 이처럼 팔경시 가 적은 이유는 궁궐 자체가 범접하기 어려운 공간이기도 하지만 당시 궁궐 을 가장 자유로이 다닐 수 있는 왕의 창작 자체가 드물었기 때문으로 여겨 진다.[1]

---

1 이는 역대왕의 어제 분량에서도 확인할 수 있다. 영조와 정조는 『열성어제』 수록분 이상의 글이 남 아 있는데 『열성어제』로만 봐도 영조 1,522편(시 831, 문 691), 정조 1,701편(시 443, 문 1,258) 등 이며 이 외에 숙종 1,132편(시 823, 문 309), 순조 506편(시 83, 문 423), 익종 744편(시 608, 문 136), 헌종 315편(시 23, 문 292), 철종 313편(시 53, 문 260) 등이다. 반면에 성종 241편(시 208,

동궐은 가장 오랜 기간 조선 왕들의 거주공간이었으며, 후원이 특히 발달하여 대표적인 팔경 공간으로 읊어졌다. 성종대 종친들이 창덕궁 치조공간에 대한 팔경을 읊은 이래 숙종대에는 후원을 대상으로 한 팔경시가 지어졌고 이는 두고두고 차운되었다. 한편 오랫동안 세자 생활을 했던 익종은 동궁공간에 대해서 다수의 팔경시를 남겼다.

경희궁은 특히 영조의 치조공간으로 오랫동안 활용되어 팔경의 대상이 되었다. 영조가 경희궁을 대상으로 지은 팔경은 시가 전하지 않지만 소표제가 있어 경관의 기본적 면모는 추정할 수 있다.

끝으로 잠저와 행궁팔경을 다루기로 한다. 잠저는 광해군의 잠저인 이현궁(梨峴宮), 인조와 효종의 잠저인 어의궁(於義宮), 영조의 잠저인 창의궁(彰義宮), 고종의 잠저인 운현궁(雲峴宮) 등 여러 곳이 있으나 팔경으로는 영조의 잠저인 창의궁에 대한 팔경시가 있을 뿐이다. 임금이 행차하여 머무는 곳에 설치하는 행궁으로는 온양행궁, 시흥행궁, 화성행궁 등이 있는데 이 중에 팔경의 대상이 된 곳은 온양행궁이다.

문 33편), 세조 138편(시 59, 문 79), 효종 132편(시 103, 문 29), 선조 85편(시 63, 문 22) 등이 남아 있으며 기타 왕의 경우 시문을 합쳐 50편 이내이다(안장리, 2016).

1 왕실팔경의 전범 공간

팔경의 전범이 되는 공간 중 '소상, 도원, 서호' 등은 모두 중국의 유명 경승지역이다. 역대 조선의 왕들이 이들 지역에 가 본 적은 없으므로 대개 글과 그림 등을 통해 접했을 것으로 여겨진다. 안평대군의 비해당 역시 성종 등은 글을 통해 향유했을 텐데[2] 이들이 접했을 것으로 여겨지는 자료 및 이들이 노래한 팔경시를 통해 해당 지역의 면모를 살펴보고 전체적인 특징을 정리하도록 하겠다.

1) 소상지역

소상지역은 중국 호남성의 소수와 상수가 교차되는 지역을 말한다.[3] 그러나 당대 조선에서 호남성을 다녀오는 일은 거의 없었으므로 그림과 시를 통한 관념공간으로 소상팔경을 향유하였다고 보아야 할 듯하다. 또한 이들이 전범으로 삼았던 그림과 시는 중국 작품이 많았겠지만 그 외에도 안견 그림으로 전하는 소상팔경도, 이인로와 진화의 팔경시, 안평대군『소상팔경시첩』의 참여문인들의 시문, 그리고 성종의 소상팔경시 등을 들 수 있다.

이들 시에 드러난 특징을 세 가지로 들면 첫째는 아름다운 산수이다. 둘

---

2 비해당의 경관을 읊은 시는《비해당사십팔영》만 전하며 성종이 신하들과 이 시를 차운함으로써 전범으로 삼게 된다.

3 팔경의 장소로 제1경은 長沙市 강변, 제2경은 岳陽市 湘陰縣 성의 강변, 제3경은 장사시의 橘子洲, 제4경은 湘潭과 장사가 만나는 韶山, 제5경은 동정호, 제6경은 永州市 성 동쪽, 제7경은 衡山縣 성 북쪽 淸凉寺, 제8경은 桃源 桃花源 건너편 白鱗洲 등으로 동정호를 중심으로 호남성 전역으로 분포되어 있다(권석환 외, 2004).

째는 선경(仙境)의 이미지이다. 셋째 고사(故事)의 공간이다.

⟨1⟩

건주의 기이한 경치 예전에는 몰랐는데

한 폭의 비단에 옮기니 황홀하다

虔州異景未曾知　　一幅鮫綃恍惚移

⟨2⟩

새벽비 걷히니 푸르른 마을이 차고

맑은 남기(嵐氣) 피어올라 흰 비단에 퍼져 있네

曉雨初收碧洞寒　　晴嵐陣陣曳輕紈

⟨3⟩

만 이랑 호수 물결 가을 되니 더욱 넓고

바람 한 점 없으니 유리처럼 미끄럽다

강가의 높은 누각 구름 속에 닿을 듯

난간에 기댄 객의 눈은 씻은 듯 맑다

萬頃湖波秋更闊　　微風不動琉璃滑

江上高樓迥入雲　　憑欄客眼清如潑

⟨4⟩

파란 안개 아득히 산골에 잠기고

소나무 가득한 곳에 길이 굽이 서렸다

절간이 어디 있나 시험 삼아 물어보니

한 줄기 종소리 구름 끝에 떨어진다

靑烟漠漠鎖巑屼　　松檜陰森路屈盤

試問招提藏底處　　一聲鍾落白雲端

〈1〉은 안지(安止)의 칠언율시 중 수련이다. 압운은 이(移), 기(奇), 지(遲), 시(詩)이다. 건주는 소상강이 있던 지역에 대한 옛 이름이다. 소상지역의 경치를 '이경(異景)'이라고 표현하고 있는데 여기서 '이(異)'는 '다르다'는 뜻보다는 '기이한', '뛰어난'의 뜻을 지니고 있다. 안지가 소상지역 그림을 보고 황홀함을 느낀 이유는 그림의 뛰어남 때문이기도 하지만 지역 자체가 그만큼 아름답기 때문이라 할 수 있다.

〈2〉는 이인로 팔경시 중 〈산시청람〉으로 칠언절구이다. 압운은 환(紈), 산(山)이다. 산속마을 새벽 경치를 묘사하고 있다. 이 마을은 본래 맑고 푸르른 '벽동(碧洞)'인데 새벽비가 막 그치고 나니 '새벽', '비 그침'으로 인한 '맑고 신선한' 한기가 어우러져 더욱 신선감을 준다. 게다가 맑은 남기가 가볍고 흰 비단처럼 피어올라 신비감마저 들게 한다. 여기서는 아름다운 경치의 순간이 '새벽', '비 그친 뒤', '남기가 피어오를 때'의 '산마을'이라고 하여 시간, 날씨, 지역 등이 어우러진 특정 면모를 제시하여 자연의 아름다움에 공감하게 하고 있다.

〈3〉은 진화의 팔경시 〈원포귀범〉 중 수함련으로 칠언율시이다. 압운은 활(滑), 발(潑), 말(末), 발(髮)이다. 물결진 호수를 논밭의 이랑에 비유하고 또 만 이랑이라 하여 매우 넓음을 표현하였다. 특히 가을이 되어 더욱 넓어 보인다고 하여 가을 하늘의 티없이 맑은 면모를 느끼게 하였다. 또한 그만큼 호수가 넓어 보이는 이유는 이를 바라보는 사람이 하늘에 닿을 정도의 높은 누각에 있기 때문이라고 하였다. 그리고 그렇게 넓은 호수를 보는 사람의 눈이 맑을 것이라고 하여 감정이입을 하고 있다. 이제 높은 누각에서 넓은 호수를 보는 사람은 바로 진화이며 진화와 함께 팔경시를 향유하는 참여자들이 되는 셈이다. 이를 정리하면 호수가 넓은 것은 본래 호수가 넓은 것이기 때문이기도 하지만 '가을', '높은 누각', '맑은 눈' 등이 있어 가슴이 탁 트일 정도의 더욱 넓은 호수를 만들었음을 알 수 있다.

〈4〉는 강석덕의 팔경시 중 〈연사모종〉으로 칠언절구이다. 압운은 완(岏), 반(盤), 단(端)이다. 깊은 산골은 아득한 푸른 연기 때문에 끝을 알 수 없이 깊어 보이고 울창한 소나무 숲과 꼬불꼬불한 산길은 그 깊이를 더한다. 그 깊이의 끝에 있는 곳은 마을도 아닌 절간이다. 해탈을 위해 속세를 떠나 숨어 들어간 곳인 셈이다. 그나마 그 절간이 어디있는지는 알 수 없다. 다만 종소리를 통해 절이 있음을 암시하며 매우 깊은 산속임을 알 수 있게 하였다.

이처럼 소상지역의 아름다운 경치는 그 지역을 모르는 사람도 한번 보면 느낄 수 있는 곳이며, 그림으로 옮겨도 아름답다. 이는 시간과 공간, 지역이 어우러져 빚어내는 절경으로 넓은 곳은 한없이 넓어 탁 트여 있고 깊은 곳은 또 아주 깊어 그 속을 알 수 없을 정도의 경치를 지니고 있다.

〈5〉

이 속에서 큰 은자가 사는 것을 아니
좁은 세상에서 종소리 쫓아감이 스스로 가련하다

知向此間棲大隱　　自憐蝸角趁鍾鳴

〈6〉

간간이 촌 마을에 수십 집이 있으니
신선 세계가 홀연히 앞에 있는 듯
…
무릉이 어디 있나 아득히 생각하다
꿈에서 기이한 경치로 들어가 신선을 찾는다

間有村閭數十家　　蓬壺怳然忽在前

…

遙憶武陵何處在　　夢入異境尋神仙

〈7〉

맑은 기운 훨훨 날아 살갗에 닿으니

파란 봉황새를 타고서 은궐(銀闕)을 방문하리

飄飄淸氣襲人肌　　欲控靑鸞訪銀闕

〈5〉는 최항(崔恒)의 5수의 칠언율시 중 제1수의 미련이다. 압운은 청(晴), 명(明), 성(聲), 명(鳴)이다. 내용은 '산시청람'에 대한 감흥이라 할 수 있다. 은자는 이런 곳에 숨어 사는데 그렇지 못한 자신은 달팽이 뿔 같이 작은 세상에서 아웅다웅하며 살고 있음에 대해 자기연민을 읊고 있다.

〈6〉은 안숭선(安崇善) 칠언고시의 3,4구와 19,20구의 내용이다. 소상지역에 있는 마을은 신선세계와 같고 또 늘 무릉도원을 찾았는데 드디어 꿈속에서 신선을 찾으러 기이한 경치 속으로 들어온 듯하다고 하였다.

〈7〉은 진화의 〈동정추월〉 중 미련이다. 은궐(銀闕)은 은같이 하얀 달을 말하는 것이기도 하지만 신선이 사는 공간이기도 하다. 밝은 달빛에서 달의 기운을 쏘이고 있노라니 문득 봉황새를 타고 달나라를 방문하고 싶게 된다는 느낌을 읊었다. 가을달이 세상을 밝게 하는 모습을 보고 그와 같이 밝은 세상은 신선이 사는 세상이며 이를 본 자신 역시 신선 같은 삶을 즐기고 싶다는 바람을 담았다.

이상에서 살펴본 바와 같이 소상지역이 담은 이미지의 하나는 은자가 숨을 수 있는 지역이며, 인적이 닿지 않는 지역으로 탈속한 신선이 사는 선경의 이미지이다.

〈8〉

농어회와 순채국은 가을에 참으로 맛이 있어

짐짓 집으로 가는 흥에 끌리어 강동에 도달한다

玉膾銀蓴秋正美　　故牽歸興到江東

〈9〉

상수(湘水)의 아황(娥皇)이 목욕하고 나오니 달빛이 차고

빛은 은하수와 겨루어 더욱 맑기도 하다

江娥浴出水精寒　　色戰銀河更清絶

〈10〉

밤비는 쓸쓸히 대숲에 내리는데

상수의 영혼과 초객을 끝없이 생각한다

夜雨蕭蕭洒竹林　　湘靈楚客思無窮

　〈8〉은 이인로의 〈원포귀범〉 칠언절구 중 전결구이다. 이는 농어회와 순채국을 잊지 못해 벼슬을 버리고 고향에 돌아간 장한(張翰)의 고사를 읊은 것이다. 그러나 이 고사는 단순히 벼슬을 버릴 정도로 농어회나 순채국이 맛있다거나 장한이 고향 음식맛을 위해 벼슬을 버릴 정도의 미식가라는 점을 드러낸 고사가 아니다. 장한이 관직을 그만둔 이유는 팔왕(八王)의 난으로 위태로운 시대를 피하기 위해 붙인 핑계였을 뿐이다. 그러므로 이 고사는 세속의 명예를 버리고 평화로운 고향에 숨는 은자에 대한 고사라 할 수 있다. 장한은 오군(吳郡) 사람으로 당시 사람들이 강동보병(江東步兵)이라 불렀는데 보병(步兵)은 은자의 대명사인 죽림칠현 완적(阮籍)이 맡았던 직책이다. 즉 장한을 완적과 같은 은자로 일컬은 말이다.

〈9〉는 진화 팔경시 중 〈동정추월〉 칠언율시 중 함련이다. '아황(娥皇)'은 순임금의 비(妃)로 순임금이 순수(巡狩)하다가 창오산에서 죽자 여영(女英)과 함께 상수(湘水)에 빠져 죽었다는 전설이 있는데 이를 언급한 것이다. 강석덕은 〈소상야우〉 기승구에서 "어이하여 황릉사 아래에 배를 대었나 갈대에 비바람 치는 온 강이 가을이네(奈此黃陵祠下泊 蒹葭風雨滿江秋)"라고 아황과 여영을 모신 사당을 노래하여 역시 아황과 여영을 언급하였다.

〈10〉은 윤계동(尹季童)의 칠언고시 중 11,12구이다. 대개 이 소상지역의 대나무는 소상반죽이라고 하여 아황과 여영이 죽을 때 흘린 눈물이 대나무의 반점이 되었다고 하거니와 '상수의 영혼'은 아황과 여영을 말한다. 한편 '초객'은 〈이소(離騷)〉를 짓고 물에 빠져 죽은 굴원(屈原)을 말하는데 이들은 모두 충신과 열녀의 대표적 상징이기도 하다.

이처럼 소상지역은 역사적으로 의미 있는 지역으로 기억되며 이는 고사로 표현되었는데 충신과 열녀의 대명사인 굴원과 순비가 자살한 역사적인 지역이라는 점과 세속을 떠나 고향으로 돌아가는 은자 그것도 고향의 맛을 찾아가는 풍류인으로서 정취가 있는 곳이기도 하다.

2) 도원지역

도원지역 역시 소상지역과 마찬가지로 아름다운 경치, 선경, 그리고 고사가 어우러진 공간이다. 먼저 고사로서는 도연명의 〈도화원기〉를 들 수 있다. 송순은 《도원팔경》 제1수인 칠언율시 〈도천선경(桃川仙境)〉의 미련에서 다음과 같이 노래하였다.

농사와 뽕심기에 진나라 풍속 여전하니
세속 세월 빨리 지남을 누가 믿겠는가

제3장 왕실팔경문학의 공간

農桑尙有秦時俗　　誰信人間歲月忙

이 시의 압운은 장(長), 향(香), 상(霜), 망(忙)이다. 여기서는 무릉의 어부가
도화(桃花)를 따라 올라간 지역에서 진나라 때 세상을 피해온 사람들이 여전
히 당시의 풍속을 지닌 채 살아가고 있었다는 〈도화원기〉의 고사를 차용하
였다. 자주 변하는 시속에서 벗어나 옛날의 순박한 풍속을 유지하고 살아가
는 삶에 대한 그리움이 담겨 있다. 이는 물론 시대가 흘러갈수록 시속이 나
빠진다는 세계관의 반영이기도 하다. 한편 《도원팔경》은 제1수의 제목에
선경이라는 소제목을 달아 이미 이 지역이 신선이 사는 곳임을 천명하였거
니와 또 다음과 같이 선경을 노래하기도 하였다.

무엇하러 다시 속세 찾아 떠나겠나
흰구름, 푸른 학과 더불어 노니는데
何用更尋塵界去　　白雲靑鶴與徘徊

이 시는 제5수 〈심양고사(潯陽古寺)〉의 미련이다. 도원이 산속 깊은 곳이라
구름과 학을 벗해서 산다고 하였는데 이는 바로 신선의 삶과 다름이 없으
며, 신선이 사는 곳이니 선경이라 할 것이다.

해마다 영원히 맑은 두 세계 만드니
구름가로 오랫동안 뭇 신선 내려오게 하네
年年永作雙淸界　　雲際長敎下衆仙

이 시는 제7수 〈완강야월(浣江夜月)〉의 미련이다. 여기서 두 세계는 강과
달의 세계이다. 맑은 강과 밝은 달의 세계에 뭇 신선이 찾아오게 한다고 하

여 이들이 가히 신선이 노닐 만한 선경임을 암시하고 있다.

　동천(洞天) 가득 안개와 놀은 작은 장원 감쌌는데
　등 덩굴에 대는 높고 좁은 길은 길게 났네
　학이 조는 구름 나무 산빛은 조용하고
　봄에 핀 복사꽃에 시냇물도 향기롭다
　一洞煙霞鎖小莊　　亂藤高竹細蹊長
　鶴眠雲樹山光靜　　春傍桃花澗氣香　　　　　　　　_『총간』 26, 191쪽

　이 시는 제1수 〈도천선경〉의 수함련으로 놀과 연기에 둘러싸여 있고 등나무 소나무 울창해서 길이 좁은 깊은 산속의 모습을 형상화하고 있다. 그속에 학과 구름, 고요한 산 그리고 도화향기가 어우러져 있다고 하여 깊은 산속 차분하고 안온한 경치를 그려내고 있다.

　양편 언덕 추위 속 매화는 이미 꽃을 피워
　시내는 맑고 얕아 맑은 모래 비춘다
　산 앞에 가랑비는 부슬부슬 적시고
　바람 사이 성긴 향기는 은은히 더해진다
　兩岸寒梅已着花　　一溪淸淺映明沙
　山前細雨濛濛濕　　風外疏香暗暗加　　　　　　　　_『총간』 26, 191쪽

　이 시는 제4수 〈매계연우(梅溪煙雨)〉의 수함련으로 추위 속에 봄을 알리는 매화, 맑은 물과 모래, 촉촉이 적시는 빗속에서 은은히 풍기는 매화향 등을 묘사하였다.
　이상에서 살핀 바와 같이 송순이 도원팔경에서 노래하고 있는 공간은 봄

의 공간으로 밝은 날이건 비가 오는 날이건 깊은 산속에서 매화와 학을 벗 삼아 신선처럼 살 수 있는 선경이라 할 수 있다. 또한 각박한 세속에서 벗어 난 순박한 옛 풍속이 살아 있는 이상향이기도 하다.

3) 서호지역

서호지역이 있는 절강성 항주시의 경관은 남송 때부터 유행하였으므로 순임금 시대나 진나라 시대를 소재로 하고 있는 앞의 지역에 비해 연원이 일천하다고 할 수 있다. 제1경인 〈소제춘효(蘇堤春曉)〉의 소제는 송나라 시인 소식이 거닐던 곳이라 하니 더욱이 후대라 할 수 있는데 내용에 있어서도 고사나 선경의 이미지보다는 경치 좋은 지역으로서의 면모가 두드러진다.

평평한 호수는 일만 이랑인데
가을빛에 더 넓어 보이고
기러기 마음대로 멀리 날아가게 하니
보일 듯 안 보일 듯한 하늘가까지 가네
平湖一萬頃　　　秋色浸空闊
遙看鴈拖去　　　天際半明滅
　　　　　　　　　　　　　　　　_『총간』167, 401쪽

이 시는 제2수 〈평호추색〉으로 진화의 〈원포귀범〉과 비슷한 면모를 지니 고 있다. 즉 넓은 호수가 맑은 가을 하늘에 더욱 넓게 보이고 가을 하늘도 맑고 파래서 하늘을 나는 기러기가 눈에 보일락말락할 정도까지 볼 수 있음 을 노래하였다. 여기서 기러기가 보일락말락한 것은 뭔가가 가렸다기보다 는 그만큼 멀리 갔음을 뜻하며 여기서 작가가 제시하려는 대상은 기러기가 아니라 그만큼 멀리 볼 수 있는 맑은 하늘이다. 이 시는 맑은 가을 하늘과 그 아래 끝간 데 없는 너른 호수의 아름다움을 노래하고 있다.

우뚝 몇천 길까지 솟은

두 봉우리 운무와 이어져 있네

땅속 깊이 박혀 있지 않다면

어찌 하늘까지 닿을 수 있겠나

壁立幾千仞　　　雙峰雲霧連

不緣深着地　　　何得便擎天　　　　　　_『총간』167, 401쪽

이 시는 제6수 〈양봉삽운〉으로 구름을 내려다볼 정도의 높은 봉우리에
대한 칭송을 담고 있는데 그만큼 험하고 깊은 지역임을 그려낸 셈이다.

이처럼 홍세태가 그린 서호지역은 고사나 선경의 면모보다는 넓고 탁트
인 호수, 높이 솟아 운무에 싸인 산으로 이루어진 시원한 공간의 면모가 강
조되어 있다.

4) 비해당 정원

안평대군의 거처였던 비해당은 인왕산 기슭에 있었다. 『신증동국여지승
람』에는 "한성 북부 효령대군(孝寧大君)의 집 인왕산 기슭, 넓은 골짜기 깊숙
한 곳에 있으니 바로 비해당의 옛 집터이다. 시내가 흐르고 바위가 있는 경
치 좋은 곳이 있어서 여름철에 노닐고 구경할 만하고, 다리가 있는데 기린
교(麒麟橋)라 한다"라고 하였는바 지금의 옥인동인 수성동계곡 입구로 여겨
진다.

이 집터의 주인이었던 효령대군은 태종의 둘째 아들로 본래 경치 좋은 곳
을 즐겼던 인물이기도 하다. 효령대군에게는 이 집 외에 양화도 동쪽에 희

우정이라는 별장도 있었는데 이는 세종이 내려 준 이름이며 후에 성종의 형인 월산대군이 고쳐 짓고 망원정이라 명명하기도 하였다. 효령대군의 거처는 후대 왕족이 모두 선호할 정도로 명당이었던 셈이다.

사십팔영의 끝의 두 경관에 〈인왕모종〉과 〈목멱청운〉이 있는데 인왕산 기슭에 있던 비해당에서는 인왕산에 있는 절의 종소리를 듣고 멀리 남산의 구름을 보았던 셈이다. 그러나 왕실팔경으로서 비해당이 중요한 것은 위치한 장소보다는 비해당에 조성한 정원경관의 모습 때문이다.

비해당 정원의 모습은 48영을 통해 이미 앞에서 언급했거니와 다시 말하면 비해당에는 서재가 있고 서재에는 시렁을 만들어 장미 덩굴을 올렸다. 대나무 길을 내고, 섬돌 머리맡에 꽃밭을 둔다. 꽃밭과 대나무길 사이에 괴석을 두고 섬돌 앞에 흙을 모아 작은 산을 만든다. 장방형 연못을 파고, 연꽃을 심는다. 담장도 있다. 서재 앞에는 매화나무를 심고, 또 배나무도 심었다. 정원에는 소나무를 심어 학을 기르고 또 사슴도 키운다. 작은 시내에는 금계를 키우고, 꽃밭에는 작약·동백·모란 등을 심고 담장 부근에는 살구와 단풍을 심는다. 이처럼 괴석을 두고, 가산을 만들고, 연못을 파고 길을 만들어 산과 바위와 물로 이루어진 자연을 조성하고 그 속에 진귀한 꽃과 나무와 동물들을 기름으로써 도심 속의 자연, 즉 성시산림(城市山林)의 세계를 완성시키고 있다.

2 궁궐 공간

조선의 5개 궁궐 중 팔경의 대상이 된 궁궐은 경복궁, 동궐(창덕궁과 창경궁)과 경희궁 등이다.[4] 경복궁은 조선의 법궁이었지만 임진왜란으로 훼손된 뒤 고종대까지 수리하지 않아서 오랫동안 시문 향유의 대상이 될 수 없었다. 동궐의 창덕궁은 이궁(離宮)이었지만 경복궁의 훼손으로 오랫동안 그 자리를 대신하였으며, 특히 창경궁으로 이어진 넓은 후원은 팔경시의 주요 대상이 되었다. 이처럼 창덕궁과 창경궁은 후원을 함께 사용하였으므로 이 책에서는 동궐이라는 용어로 함께 다루기로 한다. 경희궁은 조선 왕들이 어제를 본격적으로 창작하기 시작한 숙종대부터 이용 빈도가 높아졌으며, 특히 영조 만년의 대표적 처소로 팔경의 대상이 되었다.

1) 경복궁

경복궁에 대한 팔경시로 《궁중팔영》은 《금중팔영》이라고도 하는데 성종의 형인 월산대군과 당숙인 부림군 이식의 작품이 전한다. 모두 성종의 어제시에 대한 갱진시이다. 이 시의 대상을 경복궁으로 보는 이유는 〈궁문주루〉라는 소표제 때문이다. 주루는 성종대 시간을 알려 주는 경물로 보루각에 설치되어 있었으며, 보루각은 경복궁의 대표적 건물인 경회루 남쪽에 있었다.

---

4   5개의 궁궐은 태조 4년(1395)에 지은 경복궁, 태종 5년(1405)에 지은 창덕궁, 성종 15년(1484)에 지은 창경궁, 광해군 14년(1622)에 지은 경희궁(경덕궁), 1897년 고종대에 지은 덕수궁(경운궁) 등이 있다. 그런데 창덕궁과 창경궁은 동궐로 통칭되며 특히 경관의 주요 대상인 후원의 경계가 불분명하므로 본고에서는 이 둘을 동궐로 함께 다루도록 하겠다.

이 시에서는 궁궐의 누각, 전각, 계단, 문, 길, 도랑 등 여러 경물에서 보고 듣는 경물들, 즉 바람, 구름, 물, 달, 꽃, 풀, 종소리 등을 대상으로 하고 있다. 다른 경물은 자연 어디에서나 볼 수 있는 것이지만 종소리와 물시계 소리는 인위적이면서도 모두 시간과 관계된 경물이다. 시간에 짜인 엄격한 궁궐 생활을 유추하게 한다. 이 외의 소표제는 〈금어청운〉, 〈어구유수〉, 〈용루야월〉, 〈봉궐신종〉, 〈금전낙화〉, 〈옥계방초〉, 〈연로춘풍〉 등인데 이 소표제에 제시된 '금어(禁籞), 어구(御溝), 용루(龍樓), 봉궐(鳳闕), 금전(金殿), 옥계(玉階), 궁문(宮門), 연로(輦路)' 등에는 '금(禁), 어(御), 용(龍), 봉(鳳), 금(金), 옥(玉), 궁(宮)' 등 궁궐이나 왕실에 해당하는 용어 또는 존귀함을 뜻하는 어휘를 써서 왕실 공간을 대상으로 하고 있음을 나타내고 있다.

바람 세고 구름 낀 궁궐 누각에
빽빽하고 울창한 가기(佳氣) 감돈다
달그림자 들어와 몰래 전각 엿보고
거울같이 높게 걸려 하늘에서 흘러가네
잔질을 멈추고 잠깐 주렴 걷게 한 뒤
잔치 놀이 마땅히 촛불 켜고 밤새 하리
임금 얼굴 가까이서 밤새도록 뵙는데
누가 말했는가 인간세상 선계에서 멀다고

麗梯雲檻禁中樓　　鬱鬱蔥蔥佳氣浮
輪影暫移窺殿入　　鏡光高掛轉空流
停杯只許鉤簾興　　遊宴唯應秉燭遊
近侍龍顏終夜賞　　誰云人世遠瀛洲[5]

5　〈龍樓夜月〉,《承命恭和御製宮中八詠》,『총간』 16, 530쪽.

이 시는 사우정 이식의 차운시 중에 제3수인 〈용루야월(龍樓夜月)〉이다. 칠언율시이며, 운은 평성 우(尤)이다. 수련의 '삽제운함(颸梯雲檻)'은 계단에 바람이 심하고 난간은 구름에 쌓였다는 내용으로 누각이 매우 높다는 점을 강조하고 있다. 그러면서 주변에 나무들이 빽빽하고 상서로운 기운이 감돈다고 하여 바로 이 누각이 궁궐에 있는 것임을 부각시켰다. 함련에서는 이 누각을 달이 비추는 모습을 읊었는데 높게 솟은 밝은 달이 누각 속도 비추곤 한다고 하였다. 경련에서는 누각에서의 잔치놀이에 밤 깊은 줄 몰랐다가 주렴을 걷어 밖이 어두워진 줄 알았으나 잔치를 파하지 않고 촛불을 밝히고 계속하는 양상을 읊었다. 미련에서는 잔치를 계속하는 이유가 바로 임금이 옆에 있기 때문이며 임금을 모신 이곳이 바로 신선세계이기 때문이라고 하였다.

이 시에서 이식은 누각이 끝없이 높고 하늘의 달이 비추며 임금과 함께 선계에서 노는 것 같다고 하여 이 누각을 통해 궁궐을 웅장하고 신비한 공간으로 묘사하였다. 이 누각의 구체적 명칭은 제시되어 있지 않으나 정황상 경복궁 경회루로 추정된다.

우거지고 울창한 옥섬돌 앞에
비온 뒤 바람 부니 유독 땅이 깨끗해
뜰 가의 안개 낀 숲 응당 맑디맑고
창가에 이슬 맞은 잎은 더욱 곱디곱네
꽃 사이 세세하게 물감보다 푸르고
이끼 밖 곱디고와 푸르고 또 우거져
해 저문데 달이 닿는 데로 걸으니
비단옷 입은 사람 하강한 신선인 듯

萋萋苒苒玉階前　　雨後風前特地鮮

庭際煙叢應淡淡　　窓前露葉更娟娟

花間細細靑於染　　苔外纖纖碧更芊

日暮宮娥隨處踏　　羅衣疑是降來仙[6]

이 시는 월산대군 이정의 차운시 중에 제6수인 〈옥계방초〉이다. 칠언율시로 운자는 '선(先)'이다. 여기서의 옥계 계단은 오르내리는 데 쓰이는 계단이라기보다는 화초를 키우기 위해 조성한 계단식 정원으로 보인다. 수련에서는 비온 뒤 섬돌에 자란 풀잎과 주변이 깨끗함을 노래하였고, 함련에서는 뜰 가의 숲, 창가의 잎들도 맑고 곱다고 하였다. 경련의 '궁아(宮娥)'는 월궁 항아 바로 달이다. 해 저물자 떠올라서 흘러가는 모습을 읊었다. 미련에서는 달빛에 보니 비단옷 입은 사람이 신선이 속세에 내려온 것 같다고 하였는데 '나의(羅衣)'는 가볍고 부드러운 옷으로 지체 높은 사람만 입을 수 있는 옷이다. 이 시가 성종에게 올린 시라 할 때 나의의 주인공은 바로 성종으로 여겨진다. 궁궐을 선계에 비유하고 성종을 신선에 비유한 셈이다.

2) 동궐

가. 치조(治朝)공간

창덕궁은 조선 태종에 의해 1405년에 창건되었으며, 정전(正殿)인 인정전 동쪽에는 경복궁의 경회루와 같은 광연루를 지었고, 후원의 동북쪽 모퉁이에는 해온정을 지어 연회 장소로 활용하였다. 세조는 민가 73가구를 철거하여 후원을 더욱 넓혔다.

6　〈玉階芳草〉,《奉賡御製禁中八詠》,『총간』 속집 1, 333쪽.

창덕궁의 팔경시는 성종대부터 시작된다. 성종의 형임에도 불구하고 왕이 되지 못했던 월산대군은 성종과 막역하게 지냈으며 자주 궁궐에 들러 회포를 달랬는데[7] 창덕궁을 대상으로 한 팔영시를 지었고 이에 대해 성종이 차운하였다. 현재는 월산대군의 작품은 전하지 않으며 성종의 차운시만이 《금중잡영 팔수(禁中雜詠八首)》라는 제목으로 『성종어제』에 전해진다.

월산대군이 읊은 《금중잡영》의 공간은 창덕궁의 치조공간인 인정전 주변과 후원이다. 인정전은 왕이 조하(朝賀)를 받던 정전으로 창덕궁에서 가장 높게 지었으며 태종 18년(1418)에 기존의 건물이 좁다고 다시 지었다고 한다. 실질적인 정무는 편전인 선정전에서 보았으며 이곳에서는 의례를 주로 행하였다. 현재의 인정전 크기는 전면 다섯 칸, 측면 네 칸 등 스무 칸이며 팔작 2층 지붕이다.

동궐도를 보면 인정전 앞에는 넓은 마당인 '조정(朝廷)'이 있으며, 신하들의 품계에 따라 줄을 서는 품계석이 동서로 펼쳐져 있다. 조정의 좌우에는 금군(禁軍)이 일을 맡던 내삼청(內三廳), 악기를 보관한 악기고(樂器庫), 승정원의 다락인 육선루(六仙樓), 국왕의 명령을 전달하던 선전관청(宣傳官廳), 국왕의 문방도구를 관리하는 서방색(書房色) 등의 관청이 있으며, 인정전은 3단 월대 위에 놓여 있는데 1,2단은 계단이 설치될 정도로 높고 3단은 낮아서 계단이 없다. 뒤편에 계단식 정원이 있다.

《금중잡영》은 8수인데 앞의 네 수에서는 인정전 주변의 경물을 읊었다. 정전 뒤에 있는 자미화, 궁궐 도랑에 있는 수양버들, 훼나무, 그리고 비온 뒤의 맑은 경관이 그것이다. 뒤의 네 수에서는 임금이 지은 시 읽기, 임금 글씨

---

7 성종은 예종이 후사가 없고 한명회를 장인으로 둔 까닭에 형인 월산대군을 제치고 왕이 될 수 있었다. 본래 왕이 되었어야 할 월산대군과 그렇지 않은 성종은 서로의 입장이 바뀌었을지도 모른다는 인식에서 서로의 공간에 대한 소감을 피력하였다. 성종은 왕이 된 후에도 월산대군과의 관계를 돈독히 하여 전망이 좋은 한강에 망원정을 마련해 주었으며 이에 대해 시를 남겼는데 자연에서 노니는 형이 부럽다고 하였다.

보기, 매미소리 듣기 그리고 저녁 늦게 궁에서 퇴궐하는 일 등을 들었다. 이를 통해 월산대군이 궁궐에서 한 일을 알 수 있다.

제1수에서 읊은 자미화는 백일홍으로 강희안의 『양화소록』에는 4,5월에 꽃이 펴서 6,7월까지 이르르며, 이 나무를 심는 것은 꽃이 오래도록 찬란히 빛나기 때문이라 하였다. 월산대군은 자미화가 인정전 뒤에 있다고 하였는데 〈인정전 계단의 자미화(仁政殿階紫薇)〉라는 성현의 시를 볼 때 인정전 뒤의 정원식 계단에 있었던 것으로 여겨진다. 수련에서 성현은 "옛날에는 사륜각 아래에서 피었더니/지금은 저쪽 계단에서 번성하고 있구나(絲綸閣下昔敷英 今托搖階自在榮)"[8]라고 노래했는데 사륜각은 백거이의 "사륜각 아래서 고요히 문서를 닦고 있는데 종고루 안에 각루소리 길게 들린다(絲綸閣下文書靜 鐘鼓樓中刻漏長)"[9]는 말에서 가져온 말이다. 성종도 미련에서 "상자에 사륜각 구절 있으니 시인들의 완상이 많으리라(篋有絲綸句 詞人玩必多)"라고 하여 백거이 이래 많은 시인들이 이를 읊었음을 언급하였다.

강희안은 자미화에 대해 "이 꽃을 중국에서는 궁궐 안에 많이 심었으므로 옛날 문사들은 대부분 이 꽃에 관한 글을 짓고 시를 읊었다. 우리나라의 궁궐 안에서는 이 꽃을 본 적이 없고 몇 종류의 작약만을 보았을 뿐이다"(강희안, 『양화소록』, 91쪽)라고 하여 중국 궁궐에서 키우는 대표적인 꽃으로 꼽고 있다.

제2수의 어구는 인정전으로 들어가는 입구, 즉 금천교 아래를 흐르는 도랑물로 〈동궐도〉를 보면 물가에 수양버들이 노란색으로 그려져 있다.

궁궐에 있는 도랑에 대해 신라 후기의 시인 최광유(崔匡裕)는 다음과 같이 읊었다.

흰 비단을 깔아놓은 듯 바람 없이 잔잔한데

---

8 〈仁政殿階紫薇〉, 『총간』 14, 377쪽.
9 〈紫薇花〉, 白居易, 『全唐詩』 권442-19.

맑은 물에 해 비치니 희디흰 거울인 듯

비 개자 언덕의 버들은 파랗게 비치고

봄이 한창이라 담에 핀 꽃은 붉은 빛 머금었네

새벽엔 남은 달과 함께 성 밖으로 흘러가고

밤중엔 종소리 여운 따라 궁궐에서 나오네

누가 만일 저 하늘 은하수에 오를 생각 있으면

뗏목 타고 이리 통하면 되지나 않을까

長鋪白練靜無風　　澄景涵暉皎鏡同

堤柳雨餘光映綠　　墻花春半影含紅

曉和殘月流城外　　夜帶殘鐘出禁中

人若有心上星漢　　乘査未必此難通[10]

제1,2구에서는 도랑물을 '흰 비단', '밝은 거울'에 비유하였고, 제3,4구에서는 버들가지와 붉은 꽃이 비추는 깨끗한 모습을 읊었으며, 제5,6구에서는 달을 비추고 종소리까지 옮겨 궁궐의 아름다움을 궁 밖으로 전달하는 존재로 칭송하였다. 제7,8구에서는 어구를 하늘의 은하수와 연결된 통로에 비유하여 천상적인 존재로 읊었다. 금천을 하늘로 통하는 길에 비유하여 이런 도랑이 있는 그 궁궐에 사는 자부심을 읊은 시이다.

제3수 '궁괴(宮槐)'에 대한 『한어대사전』의 풀이를 보면 『주례(周禮)』에 주나라 때 궁정에 세 그루 홰나무를 심었는데 삼공(三公)의 자리였다. 그러므로 후세에 궁궐에 많이 심었으므로 궁자(宮字)를 붙여 일컫게 되었다고 하였다.[11]

제4수 '우청'은 비가 갠 것을 말하는데 대개 비가 오면 경물을 씻어 내어

10　〈어구〉, 『동문선』 2, 25쪽.
11　"周代宮廷植三槐, 三公位焉, 故後世皇宮中多栽植, 因稱," 《周禮》, 『중국기본고적고』.

24도 『동궐도』의 창덕궁 금천교. 고려대 박물관 소장

보다 산뜻한 경관을 만들기 마련이다. 성종은 그 경관에 대해 수련에서 "비 온 뒤 하늘빛 맑더니/훈풍으로 경물마다 제 모습일세(雨後天光淨 風薰物物宜)" 라고 노래하였다. 중국 순임금이 오현금을 만들어 읊었다는 〈남풍(南風)〉시를 보면 "남풍의 훈훈함이여 우리 백성들의 분노를 풀어 주며, 남풍이 때맞게 불어 줌이여 우리 백성들의 재물을 풍성하게 해 준다(南風之薰兮 可以解吾民之慍兮 南風之時兮 可以阜吾民之財兮)" 하였듯이 '훈풍'은 임금의 혜택을 말하며 이로 인해 모든 경물이 제모습을 이룬다는 뜻을 담고 있다.

이 외에 송나라 범중엄(范仲淹)과 왕안석(王安石)에 견주는 어제시, 진나라 서첩과 원나라 글씨에 견주는 어필, 가을을 알리는 매미 소리를 읊은 뒤 저녁이 되어 이런 멋진 경관을 떠나야 하는 월산대군의 아쉬운 마음 또한 팔경의 대상으로 읊었다. 바로 〈대궐에서 저녁에 나서기(禁中晩出)〉이다.

동산의 경치가 좋은데
해 지니 귀가해야 하네

새는 뜰 나무로 잠자러 가고

구름은 저문 봉우리 찾아 흩어지네

어두움이 옷가로 내려오고

기쁜 정은 길 위에 아득하네

말에서 내려 한가롭게 고개 돌리니

동쪽 봉우리에 달이 환하네

園裏風光好	斜陽欲返家
鳥歸庭樹宿	雲散暮峰過
暝色衣邊繞	歡情路上賖
下鞍閑顧首	東嶺月華華

　수련을 보면 월산대군이 해질 때까지 궁궐에서 보냈음을 알 수 있다. 미련에서는 어두움으로 옷을 구분할 정도일 때까지 즐겁게 놀았음을 읊었고 미련에서는 궁궐 밖에 나와서도 궁궐에서의 즐거움을 잊지 못하는 양상을 읊었다.

　이처럼《금중잡영》에서 읊은 궁궐의 치조공간은 정전인 인정전이 있고, 궁궐을 대표하는 식물들이 심어져 있으며, 임금의 글과 글씨를 볼 수 있는 공간이며 온종일 지내도 그 즐거움이 다하지 않는 장소로 묘사되어 있다. 이처럼 하루 종일을 궁궐에서 보내야 하는 월산대군의 마음이 즐겁지만은 않았을 것으로 여겨지지만 동궐의 경물을 아무리 봐도 질리지 않을 정도로 당대 최고의 가치를 지닌 경물로 읊었던 셈이다.

　나. 후원

　임진왜란으로 경복궁과 창덕궁이 훼손되어 법궁인 경복궁을 수리하려 했으나 이국필이 경복궁은 불길하므로 창덕궁을 수리해야 한다고 하여 그 의견을 따랐다. 1611년(광해군 3년)에 창덕궁이 중수되었다. 인조반정 때 창덕궁 돈화문으로 반정군을 들이면서 불을 질러 궁궐도 불에 타게 되었으며, 이때 대내는 수정당만 남기고 모두 불에 탔다(서울학연구소, 1994, 80쪽). 한편 1624년(인조 2년) 이괄의 난 때 창경궁의 통명전, 양화당, 환경전도 타 버렸다(2007, 50쪽).

인조는 먼저 광해군이 세웠던 인경궁을 헐어 창경궁 복원에 재활용하였다. 1633년(인조 11년)에 함인정과 환경전을, 1647년(인조 25년)에 저승전과 관풍각을 영건하였다. 이어 창경궁에 머물면서 창덕궁 정비에 착수했는데 동궐의 정치·생활공간인 대조전, 선정전, 희정당, 정묵당, 집상당, 보경당, 옥화당, 태화당, 연화당, 징광루 등을 중건하여 같은 해 6월에 완성하였으며, 후원에 대해서도 1636년(인조 14년)에 후원에서 가장 아름다운 지역인 옥류천 지역에 소요정, 청의정, 태극정을 건설하고 폭포를 만들었다. 이해 병자호란 등의 사건으로 어수선해지기는 했으나 1640년(인조 18년)에는 취규정, 1642년에는 관덕정, 이듬해에는 심추정, 1644년에는 존덕정, 1645년에는 취향정, 1646년에 청연각, 1647년에 취승정과 관풍각을 짓되 관풍각 지역에는 논과 연못을 조성하였다.

이러한 후원 조성은 효종대에도 이어졌다. 효종은 수정당을 개건하고 1655년(효종 6년) 만수전을 세웠으며, 이듬해 창경궁 북쪽에 요화당, 난향각, 취요헌, 계월합 등을 지었다. 또한 어수당도 지었다. 현종에 이어 등극한 숙종은 특히 창덕궁 후원 영건에 공을 들였다. 1687년(숙종 13년)에는 제정각을 건설하여 선기와 옥형 등 천문기기를 설치하고, 이듬해에는 청심정, 1689년(숙종 15년)에는 영타정, 1690년(숙종 16년)에는 사정기비각, 1691년(숙종 17년)에는 능허정 등을 지었으며, 다음 해에는 영화당, 애련지, 애련정 등을 개건하였으며, 심추정도 개수하였다. 그리고 나서 《상림십경》을 지었

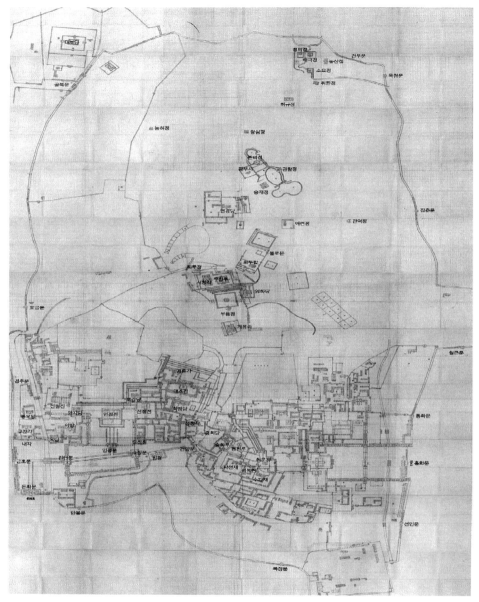

25도 『동궐도형』. 한국학중앙연구원 장서각 소장

제3장 왕실팔경문학의 공간

다.《상림십경》의 대상은 천향각, 어수당, 심추정, 소요정, 희우정, 청심정, 관덕정, 관풍각, 영화당, 능허정이다.

제1경의 천향각(天香閣)은 효종 때인 1653년에 지어졌다. 망춘정 동쪽이었다. 망춘정은 존덕정 북쪽에 있었으니 존덕정 동북쪽에 있었던 셈이다. 〈동궐도〉에 보면 존덕정 동북쪽으로 세 칸짜리 건물이 하나 있는데 그 자리가 아닌가 한다. '천향'에 대한 풀이를 보면 '아름다운 향기'의 멋진 표현, 계화·매화·모란 등 꽃의 향기, 궁중에서 쓰는 훈향으로 어향(御香), 제사 드리거나 예불할 때 쓰는 향, 미인 등이 있다. 숙종이 여기서 '꽃을 본다(看花)'라고 하였으므로 특히 풍요를 상징하는 모란꽃을 보았을 것으로 여겨지며 이로 볼 때 이 지역에 모란꽃이 많이 피어 있었을 것으로 추정된다.

효종대 관련 글이 없으므로 후대 왕들의 차운시에서 관련 공간의 특징을 살펴보면 먼저 천향각에 대해 숙종은 '분장(粉牆), 주함(朱檻), 봉미(鳳尾), 화각(畫閣)'을 들었고, 이에 차운한 순조는 '화각(畫閣)'을, 익종은 '봉미(鳳尾), 채정(彩亭), 옥각(玉閣)' 등으로 표기하여 천향각이 아름답게 색칠한 누각으로 분칠한 벽, 붉은 난간, 봉황 같은 치미등으로 이루어졌으며, 그 주변에는 찬란한 꽃, 꾀꼬리 소리, 고운 새소리, 솔 그늘, 뜰 풀, 대숲, 버드나무, 온갖 새, 붉은 꽃, 푸른 잎 등 봄의 경치가 펼쳐진 곳으로 묘사하였다. 정조는 그중에서도 늦은 봄이 아름답다고 하여 소표제의 '간화(看花)'를 '춘만(春晚)'으로 바꾸었다.

제2경 어수당(魚水堂)의 '어수(魚水)'는 부부관계와 군신관계를 말하는데 여기서는 군신관계로 『삼국연의』에서 유비가 제갈량과의 만남에 대해 '수어지교(水魚之交:고기가 물을 만난 것과 같다는 말)'에서 유래한다. 영화당 북쪽에 있는데 동쪽과 서쪽으로 못이 있고 영소문(靈沼門)이 있다. 언제 지어졌는지는 모르나 일찍이 효종은 이 당의 원앙에 대해 다음과 같은 시를 읊었다.

가지런한 채색 깃털은 수놓은 무늬보다 훌륭하고

곧은 마음 있어 다른 새들과 무리 짓지 않네

못의 얼음 처음 녹아 봄물결 고요한데

바로 그때 쌍쌍이 물결무늬 희롱하네

彩羽纔齊勝繡文   貞心羞與鳥同群

池水初解春波靜   正是雙雙戲水紋   _ 孝宗, 〈魚水堂鴛鴦〉, 『궁궐지』 1, 134쪽

이 시는 봄에 어수당 옆 못가에 노니는 원앙을 보는 흥취를 읊고 있는데 여기서의 물과 고기는 군신관계보다는 부부관계를 염두에 두고 지은 것으로 추정된다. 어수당을 〈동궐도〉에서 보면 주합루 후방에 2단의 장대석 기단 위에 남향으로 세워져 있으며 정면 4칸, 측면 3칸에 주변은 툇마루가 있다. 툇마루 끝에는 난간이 드리워져 호화로워 보인다(백지성, 1994, 17쪽). 당의 모습에 대해서는 '화당(華堂)', '옥당(玉堂)' 등으로 표현하였다. 팔경의 대상이 된 관등의 화려함도 볼 만했지만 특히 소나무, 잣나무의 녹음과 애련지의 연꽃, 그리고 온갖 꽃의 향기가 장관이었던 것으로 보인다.

화당은 좌우로 연못을 끼고 있는데

늙은 잣나무, 서린 소나무가 화려한 지붕 같구나

華堂左右挾池塘   老栢盤松似蓋帳   _ 숙종, 『열성어제』 2, 233쪽

아리따운 연꽃 일천 잎새 연못에 가득하니

어수당 앞에 푸르고 화려한 지붕 펼쳐졌네

嘉蓮千葉滿雲塘   魚水堂前翠蓋張   _ 순조, 『열성어제』 11, 64쪽

온갖 꽃 다양한 향기 옥당에 어리는데

마침 사월을 맞아 녹음이 깊구나

萬藥千香映玉堂　　時逢四月綠陰張
_ 익종, 『익종문집』 1, 11쪽

위 시들은 《상림십경》의 제2수인 〈어수관등〉 제1,2구로 각각 숙종, 순조, 익종의 작품이다. 숙종은 좌우에 연못이 펼쳐져 있고 또 주위에 심어진 잣나무와 소나무가 오래되어 그 나뭇잎이 지붕모양으로 펼쳐진 모습을 장관이라고 하였고 이를 차운한 순조는 애련지에 가득한 연꽃의 잎이 푸르고 커서 지붕을 덮은 듯한 모습이 멋지다고 하였다. 그리고 익종은 온갖 꽃의 다양한 향기가 어수당을 둘러싸고 있는 모습에서 녹음 짙은 계절로 넘어가는 모습이 볼 만하다고 읊었다.

어수당은 자체만으로도 화려하고 크게 지은 누정이지만 아름다운 꽃, 울창한 나무 그리고 연못에 가득한 연꽃 등에 둘러싸여 있기에 더욱 멋진 경관이 될 수 있었다. 정조는 특히 이런 경관 속에서 애련지에 배를 띄우고 중국의 미불(米芾)처럼 그림을 잔뜩 싣고서 여유롭게 그림보고 또 경치를 보면서 노닐고 싶다고 하여 소표제인 '관등(觀燈)'을 '범주(泛舟)'로 바꾸었다.

제3경의 심추정(深秋亭)은 명칭으로 보면 가을을 감상하는 정자로 보인다. 이 정자는 애련정 북쪽에 있다고 하고 존덕정은 심추정 서북쪽에 있다고 하므로 〈동궐도〉에서 보면 존덕정과 애련정 사이 오른쪽 경사면 위에 있는 정면 3칸 측면 1칸짜리 건물의 자리에 있었던 것으로 추정되나 심추정의 오른쪽에 못이 세 개나 있다는 것을 보면 경사면 아래에 있었던 것으로도 여겨진다.

본래 인조가 1643년(인조 21년)에 죽정으로 지은 것을 1692년(숙종 18년)에 개수하였는데 숙종이 읊은 시를 보면 크게 개수하지는 않은 듯하다.

남쪽 대나무 쪼개서 기와에 갈음하니

26도 〈무신친정계첩〉: 1728년(영조 4) 어수당에서 관원들의 인사를 평가하는 모습.
국립중앙박물관 소장

기상이 맑고 그윽하여 단청집보다 낫구나

무엇보다 사계절 경치가 두루 좋아

한번 올라가 굽어보면 온갖 시름 잊는다네

刳來南竹代陶瓦　　氣像淸幽勝畫廈

最是四時俱賞宜　　一登俯瞰百憂寫　　　　　　　　_『궁궐지』 1, 138쪽

이 시는 칠언절구로 운자는 '마(馬)'이다. 본래 대나무로 지붕삼은 정자였
는데 개수 후에도 여전히 대나무 지붕을 하고 있었고 숙종은 그것이 기와보
다 좋다고 평가하고 있다. 전결구에서는 정자에 오르는 목적은 사계절의 경
치를 보려는 것이며, 또 시름을 잊기 위해서라고 하였다.

왕으로서 온갖 정사를 주관해야 하는 입장에서 쌓이는 피로와 근심을 잊
게 하는 공간이 필요한데 심추정이 그런 공간이라고 하였다. 정자의 면모에

제3장　왕실팔경문학의 공간

대해서는 대나무 지붕, 물가 정자(水亭), 화함(畵檻) 등으로 일컬어졌으며, 세 개의 못에 있는 연꽃이 감상의 대상이 되었다.

늦게야 부드러운 서풍 불어서
연꽃 향기 은근히 전하게 했네
晚來陣陣西風起 　 一任荷花暗送香 _ 숙종, 『궁궐지』1, 138쪽

여가 틈타 오르니 가을빛 좋을시고
일천 송이 옥부용이 맑은 향기 보내오네
暇日登臨秋色好 　 芙蓉千朵送淸香 _ 순조, 『궁궐지』1, 139쪽

정자 위에 기댄 사양(斜陽) 경치를 허락한 듯
만 송이 부용에서 만 곡의 향기나네
斜倚亭上景如許 　 萬朵芙蓉萬斛香 _ 익종, 『익종문집』1, 11쪽

위 시들은《상림십경》의 제3수인〈심추상련〉제3,4구로 각각 숙종, 순조, 익종의 작품이다. 심추정 옆 세 개의 못에 연꽃이 피어 있는 양상을 읊고 있다. 숙종은 저녁에 정자에 올라 맡는 연꽃의 은근한 향을 읊었다. 대개 '암향부동(暗香浮動)'은 매화향을 일컫는데 여기서는 연꽃향도 그렇게 은근히 풍긴다고 하였다. 저녁 어스름에 정자에 올라 보니 어디선가 연꽃향이 풍겼다는 것이다. 그런데 순조는 가을빛이 한창인 낮에 정자에 올라 일천 송이 연꽃을 보면서 연꽃이 보내는 향기를 후각은 물론 시각으로도 느낀다고 하였다. 맑은 연꽃향이 정자를 비롯한 지역 전체를 감싸고 있음을 노래한 셈이다. 익종이 정자에 오른 시기는 달이 높이 뜬 밤이다. 달빛에 연꽃과 정자 모두 밝게 보이지만 시간 자체가 늦기 때문에 낮의 열기와 소음은 모두 사라

진 고요한 때다 그러기에 하얀 달빛에 비친 만 송이 연꽃에서 만곡(萬斛; 여기서 곡은 열 말을 말하므로 만곡은 10만 말을 뜻한다)의 향기가 난다. 즉 엄청난 양의 향기로 표현하였다.

제4경의 소요정(逍遙亭)은 옥류천 지역에 있는 정자로 후원의 가장 북쪽에 있다. 옥류천은 북악산 동쪽 줄기에서 흐르는 물과 인조가 만든 어정에서 흐르는 물을 소요암이라는 널찍한 바위에 유자(U)형 홈을 파고 흐르게 한 뒤 떨어지게 하였다. 즉 유상곡수와 폭포를 조성하여 관상하고자 한 것이다. 인조는 소요암에 '옥류천'이라는 글을 새기기도 하였다. 이와 같은 경관을 조성하고 이를 관상할 수 있는 정자를 세 채나 건립하였는데 그중에 하나가 소요정이다. 인조가 1636년에 조성할 당시 이 정자의 이름은 탄서정이었다. '탄서'는 공자가 『논어』, 「자한편」에서 강물이 흐르는 것을 가리키며 "가는 것이 이와 같은지라 밤낮으로 그치지 않는다(逝者如斯夫 不舍晝夜)"라며 탄식한 데서 온 말이다. 끊임없이 흐르는 세월을 허송해서는 안 된다는 뜻이 담겨 있다. 강물이 한번 흘러가면 다시 돌아오지 않는 것을 안타까워한다는 뜻인 셈이다. 이 외에 태극정과 청의정이 있었다.

숙종은 〈상림삼정기(上林三亭記)〉에서 이곳의 경관을 다음과 같이 묘사하였다.

지난날 우리 성조(聖祖, 인조: 필자 주)께서 산수를 사랑하여 상림(上林)의 맑고 그윽한 곳에 땅의 편의로움을 보아 세 정자를 지었는바 뒤로는 숭산(崇山, 북악: 필자 주)을 등지고 앞으로는 옥류천에 면하였는데 태극정, 청의정, 소요정이 바로 그것이다. 또 정자의 곁에는 못을 파서 물을 대고 돌을 뚫어 샘물을 끌어들였는데 규모는 그리 크지도 사치스럽지도 않았으나 경개는 십분 깨끗하고 고왔으니 이는 사실 세 정자의 큰 경관이라 하겠다. 그러나 마침 계속된 비가 개이고 따뜻한 바람이 불어오면 폭포는 나는 듯이 흐르고

<u>27도</u> 『동궐도』의 옥류천 일대. 고려대 박물관 소장

골짜기에서 우레소리 들리는데 비록 옛날의 여산과 난정이라 하더라도 어찌 이보다 나을 수 있으랴?[12]

세 정자의 이름에서 '태극'은 천지의 원리를 그리고 '청의'는 맑은 물결을 뜻한다. 각각 이치와 현상을 표현하고 있다. 이치와 현상을 모두 존중했던 인조의 뜻이 반영된 것이 아닌가 한다. '소요'에 대해 정조는 사람의 마음과 땅이 서로 맞아 땅도 승경이고 세속에서 벗어나려는 상념이 있어야 소요할 수 있다고 하였다.[13] 세월을 허송해서는 안 된다는 강박관념에서 벗어난 자유로움이 느껴진다.

---

12 昔我聖祖 雅愛山水 於上林淸流之所 相地之便 建構三亭 後背崇山 前臨玉流 太極 淸漪 逍遙 是已 又於亭之傍 鑿池灌水 鑿石引流而 制度旣不侈大 氣像十分瀟灑 是固三亭之大觀也 若夫積雨初收 薰風自南 瀑布飛流 洞裏成雷 縱古廬山蘭亭 寧優於斯耶?, 숙종, 『궁궐지』1, 157쪽.

13 "亭以逍遙名 心與地相會也 心無物者 能逍遙於物 然不得其地則 雖欲逍遙亦不可得也," 정조, 〈逍遙亭記〉, 『궁궐지』1, 153쪽.

나무 푸른 높은 정자에서 날은 정히 긴데

한가히 깊은 골짜기 옥빛 시내 흐름을 지켜본다

樹綠高亭日正悠　　閒看洞壑玉泉流 　　　　　_ 숙종, 『궁궐지』 1, 152쪽

옥을 씻은 듯한 맑은 물 굽이굽이 흐르는데

난간에 가까운 산 빛 새로운 서늘함을 안았구나

漱玉淸流曲曲長　　近欄山色納新凉 　　　　　_ 정조, 『궁궐지』 1, 152쪽

녹음방초에 해는 길고 긴데

옥을 뿜고 쏟아지는 샘물은 아홉 구비로 흐른다

綠陰芳艸日悠悠　　噴玉飛泉九曲流 　　　　　_ 순조, 『궁궐지』 1, 153쪽

　　첫째 시는 숙종의 〈소요관천〉 기승구이다. 소요정에서 옥류천을 지켜보
는 모습을 읊었다. 둘째 시는 정조의 〈소요정유상(逍遙亭流觴)〉 기승구이다.
역시 옥류천의 모습을 그렸는데 맑은 물이 굽이굽이 흐른다고 하여 유상곡
수하는 모습을 그렸다. 셋째 시는 순조의 〈소요관천〉 기승구이다. 물이 아홉
구비로 흐른다고 하여 구비진 양상을 특히 강조하였다.

　　또한 정조는 〈소요정기(逍遙亭記)〉에서 기이한 봉우리와 골, 층층의 바위,
그윽한 골짜기 등이 사계절과 아침 저녁으로 사람으로 하여금 세속에서 벗
어나게 한다 하고 그 중앙에 소요정이 있다고 하여 소요정에서 보는 주변
경관 역시 아름다움을 강조하였다.[14]

　　숙종, 정조, 순조가 소요정에서 바라보며 한결같이 노래한 옥류동에서의
경관은 옥빛 맑은 물과 이 물이 굽이굽이 흐르는 유상곡수의 운치이다.

14　"雖欲逍遙亦不可得也. 亭中于苑 一苑之勝咸華於亭 奇峯異岫 層巖幽壑 朝暮四時 各呈其景 令人有瀟灑出
　　塵之想."

제5경의 희우정은 서향각 북쪽에 있는 정자이다. 언덕을 등지고 시내에 임하여 경치가 맑고 그윽하였다고 한다.[15] 1645년(인조 23)에 초당(草堂)으로 지었으며 이름을 취향정(醉香亭)이라고 하였다. '취향'은 향기에 취한다는 뜻인데 이에 대한 예로는 이승소가 친구의 거처에 대해 지은 시에서 "붓을 들어 때때로 짧은 글을 쓰고 꽃을 보며 날마다 막걸리 향기에 취한다"[16]라고 한 것을 볼 때 꽃과 술의 향기에 취한다는 뜻을 지니고 있음을 알 수 있으며 유흥의 공간으로 조성되었음을 추정할 수 있다.

1690년(숙종 16) 숙종은 기우제를 올리자 비가 내린 것을 기념하여 '비가 내림을 기뻐한다'는 뜻으로 희우정(喜雨亭)이라 개명하고 지붕도 기와로 고쳤다.

태액의 용주는 잠잠한 물결 위에 떴는데

낭랑한 목소리로 채련가 부르네

太液龍舟駕息波　　琅然淸唱採蓮歌　　　　　　　_ 숙종, 『궁궐지』 1, 114쪽

날 따뜻하고 바람 고요하여 물결은 저절로 이는데

용주 두둥실 띄우고 난가를 듣노라

日暖風和也自波　　龍舟泛汎聽鸞歌　　　　　　　_ 순조, 『궁궐지』 1, 114쪽

앞 시는 숙종의 〈희우범주〉이다. 태액은 부용지를 일컫던 이름이며 '용주(龍舟)'는 왕의 배로 부용지에 띄웠던 배를 뜻한다. 그러므로 이는 부용지에서의 뱃놀이와 연꽃 등을 노래한 것이라 할 수 있다. 뒷 시는 이에 대한 순조의 차운시인데 역시 배를 띄우고 노니는 내용이다. 희우정은 이런 뱃놀이

15　숙종, 〈희우정명병서〉, 『궁궐지』 1, 153쪽.
16　"把筆時時書短句 看花日日醉香醪," 李承召, 〈洪同知友菊齋〉, 《三灘先生集》 卷之九, 『총간』 11, 462쪽.

와 연꽃을 구경하는 공간이라 할 수 있다.

제6경의 청심정은 본래 천수정(淺愁亭)이 있던 곳이다. 폄우사 북쪽 태청문 남쪽에 있다고 한다. 〈동궐도〉에는 존덕정과 태청문 북쪽에 청심정이 그려져 있다. '천수'는 근심을 줄인다는 뜻이므로 근심을 잊게 하는 경관을 지닌 공간으로 일컬어졌다고 할 수 있다. '청심'은 마음을 맑게 한다는 뜻으로 천수에 비해 적극적인 의미를 지니고 있다.

청심정은 1688년(숙종 14)에 숙종이 푸른 기와 붉은 난간으로 지은 1칸짜리 정자이다. 이 정자의 남쪽 뜰에는 못을 파서 동쪽에는 협곡수 위에 홍예교(虹霓橋), 즉 무지개 다리를 놓았다고 한다. 그리고 이 경관에 대해 숙종은 다음과 같은 기문을 남겼다.

거듭된 멧부리와 봉우리가 사방에 옹위하고 있고 푸른 소나무와 잣나무가 에워싸고 앞으로는 연못이 있고 뒤로는 옥류천이 둥겼는데 무지개 다리는 아득히 구름을 핍박하고 상서로운 기운은 왕성하게 창공에 서렸다. 만일 봄의 화창함에 날이 밝고 봄바람이 불어 백악에 안개 걷히고 남산에 아지랑이 개이면 하늘 밖 솟은 산들은 바라보기에 푸른 눈썹 같고 비 온 뒤 푸른 풀은 비단잔디와 같다. 아리따운 꽃은 봉오리를 터뜨려 바람이 은근한 향기 보내고 가느다란 버들가지 휘늘어져 꾀꼬리는 좋은 목청 자랑한다. 물새는 위 아래로 날고 물고기는 떴다 잠겼다 하며 학 울고 사슴 울어 그 경치 천만가지이다. 이는 실로 청심정의 대관이라 하겠다.[17]

이 글은 봄에 청심정에서의 운치를 그리고 있는데 정자가 북악산과 남산

---

17 "重岡疊巘 左拱右抱 碧瓦朱欄 耀日眩目 蒼松簇簇而環擁 翠栢森森而參差 前臨碧荷 後背玉流 虹橋標緲而逼雲 瑞氣蔥蘢而蟠空 若夫春和日朗 惠風浩蕩 白岳霧捲 終南嵐晴 天外嶠岣 望如靑黛 雨餘綠草 視若錦茵 嬌花吐蕚而風送暗香 細柳嚲垂而鶯囀好音 渚禽翔翔 銀鱗浮沒 鶴唳鹿呦 千萬其狀 此實淸心亭之大觀也," 肅宗, 〈淸心精記〉, 『궁궐지』 1, 146-147쪽.

　　　　　　　　　　　　　　　　제3장　왕실팔경문학의 공간

속에 자리 잡고 있으며, 뒤에는 옥류천 앞에는 연못이 있고 옆에는 협곡수가 흐르고 주위에 버드나무와 꽃이 피고, 또 꾀꼬리·물새·학·사슴 등이 움직이는 모습이 활기차서 자연 속에 있는 느낌을 갖게 하는 것이 청심정의 경관임을 보여 준다. 숙종은 〈사시제영(四時題詠)〉을 지어 봄에는 나비와 꾀꼬리 소리를 즐기고, 여름에는 더위를 피하며, 가을에는 단풍 숲은 산책하고, 겨울에는 눈 덮인 소나무를 감상한다고 하였는데[18] 또한 이곳에서 밤에 달을 보는 운치가 대단하다고 하여 숙종은 가을에 청심정에서 달을 감상하는 일을 십경의 하나로 꼽았으며, 정조, 순조 등도 이에 동조하여 차운시를 남겼다.

제7경의 관덕정은 영화당 동쪽에 있다고 하였는데 〈동궐도형〉에 따르면 애련정과 집춘문 사이에 보인다. 인조가 1642년(인조 20)에 세웠으며, 처음 이름은 취미정(翠微亭)이었다고 한다. 현종이 1664년(현종 5)에 개수하고 관덕정이라 고쳤다(『궁궐지』 1, 139쪽). 장원봉의 북쪽이며, 남쪽에는 잠단(蠶壇)이 있었다고 한다.[19]

관덕정은 활 쏘는 정자라기보다는 활쏘는 것을 보는 정자로 활을 쏘는 사대보다는 과녁에 가까운 위치에 있다. 즉, 춘당대 서쪽 영화당 지역에서 활을 쏘면 관덕정 있는 지역의 과녁판에 화살이 꽂히게 된다.

하늘 높고 서리 내리는 늦가을 되니
단풍 숲이 수놓은 비단이 쌓인 보이네

天高霜落暮秋來　　入眼楓林錦繡堆　　　　　　　　_『궁궐지』 1, 139쪽

18　"肅廟御製 四時題詠詩曰, 山中春滿百花開 蝶舞鶯歌任去來 過客光陰若大夢 如何對此不含杯. 登臨高閣納陰涼 風撼荷花送暗香 喜雨知時驗大熟 民安物阜祝陶唐. 三秋佳氣入園中 滿岸楓林也自紅 一望山河幽興遠 微吟緩步意無窮. 六稜亂落玉嶙峋 琪樹瑤花忽似春 若聞前亭奇絶事 蒼松變作白龍鱗."『궁궐지』 1, 145-146쪽.

19　『궁궐지』 1을 보면 1472년(성종 3)에 채상단의 옛터에 잠단을 지었으며, 공혜왕후가 이곳에서 잠례를 행했다는 기록이 있다.

화살 과녁이 우는 것은 화살은 중심을 맞혀서고
구름과 놀이 가린 것은 선계 숲을 두른 거네

畵鵠鳴時箭中心　　雲霞步障擁仙林　　　　　　　_『궁궐지』1, 139쪽

바람은 연꽃 향을 보내고 나비는 춤추며 오는데
아침 노을 붉은 잎새 비단 숲을 이루었네

風送荷香蝶弄來　　朝霞紅葉繡成堆　　　　　　　_『궁궐지』1, 140쪽

　첫째 시는 숙종의 〈관덕풍림〉 기승구로 가을 단풍 숲이 울긋불긋하고 울창한 장관을 읊었다. 춘당대 단풍 숲 옆에 정자를 단풍정이라고 할 정도로 단풍나무를 많이 심었는데 여기서는 그 단풍 숲의 아름다움을 읊은 셈이다. 둘째 시는 정조의 〈관덕풍림〉 기승구로 기구에서는 관덕정 앞에 과녁이 있으며, 승구에서는 관덕정 주변에 화살을 막기 위한 보장이 둘러쳐져 있음을 보여 주고 있다. 그러면서 보장에 둘러싸인 관덕정 주변이 선림이라 하여 선계와 같은 경치를 지녔음을 읊었다. 셋째 시는 순조의 〈관덕풍림〉 기승구로 아침 노을에 비친 단풍잎이 비단처럼 아름다운 숲을 이룬 곳에서 나비와 연꽃이 노닌다고 하여 봄에도 역시 아름다운 경관임을 표현하였다.[20]
　제8경 관풍각의 '관풍'은 '풍작을 본다'는 뜻으로 풍년을 기원하는 뜻을 지니고 있다. 숙종의 『궁궐지』에 의하면 후원의 여러 못 물이 이 아래로 흘렀다 하며, 북쪽에는 논이 있고 앞에는 연지가 있었다고 한다.

　한가히 관풍각 위에 앉았노라니
　소 쫓는 소리 자주 들리네

20　〈觀德亭〉,「京都」,「東國輿地備考」,『신증동국여지승람』, 한국고전번역원DB.

閑來坐閣上　　　頻聽叱牛聲　　　　　　　　　_『궁궐지』1, 162쪽

서리 내리니 정히 추수철이 되었음인가
초가집에 한가히 앉아 벼 베기 살피네

霜來正屬西成節　　閑坐芧堂檢稻收　　　　　_『궁궐지』1, 162쪽

위 시는 모두 숙종이 지은 시이다. 앞 시는 〈관풍각에서 벼를 심다(觀豊閣種稻)〉의 전결구로 관풍각 위에 앉아 소를 몰며 벼를 심는 모습을 보는 정경을 읊었다. 뒷 시는 〈관풍각에서 벼를 베다(觀豊刈稻)〉의 기승구로 가을 추수하는 모습을 관풍각에서 내려다보는 모습을 그렸다. 이로 볼 때 관풍각이 당시에는 띠로 지은 초가집이었음을 추정할 수 있다.

임금이 나와서 농사짓는 것을 구경하고 이곳에서 농사지은 것을 매해 신하들에게 나눠 주어 풍년을 기원하였다.[21] 영조, 정조, 순조, 익종 등도 숙종의 관풍각시에 차운하여 풍년을 기원하였다.

제9경의 영화당은 부용지 지역이다. 본래 있던 건물을 숙종이 1692년(숙종 18)에 고쳐 짓고 영화당이라 명명하였다. 서쪽으로는 부용지가 있고 동쪽으로는 춘당대가 있어 왕족이나 신하들을 모아 꽃을 구경하기도 하고 활쏘기를 하거나 국가시험을 실시하기도 하였다.[22] 북쪽에는 작은 못을 파고 어필로 감로(甘露)라고 전서로 썼다(『궁궐지』1, 122-123쪽). 영화당에는 여러 가지 어제 편액이 걸려 있었다.

영화당의 방안에는 인쇄한 어필이 있는데 바로 인조의 어필이고, 대청 안

21　〈觀豊閣〉, 「京都」, 「東國輿地備考」, 『신증동국여지승람』, 한국고전번역원DB.
22　肅宗은 〈暎花堂招集王子王孫賞花時走筆書示諸宗〉이라는 칠언율시를 짓기도 하였으며, 《上林十景》의 하나인 〈暎花莽試〉에서는 여기에서 문무과 시험을 보았음을 노래하였다.

의 동서쪽에는 스무 자의 어필이 있고 북쪽 들보 아래에는 여덟 자의 어필이 있으니 바로 선조의 어필이다. 좌우의 기둥에는 어필로 쓴 당시(唐詩)가 있는데 바로 효종의 어필이고, 남쪽 들보 아래에는 네 자의 어필이 있으니 바로 현종의 어필이며, 북쪽 기둥 밖으로 서쪽에는 어제의 어필이 있고, 북쪽에는 네 자의 어필이 있는데 선조의 어필이다. 한 당에 다섯 임금의 어필이 있는 것은 실로 보기 드문 성대한 일이다.[23]

이는 〈영화당명〉인데 방안에 있는 인조의 어필은 미상이나, 대청과 북쪽 들보 아래 있는 선조의 어필은 "遠客坐長夜 雨聲孤舍秋 請量東海水 看取淺深愁"[24]와 "懲忿窒慾 改過遷善"[25]이며, 좌우 기둥에 있는 효종의 어필은 "御前新賜紫羅襦 不下金階上軟輿 官屬摠來爲喜樂 院中新拜內尙書[26] 避暑昭陽不擲盧 井邊含水噴鴉雛 內中數日無呼喚 撦得滕王蛺蝶圖[27]"이다. 남쪽 들보 아래 있는 현종의 어필은 "孝悌忠信"이며, 북쪽 기둥 밖의 서쪽에 있는 숙종의 어필은 "竹林可愛", 북쪽 기둥 밖의 북쪽에 있는 선조의 어필은 미상이며, 당의 편액은 영조의 어필이다.

세속의 번뇌를 잊고 자연을 즐기는 내용과 교훈적인 내용들로 이루어져 있는데 이는 부용지에서의 놀이와 영화당에서 선발할 인재의 자질에 대한 기대 등을 함께 표시한 것으로 여겨진다.

제10경의 능허정은 연경당의 서북쪽에 있던 건물로 숙종이 1691년(숙종

---

23 "堂之房內有印本御筆 卽仁廟御筆也 廳內西有二十字御筆 北樑下有八字御筆 卽穆廟御筆也 左右柱有唐詩御筆 卽孝廟御筆也 南樑下有四字御筆 卽顯廟御筆也 北楹外西有御製御筆 北有四字御筆 卽先朝御筆也 一堂中五朝御筆實稀有之盛事,"〈暎花堂銘〉,『궁궐지』1, 124-125쪽.
24 당나라 李頎(690-약 753)의 시.
25 『周易』巽卦에 "損, 君子以懲忿窒欲."이라는 말이 있으며, 益卦에 "君子以見善則迁, 有过則改"라는 말이 있다.
26 後蜀 花蕊夫人의 宮詞.
27 前蜀의 황제 王建의 宮詞.

17)에 세웠다.[28] 해발 90미터로 후원에서 가장 높은 곳에 지어졌으므로 전망이 가장 좋은 곳이었다.

> 백악에 안개 거칠 때 검푸른 빛 쳐다보고
> 낙산에 해비칠 때 밝은 빛 우러른다
>
> 鎭岳霧收瞻黛色　　酩山日照仰輝明　　　　　　　　　_『궁궐지』1, 159쪽

> 능허정에 와서 앉아 바라보니
> 도성의 나뭇가지들 모두가 은빛이네
>
> 來坐凌虛亭上望　　淸都樹木盡成銀　　　　　　　　　_『궁궐지』1, 160쪽

> 하늘의 한가한 구름 바람 기운 동하니
> 춘당대의 외론 학도 때때로 소리하네
>
> 天宇閑雲風氣動　　春塘隻鶴時時聲　　　　　　　　　_『궁궐지』1, 160쪽

첫째 시는 숙종의 〈능허정에서 짓다(題凌虛亭)〉 칠언율시의 경련으로 궁궐 북쪽의 백악산, 동쪽의 낙산 등이 두루 보인다고 노래하여 능허정이 높은 곳에 있음을 묘사하였다. 둘째 시는 순조의 〈능허설제(凌虛雪霽)〉의 전결구로 능허정에서 도성에 눈 덮인 모습을 바라보는 모습을 그렸다. 능허정에서 바라보는 눈 덮인 세상의 모습은 숙종, 정조 등도 각각 〈능허정제설(凌虛亭霽雪)〉, 〈능허정모설(凌虛亭暮雪)〉 등에서 읊은 바 있다. 셋째 시는 익종의 〈능허정즉사(凌虛亭卽事)〉로 하늘에 한가하게 떠도는 구름과 춘당대에서 학이 우는 모습을 한가하게 감상하는 상황을 읊었다.

---

28 "演慶堂의 서북쪽에 白雲舍가 있었고 白雲舍의 서북쪽에 四佳亭이 있었으며, 四佳亭의 서쪽에 凌虛亭이 있었다"(『궁궐지』1, 160쪽).

다. 동궁공간

익종으로 추숭된 효명세자는 〈동궐도〉 제작을 주도한 인물로 여겨지거니와 1827년(순조 27)에 고쳐 지은 의두합, 그리고 이듬해 아버지 순조를 위해 사대부가의 건축을 모방하여 연경당(演慶堂)을 개건한 것으로 유명하다.

그러나 정작 대리청정을 하던 익종이 있었던 공간은 동궁공간으로 집무 공간인 중희당(重熙堂), 세자가 서연을 받던 성정각(誠正閣), 독서를 하거나 휴식을 취하던 소주합루(小宙合樓) 등이다. 이 외에 세자가 책을 보관하던 승화루(承華樓)도 있다.

『궁궐지』에 의하면 중희당은 1782년(정조 6)에 지었으며, 동쪽은 중양문(重陽門), 서쪽은 자시문(資始門)이다(『궁궐지』 1, 95쪽). 중희당 북쪽 행각은 유덕당(維德堂)으로 1827년(순조 27)에 중수하였다. 유덕당의 동쪽문은 건인문(建仁門)이다. 유덕당의 서쪽에는 석류실(錫類室)이 이어져 있다.

중희당의 북재는 자선재(資善齋)이다. 중희당의 북쪽 공간에는 대비의 공간인 집상전(集祥殿)이 있으며, 그 북쪽에 매월정(梅月亭)이 있다. 중희당 동쪽에는 의신각(儀宸閣)이 있으며, 그 2층이 소주합루이다. 중희당에서 소주합루로 올라가는 보루로 삼삼와(三三窩)와 육우정(六隅亭)이 있으며, 중희당과 삼삼와 사이에는 칠분서(七分序)가 있다. 중희당의 남랑으로는 삼선재(三善齋), 대축관(大畜觀), 연현각(延賢閣) 등이 있다.

성정각의 동쪽에 희우루가 있고 남쪽에 보춘정이 있다. 또한 성정각의 남쪽에는 양성재, 담월루 등이 있다. 성정각의 북쪽에는 관물헌이 있으며, 이에 대해 익종은 〈관물헌사영시〉를 남겼다. 관물헌 북쪽에는 익종이 지은 대종헌이 있다. 이처럼 건축에 직접 관여할 수 있었던 것은 익종이 대리청정의 역할을 맡고 있었기 때문인 것으로 추정된다.

〈동궐도〉에 의하면 중희당과 성정각 사이에 세자나 세자빈이 쉬던 곳으

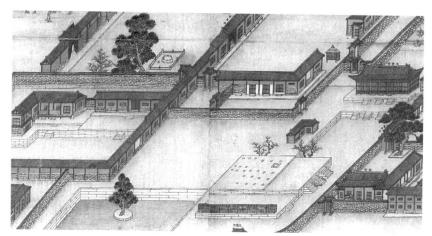

28도 『동궐도』의 세자공간(시민당터, 춘방). 고려대 박물관 소장

로 추정되는 유여청헌이 있으며, 중희당의 오른쪽으로 세자가 쉬던 곳으로
추정되는 문화각과 침전인 연영합이 있다. 그런데 익종의 팔경의 대상이 된
지역은 이화정(학석루), 만향헌(몽의루), 유산암(태고정사), 매화초월루(매균헌),
의두합, 일반령, 홍두원 등이다. 그런데 의두합 외에는『궁궐지』에 소개되어
있지 않으며, 익종의 문집 외에는 나타나지 않는다.

  그러나 이들은 궁궐 내에 있던 건물들로 여겨지는데 그 이유는 몽의루를
대상으로 한〈산루석조연구(山樓夕眺聯句)〉, 매균헌을 대상으로 한〈매화초월야
화연구(梅花初月夜話聯句)〉, 유산암을 대상으로 한〈정함태고산방야회궁료(靜舍
太古山房夜會宮僚)〉 등이 모두 입시한 관료들이 갱진하였다는 기록이 있기 때문
이다.[29]

---

29 〈山樓夕眺聯句〉[주: 入對春坊徐左輔金鏽], 『열성어제』 10, 284쪽; 〈梅花初月夜話聯句〉[주: 入對春坊金
    鏽金興根桂坊鄭善敎金永錫], 『열성어제』 10, 285쪽; 〈靜舍太古山房夜會宮僚聯句〉[주: 入對春坊安光直
    朴容壽桂坊金永翼金宬秀], 『열성어제』 10, 285쪽.

3) 경희궁

영조가 지은 팔경의 대상이 된 집경당, 위선당, 덕유당은 각각 경희궁의 내전 및 내전 별실에 있는 건물들로 본래 왕의 생활공간이다. 영조의 〈어제 집경당팔경(御製集慶堂八景)〉(K4-4619)에서 '기축년 6월 뒤 8월 전이다(歲己丑六 月之後八月之前也)'라고 밝힌 것을 볼 때 《집경당팔경》은 1769년(영조 45) 7월 에 지었음을 알 수 있다. 여기서 영조는 자신이 정섭(靜攝) 중이었으며, 이때 의 생활이 닭의 울음소리로 아침을 알고(金鷄報時), 동쪽으로 아침 해를 바라 보며(東瞻朝日), 섬돌 앞 해당화를 감상하고(階前海棠), 연못에서 연꽃 향을 맡 으며(塘中荷香), 꾀꼬리 소리와 매미 울음소리를 듣고(綠陰聞鶯, 松林蟬聲), 학이 춤추는 것을 감상한 뒤(丁令舞園), 저녁이 되면 난간에 기대어 달을 감상한다 (倚檻玩月)고 하였고 그 가운데 가장 좋아할 만한 것은 금의공자(錦衣公子)인 꾀꼬리이며, 감상할 만한 것은 고직공(高直公)인 소나무라고 했다.

영조는 같은 해 6월에 주변의 태령전(泰寧殿), 광명전(光明殿), 덕유당(德游 堂) 등을 둘러보다가 꾀꼬리 소리를 듣고 중국 서호(西湖)의 열 가지 좋은 경 치 중 '유랑문앵(柳浪聞鶯: 버드나무 가지 사이로 들리는 꾀꼬리 소리)'을 언급하며 이 전에 정섭하는 중 4월 8일에 꾀꼬리 소리를 들었는데, 근래 6월에 3일 동안 그 소리를 듣고 기쁘다고 했으며, 특히 녹음 우거진 속에서 미미하게 들리 는 소리가 매우 듣기 좋다고 한 바 있다.[30]

영조는 몸이 좋지 않을 때 정섭을 위해 집경당에 있으면서 보는 해, 달, 해당화, 학춤, 듣는 닭 소리, 꾀꼬리 소리, 매미 소리 그리고 연꽃 향기 등 주 변 경물의 일상적 면모에서 아름다움을 찾았음을 알 수 있다.

영조의 어제첩에 의하면 위선당의 옛 이름은 영경당(靈慶堂)이며, 1700년

---

30 〈御製集慶問鶯〉(K4-4623). 장서각 소장.

(숙종 26)에 선조의 글씨를 모아 모각하고 당의 이름을 고쳤다. 당 오른쪽에는 초정(椒井)이라는 우물이 있었는데 물이 마르지 않고 차가워 영렬천(靈洌泉)이라고 하였다. 당시 숙종의 시가 현판으로 걸려 있었는데, 그 내용 중에 "선은 아무리 작아도 하며, 악은 아무리 작아도 하지 말라(勿以善小而不爲 勿以惡小而爲之)"는 한소열(漢昭烈: 한나라 소열제, 즉 삼국지의 유비)이 아들에게 힘쓰도록 경계한 말이 적혀 있었다. 태실(太室)을 중수(重修)하며 위선당에 4실(室)을 봉안할 수가 있게 하였는데, 숙종이 지은 어제시 현판(懸板) 두 가지를 그 속에 두었다고 한다. 위선당의 남쪽 문은 인원왕후가 삼간택할 때 입궐하던 문이다. 동쪽의 태령전은 영조의 어용이 있는 곳이고 경종이 다섯 달 임어한 곳이며, 예문관(藝文館)의 뒤에 위치하고 있다. 경종이 위선당에 머물고 있을 때, 영조는 예문관에서 숙직하였다고 한다. 영조는 당의 이름이 '위선(爲善)'임을 명심하며 그 이름을 잊지 않고 있음을 밝혔다.[31]

영조는 〈어제위선당팔경(御製爲善堂八景)〉[K4-3728(3769-60)]에서 먼저 위선당의 명칭에 대해 언급했다. 후한(後漢) 광무제(光武帝)의 여덟째 아들인 동평왕(東平王)이 '착한 일 하는 것이 가장 즐겁다'고 하여 좋은 평판이 있었던 고사를 소개하고, '위선당'이라는 어필이 세 글자가 당 앞에 있는 연유에 대해 말하였다. 이어 위선당의 팔경을 들었는데 위선당이 창덕궁 인정전을 바라볼 수 있을 만큼 높은 곳에 위치하여(昌德指睹, 仁山相近) 대청에 앉아 날마다 활쏘기 연습하는 것을 볼 수 있으며, 소나무 숲의 동산이 눈앞에 펼쳐 있어 겨울 밤과 여름 낮에 소일하는 데(倚檻見日, 緩步咏月) 도움을 준다는 점을 강조하였다. 여기서 영조는 동쪽 문(霽光東門)과 남쪽 문(章德在南) 그리고 북쪽 문(通善在北)을 드나들기도 하고, 서쪽의 영렬천(靈洌西泉)을 맛보기도 하면서 지낸다고 하였다. 추운 겨울날과 더운 여름에 가만히 앉아서도 이웃 궁

31　〈御製爲善堂中記懷萬倍〉 K4-3727(3769-59).

궐의 일상적인 모습까지 살펴볼 수 있도록 창덕궁과 인접해 있으며, 또 높은 위치에 있는 점이 팔경의 경점이 되게 하였음을 알 수 있다.

덕유당팔경의 제목은 〈어제덕유당좌경(御製德游堂坐景)〉(K4-1732)인데 내용을 보면 팔경을 언급하고 있다. 영조가 76세에 덕유당의 경관을 보며 소일하는 양상을 서술하였다.[32] 영조는 경연의 여가에 정자건(程子巾)을 쓰고 경관을 완상하니 마음이 편안해진다고 하였다. 처음에는 덕유당의 주변 경물과 팔경을 서술하고 있다. 덕유당팔경에는 멀리 보이는 소나무(遙瞻八松), 가까이 있는 물(堂前水淸), 아래에 있는 건물(俯視會祥), 동쪽 위에 있는 해(東瞻金烏), 서쪽 위에 걸린 달(西嶺玉兎) 등 역시 주변의 일상적인 경물을 팔경의 대상으로 삼았고 주변 건물인 서암(瑞岩五雲), 모정(茅亭鳳凰), 숭정전(崇政聞唱)의 면모도 함께 선정하였다.

집경당, 위선당, 덕유당 이 세 건물은 영조가 만년에 주로 거처하던 경희궁에 있던 건물이며 특히 집경당은 영조가 만년에 정무와 생활을 두루 하던 장소이다. 이처럼 일상적 공간의 일상적 모습을 팔경의 대상으로 삼은 점이 영조 팔경시의 특징이다.

4) 잠저와 행궁

가. 잠저

잠저는 왕이 되기 전에 거처하던 장소이다. 『궁궐지』에 소개된 잠저로는 인조의 잠저인 저경궁(본래 송현궁이나 영조 연간에 개명하였다)과 상어의궁, 그리고 효종의 잠저인 하어의궁(용흥궁)이 있으며, 또 영조의 잠저인 창의궁이 있

---

32 이 글에는 "七十六"이라는 단어가 있으므로 1769년(영조 45년)에 지은 것으로 추정된다.

29도　창의궁 백송-천연기념물 4호. 한국중앙연구원 장서각 촬영

다. 이 중에 팔경이 남은 곳은 창의궁뿐인데《양성헌팔영》,《전원낙흥십영》
등을 들 수 있다.

　창의궁은 영조가 출궁한 19세부터 세제가 되어 입궁한 30세까지 10여
년간 영조가 생활한 곳이며 왕이 된 이후에도 누차 찾아와서 가족들을 회고
하던 공간이다. 창의궁은 한성부 북부 순화방, 즉 지금의 종로구 통의동에
위치해 있었다. 본래 인평도위(寅平都尉: 효종의 딸 숙휘공주의 남편)의 처소였다
고 한다.

　창의궁에는 여러 채의 건물이 있는데 양성헌(養性軒)은 선친인 숙종(肅宗)
에게 하사받은 이름이며, 일한재(日閑齋)는 영조가 스스로 이름을 지은 건물
이다. 일청헌(壹淸軒)은 생모인 숙빈 최씨를 모시던 곳이며, 이안와(易安窩)는
여막을 짓고 거처하던 곳이다. 이 외에 함일재(咸一齋) 등이 있었다(〈어제창의
궁〉 K4-4689). 인왕산과 북악에 둘러싸인 창의궁 잠저 양성헌 앞에는 연못이
있고(제5경 〈觀魚池塘〉), 대나무가 있고(제2경 〈庭前脩竹〉) 또 매화를 키웠다(제8경
〈幽軒雪梅〉). 대개 수양과 관련된 식물들을 키웠으며 또 『대학』 등 경서를 익
힌 곳이기도 하였다.

나. 행궁

『궁궐지』에 소개된 행궁은 숙종이 지은 양주행궁[양주 남쪽 30리 북한산성에 있으며, 1711년(숙종 37) 가을에 북한산성을 쌓고 행궁을 두었다], 연산군이 놀던 연희궁, 정조가 건립한 화성행궁[수원에 있으며 1794년(정조 18)에 지었다], 왕이나 왕비의 초상화를 두던 전주 위봉산의 전주행궁, 인조 때 부안에 만든 부안행궁[1640년(인조 18)에 건립], 선조가 임진란 때 머물던 의주 관아의 의주행궁, 세종때부터 온양 온천에 행차할 때 마련했던 온양행궁 등이 있다. 이 중에 팔경이 있는 온양행궁의 건립에 대해 김일환(2011, 106쪽)은 다음과 같이 언급하였다.

세종은 자신의 질병을 치료하기 위해 온천행을 결심하고 나서 손수 직접 도면을 보면서 건축을 감독하였다. 세종은 민폐에 대한 우려로 인해 작고 소박한 행궁을 건립하였다. 행궁의 구조도 국왕뿐 아니라 병든 사대부와 일반 백성도 함께 이용할 수 있도록 목욕시설을 개조하였다.

이렇게 건립된 온양행궁은 임진왜란 때 폐허가 되었다가 다시 복구되어 현종대에는 어실 6칸이 온천 서쪽에 있고, 온천 방 6칸을 비롯한 1백 칸 규모였고, 어실의 세 모퉁이에 담을 두르고 담 밖에는 150칸 되는 임시 집을 지었다. 또한 이후에는 내정전 16칸, 외정전 12칸, 탕실 12칸 등으로 지었다(이왕무, 2003). 온양행궁 팔경시는 성종대 온행에 호종했던 이숙함과 임원준의 시가 보이는데 팔경의 내용은 다음과 같다.

제1경 행전상운(行殿祥雲): 행궁의 상서로운 구름
제2경 영천서액(靈泉瑞液): 영천의 상서로운 물

제3경 천주분선(天廚分膳): 궁궐 음식을 나눠 줌

제4경 신정늑석(神井勒石): 신정에 새긴 빗돌

제5경 광덕조람(廣德朝嵐): 광덕산의 아침 아지랑이

제6경 공곶춘조(貢串春潮): 공곶의 봄 조수

제7경 송령한도(松嶺寒濤): 송령의 차가운 파도

제8경 맥롱수파(麥隴秀波): 보리밭 두둑의 이삭물결

앞의 4경은 행궁에 대한 상징적인 칭송이다. 구름과 물을 상서롭다고 하였으며, 샘물을 발견하고 음식을 나눠 주는 베풂의 자세를 칭송하였다.[33] 제5경과 제6경은 남쪽과 서쪽의 원경이다. 제5경의 광덕산은 온양 남쪽에 있는데 "첩첩이 반공(半空)에 가로질린 산봉우리 천길이나 높아서, 원숭이도 오르기 어렵고 기러기도 넘기 어려운데(임원준)"라고 하여 높고 깊은 산이 남쪽에 있음을 보여 주었으며, 제6경에 대해서는 조운지(漕運地)로서의 공곶을 노래하여 물산의 풍부함을 칭송하였다. 제7경과 제8경은 근경으로 제7경의 소나무 고개는 온천 서쪽에 있는데 이에 대해 "온정(溫井) 서쪽 머리에 자그마한 한 고개, 엉성하게 늘어선 소나무들이 구름 위를 쓸고 있다. 큰 바람 세차게 불면 푸른 물결이 놀란 듯 일어나고, 그늘진 골짜기에서 음향이 생겨나면 나뭇가지들이 맑은 소리 내어 운다"라고 하였고, 제8경의 보리밭에 대해서는 풍년을 주는 존재로 칭송하였다.

---

33 李淑瑊이 〈神井勒石〉(『신증동국여지승람』, 한국고전번역원DB)에서, "세조 당년에 이곳에 임행하니, 行殿 뜰 한가운데 神井이 솟아났다"고 하였듯이 세조가 신정을 발견하고 이를 기념하여 비석을 세운 것이다.

3   소결

　왕실팔경문학의 전범이 된 중국팔경은 소상강과 서호와 같이 강과 호수를 배경으로 한 명승과 무릉도원과 같은 이상향이다. 이들에는 고사도 남아 있는데 소상강에는 순임금의 부인 아황과 여영의 정절과 사랑 그리고 벼슬을 버린 장한의 향수가 있으며, 서호는 송나라 대시인 소식이 노닐던 장소이고 무릉도원은 세속의 전란을 피해 이상향을 찾았던 진나라 사람들이 살았다는 고사가 있다. 한국팔경인 비해당에는 성종도 갖고 싶었던 진귀하고 다양한 동물과 식물 그리고 인공물 등이 배치된 정원이 있다.

　국왕을 비롯해서 왕족과 신하들은 왕실의 대표 공간인 궁궐과 잠저 그리고 행궁 등에서 팔경을 창작하였으며, 전범이 되는 팔경을 읊으면서 왕실에도 팔경의 세계를 구축하려고 하였다. 성종과 함께 팔경시를 읊은 성종의 형 월산대군과 당숙인 부림군은 각각 경복궁과 창덕궁의 존귀함을 칭송하고 선계와 같은 공간으로 묘사하고 왕을 신선으로 그렸다. 그러나 본격적으로 왕실팔경을 구축한 인물은 숙종이었다. 숙종은 『어제궁궐지』를 편찬할 정도로 궁궐 조영에 관심이 많았으며, 후원을 대상으로 한《상림십경》의 경관에 해당되는 건물 다수를 짓기도 하였다. 물론 이러한 조영작업이 직접적으로 이 팔경시를 짓기 위한 건축으로 볼 수는 없으나 팔경시가 본래 경관시이며, 경관을 감상할 장소에 누정을 건축하고 결국에 이들 누정이 동궐 후원의 대표적 경관 거점이 되었다는 점에서 팔경시를 위해 건축을 했다고 해도 과언은 아니다.

　숙종, 정조, 순조, 익종 등이 그 아름다움을 읊은《상림십경》에서 고사와

　　　　　　　　　　　　제3장　왕실팔경문학의 공간

연관된 경관은 왕희지의 난정 모임을 따라 유상곡수를 할 수 있게 한 옥류천 지역의 〈소요관천〉이 해당된다. 단청이 고운 천향각, 웅장한 어수당, 아름다운 옥류천과 정자들, 이들을 둘러싼 단풍, 대숲, 버드나무, 넓은 연못의 연꽃, 모란, 나비, 꾀꼬리, 물새, 학, 사슴 등은 비해당 정원을 모방한 면이 있다. 여기에 추가된 요소는 인재를 선발하는 〈영화췌시〉, 풍년을 기원하는 〈관풍예도〉, 활쏘는 예를 갖추는 〈관덕풍림〉 등인데 왕으로서의 도리를 팔경의 범주에 포함시킨 것이다. 이는 부임지에서의 선치(善治)를 실천하며 이를 팔경시로 승화시킨 이제현, 안축 등 사대부의 정신을 계승하여 왕실에 맞게 적용한 것이다.

영조는 조선후기 사대부들이 개인적 거처에서 자연을 수양의 대상으로 삼던 전통을 본받아 궁궐에서의 일상적 생활과 수양의 삶을 왕실팔경의 대상으로 확장하였으며, 문학활동을 많이 한 익종 역시 이런 전통을 계승하여 자신의 거처를 대상으로 경상뿐 아니라 행위(行爲)를 팔경의 대상으로 삼기도 하였는데 이 역시 사대부들의 팔경문학 경향에 동조했기 때문으로 여겨진다.

제 4 장

왕실팔경문학의 요소와 특징

팔경문학에서 경관을 구성하는 요소는 작가가 보는 경치로서의 경관 외에, 경관 속에서의 행위 그리고 경물 등이 있다. 경치 요소에는 대상지점, 공간구성 요소 등과 날씨 등 기상변화 등이 있으며, 행위 요소에는 국정의 일환으로 수행하는 국왕으로서의 행위와 개인으로서 행위가 있으며, 개인으로서의 행위에는 간월(看月)처럼 자연을 체험하는 행위와 탄금(彈琴)처럼 인문을 대상으로 하는 행위가 있다. 자연을 체험하는 경우는 다시 보고 듣는 것처럼 오감으로만 체험하는 경우와 걷고, 독서하는 것처럼 행동하는 경우로 나뉜다. 경물은 동물, 식물, 인조물 등을 들 수 있다.

　　본 장에서는 이런 요소들의 면모를 고찰하여 왕실팔경문학의 특징을 밝히도록 하겠다. 특히 팔경의 핵심요소는 소표제에 구현되어 있으므로 소표제에 담긴 위의 요소들을 분석하도록 하겠다.

1 경치요소

1) 산

왕실 팔경문학의 전범으로서 읊어진 《소상팔경》, 《도원팔경》, 《서호십경》 등에는 〈산시청람〉, 〈양봉삽운〉, 〈남병효종〉의 '산', '봉우리', '병풍' 같은 일 반명사로서의 산과 〈백마운도〉, 〈녹라청주〉, 〈초산춘만〉, 〈뇌봉석조〉 등 백 마산, 녹라산, 초산, 뇌봉 등과 같이 고유명사로서의 산이 등장하여 주요 경 관 역할을 하고 있다. 성종이 차운한 《비해당사십팔영》에는 〈목멱청운〉, 〈인 왕모종〉에서 각각 남산인 목멱산과 궁궐 서쪽의 인왕산이 읊어졌다.

〈1〉

나선 같은 묏부리 자궁(=경복궁)을 마주해서
층진 구름 자욱하게 맺힌 가슴 씻어 주네
바위를 비로 감싸 내리니 나는 용이 젖었고
해 비치는 이문원에는 봉황과 용이 춤추누나
彎擁螺鬟對紫宮　　層雲靄靄盪胸融
繞巖藏雨飛龍濕　　暎日摛文舞鳳籠　　　　　　_『열성어제』 1, 597-598쪽

〈2〉

하늘 열리니 서쪽 산악이 우뚝하니 푸르고
어둑한 중간에는 절이 있는데
저물녘에 서늘함이 고요한 경지를 보여 주고

종소리는 달과 함께 높은 전당에 떨어지네

天開西嶽屹然蒼　　晻靄中間有丈坊

暮色帶凉來寂境　　鐘聲和月落高堂　　　　　　　　_『열성어제』1, 598쪽

〈1〉과 〈2〉는 칠언율시로 각각 〈목멱청운〉과 〈인왕모종〉의 수함련이다. 〈1〉의 수련에서는 목멱산이 높아 나선처럼 생겼으며, 경복궁을 마주했는데 구름에 덮일 정도로 높아 이를 보는 이의 마음을 씻어 내린다고 하였다. 이 시에서는 높고 깊은 산의 모습과 이를 보며 정화되는 심정이 팔경의 대상이 되었다 할 수 있다.

이와 같이 왕실팔경문학에서 구체적 명칭이 언급된 산으로는 인왕산, 북악산, 낙산 등이 있으며, 그 외에는 '공산(空山)', '취악(翠岳)', '원산(遠山)' 등이 있다.

가. 인왕산, 북악산, 낙산

인왕산, 북악산, 남산 등은 영조와 익종의 팔경시에 보인다. 영조는 인왕산에 대해 다음과 같이 읊었다.

양성헌에 기대어 멀리 보이는 곳

인왕산이 눈으로 가리킬 만한 거리에 있네

갑자기 안개 속으로 사라지니

산의 뜻은 예와 지금이나 모두 한가롭네

倚閣遙望處　　　仁王指覩間

怋忽煙靄裏　　　山意古今閑　　　　　　　　　_『열성어제』3, 197쪽

영조가 잠저시에 읊은《양성헌팔영》중 〈서망인왕(西望仁王)〉이다. 오언절구이고 운자는 간(間), 한(閒)이다. 창의궁에서 서쪽으로 보이는 인왕산은 지척에 있는데 안개가 끼면 갑자기 잘 안 보이게 된다고 하면서 이렇게 지척에 있다가 안 보이고 하는 산이지만 그 뜻만은 한가롭다고 하여 주변 환경의 변화에 상관없이 늘 여유로운 산의 자세에 대한 친근감을 읊었다고 할수 있다. 소표제의 제목만 제시된《위선당팔경》에도 〈인산상근(仁山相近)〉이라고 하여 경희궁 위선당에서 인왕산이 지척에 있음을 읊었는데 이로써 영조는 잠저시절이나 국왕 재위시절이나 늘 인왕산을 변함없이 옆에 우뚝 서있는 든든한 존재로 인식했음을 알 수 있다.

북악산에 대해서는《양성헌팔영》의 〈북악층운(北岳層雲)〉에서는 구름에 쌓인 높은 산의 이미지를,《서재팔영》의 〈북악제설(北岳霽雪)〉에서는 눈 갠후 하얀 눈에 쌓여 있는 모습을 읊었다.

익종은《유산암팔경》에서 〈북악운연(北岳雲煙)〉이라 하여 구름에 감싸인 북악을 읊었는데 영조처럼 높은 산의 이미지만 그린 것은 아니다.

북악색이 가을 맞아 고운데
구름 안개에 반은 하늘에 든 듯
우뚝한 듬성한 나무들 밖에
저물녘 주렴 앞에 우뚝해
멀리 보면 짙은 것이 그림 같고
올라가면 상쾌해서 신선이 될 듯
아침마다 보고도 싫지 않아
시로 형용하려니 더욱 아득해지네
岳色逢秋艶　　　烟雲半入天
峥嶸疎樹外　　　峯崔暮簾前

迴眺濃疑畫　　登臨爽欲仙

朝朝看不厭　　詩思更悠然　　　　　_『열성어제』13, 144쪽

이 시는 오언율시로 운자는 천(天), 전(前), 선(仙), 연(然)이다. 북악산이 우뚝하기도 하지만 구름에 가려져 있고 또 주변 나무 등과도 어울려 그림 같고 또 선계 같다고 하였다. 미련에서는 매일 보지만 시로 형용하기는 어렵다고 하였으며, 산의 정신은 구름이 장식해 준다고 하고 이러한 모습이 아침저녁으로 변하기에 사람으로 하여금 종일 응대하고 있어도 싫증나는지 모른다는 설명을 붙였다.[1]

일찍이 이백은 경정산을 노래하면서 우뚝한 자태가 자기와 짝할 만하다고 한 바 있는데 여기서는 북악산이 우뚝할 뿐 아니라 천변만화하는 면모도 볼 만하다고 하여 신비로운 존재로 묘사하였다.

익종은 《이화정십경》의 〈낙산춘만(駱山春晚)〉에서 낙산을 다음과 같이 노래하였다.

새벽에 일어나 멀리 바라보니

푸른 산이 멀리 성을 덮고 있네

온 집에서 밥 짓는 연기 곧게 올라갈 때

온 나무에 내리던 비는 새로 개었네

도성 길에 아름다움 다하고

푸른 봄에 태평 기상이 그려졌네

궁궐 후원은 새 우는 곳이요

해를 맞으니 무지개 구름이 이네

1　"凡山之精神意態 必以雲烟餙之, 雲與烟非山也者 而抑山之所不能無 亦所不能無者也. 北岳固神秀 而若非雲烟 何能朝暮萬象 令人應接不暇"(『익종문집』1, 225쪽).

晨起憑遲矚	蒼岑迥覆城
萬家煙正捲	千樹雨新晴
紫陌增佳麗	靑春畫太平
上林啼鳥處	迎日彩雲生

_『열성어제』 13, 89쪽

오언율시로 운자는 성(城), 청(晴), 평(平), 생(生)이다. 이 시는 늦은 봄 새벽 해 뜰 때를 당해서 궁궐 내 이화정에서 보이는 낙산의 정경을 읊은 시이다. 수련에서는 성 동쪽 낙산의 정경을 읊고 함련에서는 그 아래 마을의 정경을 읊었다. 경련에서는 도성을, 미련에서는 다시 궁궐 안을 읊어 먼 곳에서 가까운 곳으로 시점을 옮기면서 보이는 정경을 읊고 있다.

전체적으로 낙산의 우뚝한 모습보다는 낙산을 둘러싼 늦은 봄 태평한 도성의 모습을 형용하여 산과 마을이 조화롭게 공존하는 양상을 느끼게 한다.

나. 빈 산[空山], 푸른 산[翠岳], 먼 산[遠山]

이 세 가지 산의 모습을 읊은 인물은 익종이다. 각각《유산암팔경》,《전사 팔영》,《매화초월루팔경》 등에서 노래하였다.

〈1〉

맑은 가을 산의 밤은 고요해

종소리 가끔 숲 밖으로 울리네

먼 성곽에 연기 사라진 뒤

높은 산에 달은 지려는 즈음

소리 있어 도리어 더 고요하고

온갖 모습 저절로 허(虛)로 돌아가니

낱낱의 속에 진실한 생각 통하고
속세 뿌리에 담담함이 있음을 깨닫네

清秋山夜靜　　鍾響出林踈
遠郭烟消後　　高峯月落初
一聲還似寂　　萬象自歸虛
箇裡通眞想　　塵根覺淡如

_『열성어제』 13, 145쪽

〈2〉

궁궐 후원에 초막이 있는데
처마 앞이 조금 푸르르네
가파른 산세 내와 밭으로 이어졌고
산 빛은 집뜰로 들어오는데
때까치는 날아서 지나가려 하고
뻐꾸기는 울음소리 들어줄 만하네
푸르름이 장막처럼 둘렀고
노을 늦으니 더욱 어두워지네

上苑田廬在　　簷前一抹靑
巘勢連川陌　　山光入戶庭
伯勞飛欲過　　布穀啼堪聽
蒼翠圍如幔　　林霞晩更暝

_『열성어제』 13, 148쪽

〈3〉

늘어진 낮잠이 충분하니
정신은 연하동(煙霞洞)에 들어가네
온갖 풀 그림같이 펼쳐지고

오가는 공교한 새들 희롱하네

경관과 사물들 얼마나 아름다운지

주렴 깃발이 사방을 둘렀네

산의 푸르름과 나무의 운치

하물며 난새와 봉황이 노니는 듯

난간에 기대 옛 책을 보다가

미풍에 갑자기 꿈을 깨네

遲遲午睡足	神入煙霞洞
百卉迷如畫	來去巧島哢
景物何窈窕	簾旌繞四棟
山翠與林韻	怳若遊鸞鳳
憑欄閱古書	微風忽醒夢

_『열성어제』13, 159쪽

〈1〉은 《유산암팔경》의 〈공산한종(空山閒鍾)〉이다. 시의 1구에서는 시절이 가을이며 시간은 밤임을 나타내면서 고요하다고 하였다. 그런데 5구에서는 종소리가 있어 더욱 적막하다고 하였다. 이 부분이 이 시의 압권이다. 소리가 없으면 고요함을 실감할 수 없는데 먼 곳에서 아스라이 들려오는 종소리마저 들린다는 점에서 얼마나 고요한 상황인지 느낄 수 있게 하였다. 여기서 '공산(空山)', 즉 '비어 있는 산'은 조그마한 소리도 크게 울릴 수 있도록 비어 있는 산인 셈이다. 그만큼 깊은 산이라는 의미도 있겠다.

〈2〉는 《전사팔영》의 〈창대취악(牕對翠岳)〉이다. 창밖에 푸르른 산악을 대하고 있다고 하였다. 오언율시이다. 수련에서는 창문이 있는 위치를 말했다. 궁궐 후원 밭에 있는 초막이다. 함련에서는 초막과 푸르른 산악을 함께 묘사하였다. 초막의 창으로 보니 가파른 산세의 산, 푸르른 산빛이 눈앞에 다가와 있다. 경련에는 창문과 산 사이의 경물로 때까치와 뻐꾸기를 들었으며, 미련에서는 다시 시간이 지남에 따라 산빛이 어두워진다고 하였다. 아침이나 낮부터 저녁까지 초막에 앉아서 푸른 산을 대하고 있는 익종의 모습이 그려진다. 푸른 숲과 새들이 노래하는 산의 자연스런 모습에서 아름다움을 찾은 셈이다.

〈3〉은《매화초월루팔경》의 〈원산춘몽(遠山春夢)〉이다. 멀리 산이 있고 이쪽 편에는 봄날에 낮잠을 자면서 꿈을 꾸는 익종이 있다. 익종은 몸은 여기 매화초월루에 있지만 꿈속에서는 먼 산속의 연하동으로 들어간다. 바로 1,2구이다. 3-8구는 산속의 모습이며 꿈속의 모습이기도 하다. 온갖 풀이 펼쳐지고 기묘한 새들이 노닐고 매 경물이 모두 우아하다. 아름다운 산과 심지어 난새와 봉황도 있다. 바로 무릉도원과 같은 곳인 셈이다.

익종은 일반명사의 산에서 자연스럽고, 조용하며, 무릉도원처럼 이상적인 산의 면모를 그리려 하였다.

2) 물

물을 대상으로 하는 경우는 '궁궐 내의 물길(어구)' 또는 잠저 앞 시내처럼 자연스럽게 조성된 물길과 연못이나 궁궐 후원의 옥류천, 우물인 영렬천처럼 인위적으로 조성된 경우가 있다. 왕실팔문학에서는 장자의 고사를 통해 물고기의 즐거움을 노래하거나 왕희지의 고사를 통해 난정에서 유상곡수한 일을 읊었으며 맑은 물을 통해 근심을 씻고 또 태평성대를 기원한 경우 등이 보인다.

가. 맑은 물[水淸]

부림군은《승명공화어제궁중팔영(承命恭和御製宮中八詠)》의 〈어구유수(御溝

流水》)에서 다음과 같이 읊었다. 어구는 궁궐 안을 흘러나오는 개천인데 범접해서는 안 되는 궁궐의 시내라는 뜻으로 금천(禁川)이라고도 한다.

　　웅장한 궁궐의 용마루는 공중에 있고
　　그 아래 도랑은 깊고도 맑구나
　　밤비 빨리 개니 물결이 넘실넘실
　　오후 바람이 갑자기 이니 소리가 출렁출렁
　　돌고도는 가마길 옆에서 꽃은 떠내려가고
　　씻어낸 붉은 바닥 밝은 해가 비추네
　　물고기는 용안이 기쁘게 헤엄치고
　　연꽃 감상하고 낚시하며 태평세상 보네
　　耽耽宮闕半空甍　　下有御溝深且淸
　　夜雨快晴波激激　　午風驚起響琤琤
　　縈回輦路漂花去　　濺洒彤墀映日明
　　魚喜龍顔龡浪底　　賞蓮垂釣看昇平
　　　　　　　　　　　　　　　　　　　　　　_『총간』16, 530쪽

　　칠언율시이며, 운자는 청(淸), 쟁(琤), 명(明), 평(平)이다. 수련에서는 높이 솟은 궁궐 건물과 깊이 파인 어구를 대비하여 궁궐이 높이 솟아 파란 하늘에 닿아 있듯 어구 역시 깊으면서 맑아 볼 만하다고 하였다. 함련 이하는 어구의 구체적인 모습을 묘사하였다. 즉 비로 인해서 물이 채워지고 바람으로 인해서 출렁이며, 꽃이 떠 있기도 하고 바닥까지 해가 비추고 물고기가 헤엄친다고 하였다. 그리고 끝으로 여기서 세상의 태평함을 볼 수 있다고 하여 궁궐의 하찮아 보이는 도랑이 아니라 태평한 세상의 기미를 보여 주는 공간으로 묘사하였다. 이처럼 태평한 세상의 기미를 보여 주는 물의 특성은 '맑다'는 점이다.

영조는 《전원낙흥십영》의 〈전계청류(前溪淸流)〉에서 맑게 흐르는 시내를 읊었다.

시골 사람 복장으로 지팡이 짚고 가노라니
천천히 걸어 지나는 시냇가 물은 절로 맑아
발 씻는 샘 맑으니 마음 이미 즐거워
한가히 돌 위에서 빨래하는 소리 듣네
葛巾野服策笻行　　緩步溪邊水自清
濯足澄泉心已樂　　閒聞石上浣紗聲 　　　　　_『열성어제』 3, 523쪽

칠언절구이다. 압운은 청(淸), 성(聲)이다. 여기서의 시내는 들판을 산책하던 사람이 탁족을 하고 아낙네들이 모여서 빨래하는 일상적인 물이다. 이들이 이처럼 물을 이용할 수 있는 이유는 이 물이 맑기 때문이다. 탁족을 하고 아낙들이 빨래할 수 있게 하는 물을 통해 일상의 평화로움과 즐거움을 느끼는 것은 물론 천천히 걸으며 맑은 물을 보는 것 자체가 영조에게는 즐거움의 하나로 여겨진 듯하다.

영조는 경희궁 《덕유당팔경》에서도 당 앞의 맑은 시내를 팔경의 하나로 꼽은 바 있는데 이는 〈당전수청(堂前水淸)〉이라는 제목만이 전한다.

나. 고사

왕실팔경문학에서 물을 소재로 한 고사는 유상곡수(流觴曲水)의 난정 모임과 물고기의 즐거움을 읊은 장자의 고사가 있다. 인조가 동궐 후원에 만든 옥류천에서 이 유상곡수가 이뤄졌는데 숙종은 이를 《상림십경》의 하나로 읊었다.

푸른 숲속 높은 정자에 날은 정말 긴데

한가히 동천에서 옥류천 흐름을 지켜본다

이 가운데 무한한 흥은 따로 있나니

술잔 전한 구비진 시내에서 깊은 시름을 씻는다

樹綠高亭日正悠　　閒看洞壑玉泉流

別有此中無限興　　傳觴曲水滌幽愁　　　　_『열성어제』 2, 233쪽

　　이 시는 〈소요관천(逍遙觀泉)〉으로 칠언절구이다. 기승구에서는 소요정의
위치와 소요정에서 물을 감상하는 상황을 읊었다. 전결구에는 여기서의 진
정한 흥은 구비진 시내에서 술잔을 전하는 것이라고 했는데 이는 바로 유상
곡수로 왕희지가 난정 모임에서 읊은 흥취이다. 왕희지는 〈난정서〉에서 "흐
르는 물을 끌어들여 잔을 띄우는 물굽이를 만들고 순서대로 자리를 잡으니
비록 성대한 풍악은 없어도 술 한 잔에 시 한 수씩 읊으며 또한 그윽한 정회
를 펼칠 수 있다(引以爲流觴曲水 列坐其次 雖無絲竹管絃之盛 一觴一詠 亦足以暢敍幽情)"
라고 하였는바 숙종은 유상곡수를 통해 그윽한 근심을 씻는다고 하였다.

　　순조는 이에 차운한 시를 지었으며, 〈소요정에서 금직학사를 불러 난정의
모임을 모방하다(擬逍遙亭召禁直學士倣蘭亭修禊序)〉는 글을 남기기도 하였다.

　　정조는 《상림십경》을 짓되 〈소요유상(逍遙流觴)〉으로 바꾸어 난정의 모임
을 명확하게 하였는데 "호량(濠梁)에는 전부터 물고기 보는 즐거움 있나니
난정의 술잔에 대신할 만하도다(濠梁自有觀魚樂 可但蘭亭遽羽觴)"라고 하여 왕희
지 난정의 모임뿐 아니라 장자가 호량에서 물고기의 즐거움에 대해 언급한
것까지 논하였다.

　　장자가 물고기의 즐거움을 논한 일은 오랫동안 선비들의 자연 감상의 주
제였는데 영조 역시 《양성헌팔영》의 〈관어지당(觀魚池塘)〉에서 그 즐거움을
읊었다.

일없이 보내는 초당의 날들

물고기 낚다 보니 석양이 되었네

물과 하늘이 같은 색이니

맑은 흥이 다시 일어난다네

無事草堂日	釣魚到夕陽	
水天同一色	淸興復洋洋	_『열성어제』 3, 199쪽

이 시는 오언절구이다. 운자는 양(陽), 양(洋)이다. 초당에 일이 없다는 것은 모든 일이 잘 굴러가기 때문에 특별히 신경 쓸 일이 없다는 말로 태평한 세상을 말한다. 그러니 평화롭게 물고기나 낚으면서 하루 해를 보낸다. 결구에서는 물고기가 헤엄치는 연못 물조차 푸르러 더욱 흥이 난다는 말로 시를 맺었다.

이상에서 살핀 바와 같이 왕실팔경에서의 물은 맑은 존재이거나 재현하고 싶은 고사에 등장하는 유흥을 주는 존재이다.

3) 해

해는 전통적으로 사대부가 지은 팔경에는 없는 존재이나 《비해당사십팔영》의 〈향일규화(向日葵花)〉, 〈영일단풍(暎日丹楓)〉 등에서 처음으로 보인다. 이를 차운한 성종의 시를 보면 다음과 같다.

이미 하늘의 품부를 받았는데 또 봄을 맞으니

담장에 기대서서 햇살을 쬐인다

발을 감싸 이익을 쫓는 눈을 경계하게 하고

빛에 기울어 임금을 아비처럼 섬기는 일 권한다

已資天賦占靑春　　立輒憑垣照日垠

衛足自警趨利眼　　傾暉能勸事君親　　　　

새벽 오니 한기가 산모퉁이까지 펼쳐져

한그루 단풍나무 녹색으로 변했네

천조각 자색 노을 둘러싼 푸른 절벽

몇 겹 붉은 비단 푸른 나무 가리었네

曉來寒氣砭山隅　　一樹楓林變綠膚

千點紫霞籠翠壁　　數重紅錦幕靑株　　　

앞 시는 칠언율시인 〈향일규화〉의 수함련이다. 수련에서는 해바라기의 성향과 현재의 모습을 묘사하였다. 함련의 '위족(衛足)'은 해바라기를 말하는데 제나라 대부 포견이 발꿈치를 베는 형벌을 받자 공자가 이에 대해 "포견의 지혜는 해바라기만 못하다. 해바라기는 오히려 잎으로 태양을 가려 제 발인 뿌리 부분을 호위한다"고 한 데서 온 말이다. 지혜롭고 또 해만을 따르는 해바라기의 성향을 칭송한 것이다. 여기서 해는 임금에 비유되고 있다.

뒷 시는 〈영일단풍〉의 수함련이다. 수련에서는 새벽 해 뜨기 전에는 단풍나무가 한기 때문에 녹색이었다고 하고 함련에서는 아침 해가 떠서 아침 노을이 생기자 푸른 나무를 붉게 덮었다고 하였다. 즉, 아침 해는 단풍나무를 더욱 붉게 만들어 주는 역할을 한 셈이다. 이렇게 해에는 상징적인 면모와 실질적으로 아침에 뜨고 저녁에 지는 해로 대별될 수 있는데 영조와 익종이 관련 작품을 남겼으며 주로 아침에 뜨는 해나 저녁에 지는 해의 형상을 노래하였다.

가. 뜨는 해

뜨는 해로서의 면모는 영조 《위선당팔경》의 〈의함견일(倚檻見日)〉, 《집경당팔경》의 〈동첨조일(東瞻朝日)〉, 《덕유당좌경》의 〈동첨금오(東瞻金烏)〉 등과 익종의 《이화정십경》의 〈층성승욱(層城昇旭)〉, 《유산암팔경》의 〈산창형욱(山窓彤旭)〉, 《매화초월루팔경》의 〈동곽조하(東郭朝霞)〉 등을 들 수 있다.

영조가 팔경을 읊은 장소는 모두 경희궁으로 만년에 주로 거처하던 장소이다. 위의 세 시는 소표제만 전하기 때문에 구체적 내용을 확인할 수 없지만 《위선당팔경》에서 '아침 해를 본다'고 했고, 《집경당팔경》과 《덕유당좌경》에서 모두 '동쪽으로 본다'고 하여 아침에 뜨는 해를 팔경의 하나로 선정했을 것으로 추정된다. 또한 경희궁은 지대가 높고 해를 보는 위치는 같으며, 대개 해를 볼 때는 아침 해일 경우가 많으므로 《위선당팔경》의 '난간에 기대어 보는 해' 역시 아침 해로 추정된다. 그러나 아침 해의 형상에 대한 구체적 표현은 확인할 수 없다. 그런데 다행히 익종의 팔경시가 있어 아침 해가 뜨는 궁궐의 모습을 확인할 수 있다.

먼 하늘의 별은 흩어지려 하는데
상서로운 햇빛 동쪽 성에 펼쳐지네
그림자 개어 온 봉우리가 푸르고
새벽 빛에 온 떨기 꽃이 붉어진다
후원 꽃에는 지난밤 이슬이 맺혔고
둑방 버들에는 가벼운 바람이 머물렀다
상서로운 채색구름 이층 난간에 이어지니
해 뜨는 곳이 지척에 있는 듯하구나

遠天星欲散　　　　祥旭遍東城

霽影千峯碧	晨光萬垜紅
苑花含宿露	堤柳帶輕風
彩靄連層檻	扶桑咫尺同

_『열성어제』 13, 88쪽

《이화정십경》의 〈층성승욱(層城昇旭)〉이다. 이 시의 주석에서 익종은 "먼 숲 첫새벽이 되니 점점 밝아온다. 푸른 바다에 불바퀴가 솟아오르니 이층성의 한쪽이 광휘에 비친다. 만물이 드러나니 금방 하늘 한가운데에 이른다. 만국에서 밝다고 이른 것은 바른 도의 광명기상이다(遠林初曙 重簾生白 碧海火輪湧出 層城一面 光輝所照 萬象呈露纔到天中 萬國明云者 正道光明氣像)"라고 하였다. 이 글은 해가 떠서 비추는 장면은 물론 햇빛이 지닌 세상에서의 의미가 광명과 정도(正道)임을 설명하고 있다.

시의 형식은 오언율시이다. 수련에서는 막 별이 지고 해가 뜨는 모습을 그렸다. 햇빛을 '상욱'이라 하여 상서로운 존재로 표현하였다. 함련에서는 해가 뜸으로 해서 산은 푸르러지고 꽃은 붉어진다고 하였다. 이는 경관의 아름다움을 읊은 것이지만 한편으로는 만물이 제모습을 갖게 하는 것이 해의 덕임을 나타낸 것이다. 경련에서는 이슬 맺은 꽃, 미풍에 흔들리는 버들가지까지 묘사하여 햇빛이 있으면 얼마나 세세한 사물의 모습과 움직임까지 포착할 수 있는지 실감나게 하였다. 미련에서는 우리나라가 바로 그 상서로운 해가 뜨는 지역과 같은 곳에 있다고 하여 가깝게는 궁궐 나아가 우리나라에 대한 자긍심을 드러내었다. 우리나라를 해가 비추는 곳이 아니라 해가 뜨는 지역으로 격상시킨 셈이다.

이처럼 익종은 해를 만물에 제 모습을 주는 존재일 뿐 아니라 정도를 실현하는 존재로 읊었는데 《유산암팔경》의 〈산창형욱(山窓彤旭)〉(『열성어제』 13, 142쪽) 미련에서는 "비추는 대로 기이한 모습 많은데 아지랑이 온통 어른거리네(憑眺多奇相 遊絲縟滿空)"라고 하여 봄의 아름다운 경치를 조성하는 존재로

읊었으며,《매화초월루팔경》의 〈동곽조하(東郭朝霞)〉(『열성어제』 13, 159쪽)에서
역시 "일대에 푸른 남기 떨어지니 몽롱하되 깁처럼 얇구나(一帶嵐翠滴 朦朧淡如
紗)"라고 하여 봄 경치를 읊었다. 이처럼 뜨는 해는 추운 겨울에서 따듯한 봄
으로 계절을 바꾸는 존재이며 햇볕을 통해 만물을 화육하게 하는 존재로 그
려져 있다.

나. 지는 해

지는 해를 읊은 팔경시는 영조의 《전원낙흥십영》의 〈청창일영(晴窓日映)〉
과 익종의 《매화초월루팔경》의 〈풍림일사(楓林日斜)〉를 들 수 있다.

늦게 뜬 붉은 해 비단창 비출 때
상아 평상에 기대어 『황정경』 읽어 본다
제비는 때를 알아 집처마에 깃들고
스스로 쌍을 이뤄 봄에 오고 갈에 가네

晩興紅日映紗窓　　手執黃庭倚象床
玄鳥知時巢屋角　　春来秋去自成雙　　　　　　　　　　_『열성어제』 3, 522쪽

서리기운 날이 갈수록 맑아져
언덕 저쪽 새로운 단풍이 많구나
잎사귀마다 서로 비추니
수풀 주위에 붉은 빛 더하네
그윽하고 우거져 가을 생각 나게 하고
찬란하여 먼 하늘도 아름답게 하네
처마에 석양빛 가로지르니

한폭 그림 속에 있는 듯

가까운 거리에 있는 아름다운 승경

안개와 남기에 몽롱해지네

霜氣日以淸	隔峀多新楓
葉葉交相映	林暈劇添紅
幽蒨生秋思	燦焜媚遠空
屋角橫夕照	一抹畫圖中
跬步佳勝在	煙嵐轉朦朧

_『열성어제』 13, 161쪽

앞 시는 칠언절구이다. 소표제는 '맑은 창에 해가 비춘다'는 뜻인데 기구의 저녁에 붉어진 해라는 표현과 전구의 새가 둥우리를 찾는다는 구절에서 저녁 석양 때임을 알 수 있다. 기승구에서는 그 붉은 해가 창에 비출 때 자신은 상아 평상에 기대어 『황정경』을 보고 있다고 하였다. 『황정경』은 도가의 경서로 양생과 수련의 원리를 기록한 책이다. 그런데 전결구를 보면 아침에 나왔다가 저녁에 깃들고 봄에 왔다가 가을에 남쪽으로 가며, 쌍을 이루는 제비의 자연스런 생태를 그리고 있어 영조가 『황정경』을 통해 추구하려한 세계가 도가적 세계라기보다는 자연스런 삶이 실현되는 세계임을 추정하게 한다. 국왕으로서 바쁜 국정에 늘 경황이 없던 영조에게 저물녘의 해는 자연스런 삶의 면모를 생각하게 하는 역할을 한 셈이다.

뒷 시는 고시(古詩)이다. 소표제는 '단풍숲에 비끼는 햇빛'이다. 이 시는 1,2구에서 가을이 되어 단풍이 물들기 시작했다고 하고 3,4구에서는 붉은 단풍이 모여져서 더욱 붉게 느껴진다고 하였다. 5,6구에서는 단풍나무가 사람에게는 가을이 왔음을 느끼게 하고 먼 하늘과 같은 주변 경치마저 붉게 물든다고 하여 단풍을 칭송하였다. 7,8구에서는 이런 초가을 단풍이 있는 경치를 완성시키는 존재로서 석양을 제시하였다. 즉 석양이 가로지르니 익종 자신이 있는 곳이 그림 속 같다고 하였고 9,10구에서는 마치 안개에 쌓인 듯이 몽롱해 진다고 해서 익종의 정신마저 그림에 들어가 있음을 느끼게 하였다. 이 시에서 해는 가을로 들어선 아름다운 경치를 몽환적으로 변이시켜 그림같은 경치를 연출하는 요소로 읊어지고 있다.

4) 달

달은 일찍부터 팔경의 대상이 되었다.《소상팔경》에서 〈동정호에 뜬 가을 달(洞庭秋月)〉은 넓은 호수 위에 뜬 달을 읊었고《도원팔경》에서는 〈완강의 밤 달(阮江夜月)〉이라고 하여 계절에 상관없이 밤을 비추는 모든 달이 아름답다고 하였다.《서호십경》에서는 〈세 못에 비친 달(三潭印月)〉, 〈평형한 호수의 가을 달(平湖秋月)〉이라고 하여 강물에 비친 달의 아름다움을 노래하였다. 중국 팔경시에서 이미 강물 위에 뜬 달을 아름다운 경관의 전형으로 보았던 셈이다. 안평대군은 〈매화 핀 창가의 흰 달(梅窓素月)〉에서 '흰 달'이라 명시하여 달의 아름다움이 밝음에 있음을 강조하였고 이에 비친 '매화'라는 경물을 제시해서 사물을 비춰 주는 존재로서의 달의 면모를 드러내었다. 이처럼 달은 형태와 기능에 따라 밤을 밝히는 달, 물에 잠긴 달, 사물을 비춰 주는 달 등으로 구분할 수 있다.

가. 밤을 밝히는 달

밤을 밝히는 달은 상황에 따라 세상의 빛이 되는 달과 유흥의 격조를 진작시키는 달로 나뉘는데 부림군은《궁중팔영》의 〈용루야월(龍樓夜月)〉에서 궁궐에서 밤들이 노니는 누정을 비추는 달을 형상화하였다.

가파른 계단, 구름 난간의 궁궐 누정

아름다운 기운이 충만하구나

달이 잠시 누정 안으로 들어오니

밝은 빛 높이 걸려 공중 타고 흐르는 듯

잠시 술잔 멈추고 주렴 걷으니

잔치놀이 촛불 켜서 밤들이 노는 듯

임금을 모시고 밤새도록 달을 감상하니

누가 세상이 선경에서 멀다 했나

飆梯雲檻禁中樓	鬱鬱蔥蔥佳氣浮
輪影暫移窺殿入	鏡光高掛轉空流
停杯只許鉤簾興	遊宴唯應秉燭遊
近侍龍顏終夜賞	誰云人世遠瀛洲

_『사우정집』, 『총간』 16, 530쪽

이 시는 칠언율시이다. 누정에 올라 밤새도록 임금과 함께 하늘의 달을 감상하며 노닐다 보니 노니는 이 장소가 바로 선계와 같다는 칭송을 담았다. 이와 같은 놀이는 동궐 후원의 청심정에서도 하였다. 그러므로 숙종은 《상림십경》의 〈청심완월〉에서 "만리의 가을하늘 대낮과 같으니 난간에서 달구경 하느라 밤잠을 설치네"라고 노래하였고, 이에 차운한 순조는 "내 마음도 오늘밤엔 달과 함께 밝아 빙륜(氷輪) 쳐다보느라 난간에 기댈 줄 모르네"라고 하여 달밤의 놀이를 칭송하였다(『궁궐지』 1, 145-147쪽).

가을 바람 도성에 불어오니

바로 좋은 시절이로다

술을 들고 높은 누각에 올랐는데

달이 새로운 빛을 토하는구나

제4장 왕실팔경문학의 요소와 특징

金風吹紫陌　　　　正是屬佳辰

携酒臨高閣　　　　寒蟾吐色新

영조의《양성헌팔영》의 〈등루완월(登樓翫月)〉이다. 낮부터 누각에 올라 술 마시고 놀다가 밝은 달이 뜰 때까지 이어졌다는 내용이다. 당시 영조는 잠 저시절이었으므로 왕들처럼 화려하지는 않았겠지만 가을달을 즐기는 즐거 움은 사가의 왕족에게도 있었음을 확인할 수 있다. 영조는 만년에 경희궁에 서《위선당팔경》의 〈완보영월(緩步咏月)〉,《집경당팔경》의 〈의함완월(倚檻玩 月)〉,《덕유당좌경》의 〈서령옥토(西嶺玉兎)〉 등을 선정하였는데 내용이 전하 지는 않으나 역시 이 곳에서 달밤을 즐겼음을 추정할 수 있다.

또 다른 달의 모습은《전원낙흥십영》중 〈정헌월명(靜軒月明)〉에 보인다. 이 시는 영조가 잠저시에 전원에서의 즐거움을 읊은 것으로 자신의 거처에 조용히 앉아 달을 읊고 있다.

한적한 집 일이 없어 이어 노래 부르는데

바람부는 대나무 숲 밤 기운이 맑구나

은하수 뭇 별들은 북극성 둘러 있고

멀리 보니 동쪽 고개 둥근 달이 떠 있네

幽軒無事詠歌賡　　　風動竹林夜氣淸

銀漢衆星環北極　　　遙望東嶺一輪月

이 시 1,2구에서는 대나무 숲에 감싸인 조용한 집에서 노래 부르는 정황 을 읊었다. 3,4구에서는 그 집에서 보는 북쪽과 동쪽 하늘의 모습을 그렸 다. 북쪽에는 북극성을 중심으로 둘러싼 별이 보이고 동쪽에는 달이 떠오른 다고 하였다. 이는 있는 그대로의 모습을 그렸다고 할 수 있으나 왕권에 대한 기대를 담은 것으로 볼 수도 있다. 북극성은 흔히 왕권을 상징하므로 왕을 중심으로 뭇 신하들이 옹립하는 모습이며, 달이 비추는 모습 역시 세상을 밝히면서 다스리는 왕을 상징하는 듯이 보인다. 이로 볼 때 영조는 잠저에 있을 때에도 왕으로서의 위상과 역할에 대해 늘 고민했다고 추정할 수 있다.

세상을 밝게 하는 존재로서의 달은 정조의 시에서 두드러진다. 정조는 《상림십경》의 〈청심제월(淸心霽月)〉과 《국도팔영》의 〈통교제월(通橋霽月)〉에서 구름 갠 하늘의 달을 다음과 같이 읊었다.

마음은 밤 기운에 무엇보다 맑아져
문득 동녘 숲에서 갠 달이 나옴을 깨닫네
깊이 가려진 방구석도 모두 대낮 같아져
온 천하가 반드시 함께 밝아지네
心將夜氣較誰淸　　却會東林霽月生
堂奧蔽幽皆似畫　　一天之下定同明　　　　　　　　_『열성어제』 6, 210쪽

다섯 번째 다리를 가고 가고 오고 오니
제일 밝은 달이며 정월보름 밤이네
새로 빚은 술 펼친 곳은 뉘 집의 주렴이며
푸른 퉁소를 부는 곳은 어느 곳 누대인가
삼일 밤 만에 개인 비에 기분 좋고
놀고 싶은 때 좋은 한 봄이 넉넉하구나
백 년의 태평성대를 그 누가 내리었던가
아이들 춤추고 늙은이 노래하는 곳 우리 성조(聖朝)일세
去去來來第五橋　　十分明月上元宵

　　　　　　　　　　　　　　　　제4장　왕실팔경문학의 요소와 특징

誰家簾幕開新酒　何處樓臺弄碧簫

可意雨從三夜霽　耽遊時好一春饒

昇平百歲伊誰賜　童舞翁歌卽聖朝

_『열성어제』 6, 247쪽

　앞 시의 기승구에서 정조는 밤이 되어 맑아지는 마음이 마침 떠오른 달에 가히 비교할 만하다고 하였다. 전결구에서는 그 빛이 방 구석구석은 물론 온 세계를 비치는 광명이라고 노래하였다. 숙종이 〈청심완월〉에서 달놀이 하던 것과 대비되는 묘사이다. 뒷 시 수련에서는 정월 대보름에 달이 떴음을 말하고 그 밑에서 사람들이 노니는 모습을 그렸다. 그런데 이는 왕실의 유흥이 아니라 전국적인 즐거움을 일컫고 있다. 도처에서 술을 빚고 악기를 연주하고 삼일 만에 비가 그쳐 날이 개었음을 만끽하고 또 봄의 풍요로움을 즐긴다. 미련에서는 이처럼 자신의 세상이 태평성대를 백년이나 내려오고 있으며 아이 어른 할 것 없이 즐거워한다고 칭송하였다. 달이 비추는 것을 물리적 공간뿐 아니라 태평성대의 구현으로까지 확대하여 왕의 기상을 보여 주었다.

　나. 물에 잠긴 달

　물에 잠긴 달에 대한 시는 익종의 《매화초월루팔경》의 〈수담월함(水潭月涵)〉 한 수만 전한다.

　서늘한 거처 밤은 아직 깊지 않았는데

　미풍은 맑은 못에 불어오네

　밝은 달이 동쪽 산에 떠오르고

　이곳에 비추니 물결 중심이 잠잠하네

큰 물은 맑기 거울 같아

빛은 저절로 서로 비치네

계수나무 그림자 상앗대에 잠기니

물색은 쪽빛보다 푸르네

살아 움직이는 것을 관조하니

그 속에 천기가 포함되었음을 알겠네

涼軒夜未央	微風吹澄潭
皓月出東山	照此波心淡
一泓淸如鏡	光輝自相涵
桂影沉槎枒	水色靑於藍
靜觀活潑地	箇中天機含

_『열성어제』 13, 161쪽

본래 달이 강에 비치는 모습은 달은 누구에게나 비춘다는 월인천강(月印千江)의 뜻으로 온 중생에게 고루 나눠 주는 부처의 마음을 의미한다. 그러나 익종은 이와 다른 세계를 노래하고 있다. 1-6구에서 달이 떠서 강을 비추고 있는 정황을 그리고 있는데 이를 달이 강에 잠긴 모습으로 형용한 점에서 특이한 점이 없다. 그러나 7,8구에서는 달빛 때문에 물빛이 더욱 푸르다고 하여 물의 경관의 아름다움을 묘사하였다. 달이 있기에 물빛이 더욱 아름다워졌다고 한 것이다. 이어서 9,10구에서는 이를 통해 천기가 포함되어 있는 것도 알 수 있다고 하여 물속에 비친 달이 주는 정신적 깨달음의 경지를 드러내었다.

다. 사물을 비추는 달

사물을 비추는 달에서 제시된 사물은 연꽃, 소나무, 오동나무 등이다. 먼저 연꽃을 비추는 달의 양상을 보면 다음과 같다.

> 천천히 연못 앞을 걷노라니
> 연꽃 향이 달빛 따르네
> 옛사람 그대를 사랑한 것은
> 군자의 절개 있음을 알았기에
>
> 緩步池塘前　　荷香帶月色
> 昔人愛好爾　　知有君子節

_『열성어제』 3, 202쪽

영조 《서재팔영》 중 제3경 〈하담월색(荷潭月色)〉이다. 전결구에서 얘기한 옛사람은 주렴계를 말한다. 주렴계는 〈애련설〉에서 연꽃의 향기가 멀수록 더욱 맑다고 하면서 연꽃을 꽃 중의 군자라고 한 바 있다. 그러므로 이 시에서는 군자를 드러내게 하는 존재로서의 달을 노래한 셈이다.

> 둥글둥글 연잎에 달빛은 멀고 먼데
> 서향각 산들바람에 깊은 밤이 서늘하다
> 달빛 공중에 가득해 궁중과 통하였고
> 연꽃은 물위에 덮여 하늘 향기 뿌리네
> 황금 담비 옷 영롱한 빛 곱기도 한데
> 신령한 짐승 그린 술잔에 넘치는 술 출렁이네
> 임금마음 잔치만을 생각함이 아니요
> 주문왕의 영대영소 사모함일세
>
> 田田荷葉月蒼茫　　書閣微風五夜涼
> 素影流空通御氣　　朱華冒水散天香
> 金貂班襯靈瓏艷　　白獸尊翻瀲灩光

不是宸心懷燕樂　　靈臺靈沼慕周王

　　이 시는 《규장각팔경》 중 〈서향하월(書香荷月)〉이다. 달빛에 어울려 연꽃 향이 나는 서향각의 경관을 읊었다 할 수 있는데 이 연꽃이 있는 장소는 부용지로 동궐의 대표적인 연못이다. 정조는 이와 같은 연못을 조성한 이유가 연향을 위한 것이 아니라 주나라 문왕(文王)을 사모해서라고 하였다. 문왕은 유가의 이상적 군주로 역시 이상적 군주를 드러내는 도구로서의 달을 노래한 셈이다(안장리, 2015).

　　　푸른 오동나무 가을은 정말 깊었는데
　　　달빛은 이슬로 씻은 듯 밝구나
　　　울타리 시렁도 물같이 깨끗한데
　　　가로지른 계단에는 가지와 잎사귀 가득
　　碧梧秋正晩　　　　蟾光露濯明
　　簾棚如水淨　　　　柯葉滿階橫
　　　　　　　　　　　　　　　　_『열성어제』 13, 135쪽

　　익종 《만향헌십경》 중 제6경 〈정오월백(庭梧月白)〉 12구 중 앞 4구이다. 깊어 가는 가을 오동나무가 무성한 마당에 흰 달이 밝게 비쳐서 나뭇가지와 잎사귀 사이사이조차 밝아 마치 오동나무 전체를 물로 깨끗이 씻은 듯한 느낌을 준다고 하였다. 이어서 7,8구에서는 달이 "뜰 가를 맑게 하고 구름 위에 높이 솟았다(庭邊生澹泊 雲末見崢嶸)"고 하였고, 10구에서는 달을 "상아(嫦娥)"로, 9구에서 오동나무는 "난새와 봉황이 깃든 지 오래(鸞鳳棲應久)"라고 하여 존귀한 존재로 표현하였다. 《이화정십경》의 〈송하보월(松下步月)〉(『열성어제』 13, 93쪽)에서는 "달이 소나무를 얻어 빛이 살아나고 소나무가 달을 얻어 더욱 그윽해진다(月得松而生影 松得月而增幽)"라고 하여 소나무와 달의 조화를

　　　　　　　　　　　　　　　　　　　　　제4장　왕실팔경문학의 요소와 특징

노래하였다.

5) 바람

바람에 대해서 성종이 《비해당사십팔영》의 〈죽경청풍(竹逕淸風)〉(『열성어
제』 1, 581쪽)에서 "빛나는 맑은 해 상강의 눈물에 번득이고 몰아치는 맑은 바
람 초나라 굴원에 의지했네(暉暉淨日飜湘淚 颯颯淸風寄楚騷)"라고 하였는바 소상
반죽에 서린 순비의 절개와 또한 대나무처럼 곧아 멱라수에서 빠져 죽었던
굴원의 맑은 기풍, 즉 곧은 절개를 의미하고 있다. 왕실팔경에서 바람은 계
절을 알리는 바람으로 읊어지거나 귀감이 되는 식물의 향기를 전하는 바람
의 역할을 하고 있다.

가. 계절을 알리는 바람

계절을 알리는 바람으로 춘풍과 추풍이 있는데 《궁중팔영》의 〈연로춘풍
(輦路春風)〉과 《전사팔영》의 〈추풍귀안(秋風歸鴈)〉을 들 수 있다.

　　궁전은 깊이 잠겨 낮이 더디 가니
　　가마 길에 봄바람이 꽃을 희롱할 때이네
　　신의 기운 힘차게 궁전에 몰아쳐서
　　조화로운 기운 융합되어 궁궐 뜰에 펼쳐졌네
　　가볍게 금의로 들어온 게 몇 번인 줄 알겠고
　　따듯하게 오사모 뚫는 게 누구 같게 보이네
　　그대 보게나 궁궐 찾을 수 없는 곳
　　버드나무 가지 하나 여전히 노르께하네

宮殿深沉白日遲　　春風輦路弄花時

神機蕩漾飆金殿　　和氣融怡遍玉墀

輕透錦袍知有幾　　暖穿烏帽見如誰

君看禁籞無尋處　　楊柳輕黃尙一枝　　_『풍월정집』,『총간』속집 1, 334쪽

가을 바람은 먼 숲에서 만들어져

철새인 기러기 날아갈 때를 알리네

들물로 곡식은 익어지고

여뀌 꽃에 서리 이슬 마르네

저물녘 물가에 모여 오락가락하며

석양이 되도록 우는구나

모여서 봄 소식을 기다리다가

해 뜰 때를 기다려 돌아가네

金風生遠樹　　賓鴈識時飛

野水稻粱熟　　萩花霜露晞

翱翔集暮渚　　嘹唳過斜暉

會待春消息　　應隨旭日歸　　_『열성어제』 13, 151쪽

　앞 시는 풍월정 이정의 작품으로 봄바람을 의인화하여 봄을 즐기는 정황
을 그렸다. 수련에서는 봄바람이 꽃을 희롱한다고 하였고 함련에서는 봄바
람으로 인해 궁전과 그 뜰에 봄의 신기하고 조화로운 기운이 충만해진다고
하였다. 경련에서는 따듯한 봄바람이 옷과 모자를 뚫고 들어오는 정황을 묘
사하였고 미련에서는 그 봄바람이 버드나무 가지에 앉는다고 하여 버드나
무가 봄을 맞아 움을 트는 양상을 상상하게 하였다. 임금이 다니는 가마길
에 불어오는 봄바람이 만물을 화육하는 양상을 그림으로써 봄바람은 바로

봄을 대표하는 경물로 거듭나고 있다.

뒷 시는 익종의 작품이다. 이 시에서는 바로 수련에서 가을바람이 때를 알려 주는 역할을 하고 이를 안 기러기가 날아온다고 하였다. 기러기는 겨울새로 가을에 왔다가 봄이 되면 다시 북쪽으로 날아간다. 이 시에서는 가을바람이 불어 이곳에 날아온 기러기가 곡식이 익고 여뀌꽃이 핀 들판을 날다가 물가에 모여 저녁을 나고 그렇게 봄이 올 때까지 지내다가 돌아간다는 내용을 담았다. 기러기의 생태를 그린 셈인데 가을바람을 기러기의 이동 시기를 알려 주는 존재로 읊고 있다.

나. 향기를 전하는 바람

향기를 전하는 바람으로는 익종의 《만향헌십경》의 〈나유향풍(羅帷香風)〉, 《의두합십경》의 〈만풍하향(晚風荷香)〉 등이 있다.

가을 와서 옛 연꽃이 피니

꽃의 기운 앞 못에 모여

물을 따라 그림자 우뚝하고

바람 따라 향기 침범하네

깨끗함은 군자의 절조요

맑음은 미인이 화장한 듯

돌아서 번화한 자를 비웃나니

모란이 홀로 멋대로 곱기에

新秋開菡舊　　　花氣藹前塘

出水亭亭影　　　隨風冉冉香

潔宜君子操　　　淡似美人粧

回笑繁華者　　　　牧丹獨擅芳　　　　　　　　　_『열성어제』13, 238쪽

　　이 시는 〈만풍하향〉이다. 오언율시로 압운은 당(塘), 향(香), 장(粧), 방(芳)
이다. 수련에서는 연꽃이 다시 피었다 하고 그 모습과 향기를 함련과 경련
에서 묘사하였다. 특히 함련에서 연꽃 향기는 바람에 따라 퍼져간다고 하여
바람이 향기를 퍼뜨리는 역할을 함을 나타내었다. 미련에서는 모란과 비교
하여 화려하고 독단적인 모란을 비웃는다고 하여 군자의 절조가 있는 연꽃
이 모란보다 좋다고 하였다. 이처럼 바람이 끌어내는 향기는 단순히 꽃향기
가 아니라 그 꽃이 지닌 의미, 즉 '군자의 절조'도 추가됨을 알 수 있다.

　　〈나유향풍〉(『열성어제』13, 132쪽)에서는 1,2구에서 "겹겹 벽으로 깊이 감쌌
는데 모란향기 가느다란 바람 끌고 오네(複壁深圍幔 天香引細風)"라고 하여 모
란의 향기를 전하는 존재로서의 바람을 노래하기도 했지만 마지막 11,12구
에서는 의두합 "매화는 이른 봄에 꽃다운 은택의 향기를 조각한 창에 배게
하네(閤梅春又早 芳澤裏雕櫳)"라고 하여 매화 향을 전하기도 하였음을 추정하게
하였다.

6) 구름

　　성종이 지은 《비해당사십팔영》의 〈목멱청운(木覓晴雲)〉에서 구름은 산이
높다는 것을 알게 하는 보조적 역할을 하는데 이는 《서호십경》의 〈양봉삽운
(兩峰揷雲)〉에서도 마찬가지였다. 이러한 면모를 보여 주는 구름은 《양성헌팔
영》의 〈북악층운(北岳層雲)〉, 《전원낙흥십영》의 〈북악층운〉에서 보여진다. 그
래서 이들 경관에서는 구름이 중요하다기보다는 구름과 함께 나오는 산들
이 경관의 중심에 있게 된다. 구름이 중심이 되는 경관으로는 《온양팔경》의
〈행궁상운〉, 영조가 읊은 《서재팔영》의 〈남한모운〉, 《송도육영》의 〈경덕상

운),《덕유당좌경》의〈서암오운〉, 익종의《만향헌십경》의〈몽의추운〉,《전사팔영》의〈만야황운〉 등을 들 수 있다.

가. 상운, 모운, 황운

〈1〉 상운

옛나라 남문 5리 안에
추궁 경덕궁에 상서로운 구름 둘렀네
말에 내려 얼른 가서 알현하고 나니
뜰 앞에 고개 돌려 비문을 본다

古國南門五里內　　楸宮慶德繞祥雲
下馬趍行祇謁訖　　庭前回首瞻碑文　　　　　　　_『열성어제』 3, 258쪽

〈2〉

멀리 보니 안개 구름 속에
한강 남쪽 가리키며 돌아보는 중
홀연히 지난 일을 생각하니
탄식하는 맘이 일어 눈에 눈물 그득

遙望煙雲裏　　漢南指顧中
忽憶向年事　　興歎涕滿瞳　　　　　　　　　　_『열성어제』 3, 202쪽

〈3〉

누런 구름이 사방 들판의 색
술친구는 농가의 경사를 축하해
서리 후 벼가 충분히 익으니

바람 앞에 나아가 기울어지네

낟알은 현포의 옥이 되고

빛은 적성의 노을보다 붉다

새벽에 용성을 보니

가을걷이 길이 멀지 않네

黃雲四野色	朋酒慶農家
霜後積穰熟	風前冉冉斜
粒成玄圃玉	光勝赤城霞
曉日龍星見	秋省路不賒

_『열성어제』 13, 151쪽

〈1〉은 영조《송도육영》의 〈경덕상운(慶德祥雲)〉이다. 경덕궁은 태조 이성계가 즉위하기 전에 살던 사저이다. 즉위 후에 경덕궁으로 격상시켰다. 이곳이 있던 지역 이름이 속칭 추동(楸洞)이므로 추궁이라 명명하였으며, 태조를 생각하여 이 위에 상서로운 구름이 떠 있다고 하였다. 이와 같이 상서로운 구름을 표현한 작품으로는 이숙함과 임원준의《온양팔경》〈행전상운(行殿祥雲)〉, 영조《덕유당좌경》의 〈서암오운(瑞岩五雲)〉 등이다. 〈행전상운〉의 상서로운 구름은 성종대 왕대비들이 거처한 온양행궁의 위상을 나타낸 것이며, 서암은 덕유당 북쪽에 있는 바위로 '용암(龍巖)'으로도 불리었는데 영조의 아버지 숙종이 이 바위에 친필로 '서암(瑞岩)'이라고 썼다고 한다. 이로 볼 때 왕실팔경에서의 '상서로운 구름'은 바로 왕실의 상징으로 여겨진다.

〈2〉는 영조《서재팔영》의 〈남한모운(南漢暮雲)〉이다. 내용상으로 볼 때는 단지 영조 잠저인 창의궁 서재에서 남한산성 쪽에 낀 저물녘 구름을 읊었다 할 수 있는데 전결구에서 옛날 일을 보고 눈물짓는다고 한 점을 보면 병자호란 때 남한산성에서의 치욕을 생각한 것을 유추할 수 있다. 그러므로 이 저물녘의 안개 구름은 그런 암울한 상황을 상징하는 구름으로 추정할 수 있다.

〈3〉은 익종 《전사팔영》의 〈만야황운(滿野黃雲)〉이다. 수련에서 사방 들의 누런 구름으로 인해 농가들의 경사라고 하여 누런 구름은 구름이 아니라 잘 익어 누렇게 된 벼의 모습을 비유한 것임을 알 수 있다. 게다가 미련에서는 추수가 멀지 않았다고 하여 추수를 앞 둔 논의 모습을 묘사했음을 확인할 수 있다.

나. 추운(秋雲)

몽의루 주변의 나무들에
가을 구름이 맑게 엉겨 있네
바람 따라 살짝 주렴을 건너
새벽 되면 가늘게 숲을 지나네
버들개지가 쓸쓸한 나무에 펼쳐진 듯
연기가 먼 봉우리를 가린 듯
오고감에 자취가 없고
모이고 흩어짐에 뜻이 없어
거둬지면 달빛 깨끗해지고
낮게 날면 국화에 이슬 앉은 듯
봉래산에 오색구름 엉긴 듯
두 대궐을 보니 깊숙이 있구나

夢倚樓邊樹	秋雲淡結陰
隨風輕度箔	近曉細通林
似絮披寒樹	疑烟抹遠岑
去來非有跡	聚散自無心

纏歛月華淨　　　低飛菊露沉

蓬萊凝五色　　　雙闕望中深　　　　　　　　　_『열성어제』13, 134쪽

　익종《만향헌십경》의 〈몽의추운(夢倚秋雲)〉이다. 몽의루에 가을 구름을 읊은 것인데 내용을 보면 구름의 다양한 모습이 표현되어 있다. 익종은 구름 자체의 다양한 모습을 묘사한 바 있는데 여기에서도 1,2구에서는 몽의루 주변에 얽혔던 구름이 3,4구에서는 새벽까지 변해 가는 모습을 읊었으며, 5,6구에서는 그로 인해 숲과 산의 모습이 변해 가는 양상을, 7,8구에서는 구름의 자취를, 9,10구에서는 구름이 걷혔을 때 달과 국화의 모습을 각각 읊고 마지막 11,12구에서는 궁궐의 구름이 오색구름, 즉 상서로운 구름 같으며 이 구름이 있어 궁궐이 더욱 깊이 있게 보인다고 하여 최종적으로 구름과 궁궐의 조화를 노래하였다. 이처럼 구름의 다양한 모습을 그린 왕실 팔경으로는 일찍이《궁중팔영》의 〈금어청운(禁籞晴雲)〉(이식,『사무정집』,『총간』 16, 530쪽)에서도 보이는데 함련과 미련에서 "맑은 빛의 구름 모여 맑은 경치 이루더니 푸르고 아름다운 기운에 하늘의 기미 있네. 처음 보니 갑자기 푸른 개가 되더니 다시 보니 바뀌어 흰 옷이 되는구나(靄靄晴光因淑景 蔥蔥佳氣自天機 初看忽作爲蒼狗 更見飜然變白衣)"라고 표현하여 구름의 모습을 순차적으로 묘사하기도 하였다.

7) 눈

　소상팔경에서 눈은 〈강천모설〉에서 보다시피 저물녘 강 하늘에 내리는 모습이 대표적이다. 성종도 소상팔경의 〈강천모설〉을 읊으면서 이에서 크게 벗어나지 않았다.

　　　　　　　　　　　　　　　　　제4장　왕실팔경문학의 요소와 특징

차가운 기운 분주하게 일어나더니

하늘과 같이 사방이 열리지 않고

눈에 잠겨 저물녘 조용하니

어부는 벌써 배를 돌리는구나

奔走寒雲起	同天四不開
氛埃鎖暮靜	簑笠已舟回

_『열성어제』 1, 609쪽

　　이는 오언율시 중 수련과 함련 부분이다. 눈 내리는 저물녘 강가의 고즈
넉한 풍치를 읊었다. 한편 성종이 차운한《비해당사십팔영》에서 눈과 관련
된 시로는 〈설중동백(雪中冬柏)〉(『열성어제』 1, 583-584쪽)이 있다. 이 시는 칠언
율시인데 성종은 경련에서 "영롱한 굳은 잎새 서리 머금어 푸르르고 흐드러
지게 물오른 꽃은 눈에 비쳐 더욱 붉다(玲瓏硬葉唧霜綠 爛漫腴花暎雪紅)"라고 하
였다. 잎새와 서리, 꽃과 눈을 대비하고 있는데 애초에 잎새와 꽃은 영롱하
고 흐드러져 자체적으로도 아름다운데 게다가 서리와 눈을 배경으로 하여
더욱 아름다워졌다는 것을 표현하고 있다. 즉 여기서 눈은 동백을 아름답게
하는 역할로 인식되고 있다.

　　이 동백에 대해 강희안은《양화소록》에서 중국 명나라 시인 송현(宋賢)의
시를 인용하고 있는데 칠언 절구 전결구에서 "명예는 쓸데없이 많고 도와주
는 친구는 적어 해마다 오래도록 눈과 서리 맞고 있네(名譽謾多朋援少 年年長在
雪霜中)"라고 하였다. 여기서 명예는 영롱한 잎과 난만하고 물오른 꽃을 말한
다. 아름다운 꽃은 명성인 셈이다. 그러나 자신은 아름답고 뛰어나지만 주변
은 악조건이다. 눈은 그런 악조건으로 등장하고 있다. 그런데 성종은 동백꽃
이 눈에 비쳐 더욱 곱다고 하여 눈의 긍정적인 면을 부각시켰다.

가. 제설(霽雪)

　왕실 팔경의 대표 작품인《상림십경》에서 숙종은 눈이 갠 경치를 조망하는 모습을 다음과 같이 노래하였다.

　　하룻밤 바람 일더니 요대의 티끌 가득하여
　　눈 밟고 다락에 오르니 개인 경치 새롭구나
　　상림에서 가장 경치 좋은 장소라
　　온 바위와 나무들이 모두 은빛이구나
　　風吹一夜滿瑤塵　　踏雪登樓霽景新
　　最是上林奇絶處　　千巖萬樹摠如銀　　　　　　　_『열성어제』2, 235쪽

　능허정에서 눈이 갠 뒤에 내려다보는 경치를 칠언절구로 읊었다. 진(塵), 신(新), 은(銀)이 운자이다. '요대의 티끌'은 '눈'을 말한다. 기승구에서는 간밤에 눈이 내린 뒤 능허정에 올라 경치를 감상하였다고 하였다. 전구에서는 상림, 즉 동궐 후원에서 가장 경치가 좋은 곳이 능허정이라 하고 결구에서는 능허정에서 바라보는 경치를 읊었다. 바로 모든 것이 은빛인 세계이다. 소상팔경의 〈강천모설〉의 세계가 온통 눈이 내리는 역동적인 모습이라면 숙종이 읊은 눈이 개인 뒤의 경치는 대상에 관계없이 온 세상에 골고루 내린 눈으로 공평함과 깨끗함을 느끼게 한다. 세상을 공평하게 다스리겠다는 숙종의 의지도 엿보인다.

　　지난 밤 겨울바람 불더니
　　아침에 눈이 분분히 날리누나
　　온 골짜기와 산들에서

여전히 하얀 은을 쌓는구나

朔風吹昨夜	朝者雪紛紛
萬壑千山裏	依然堆白銀

_『열성어제』 3, 203쪽

영조의 《서재팔영》의 한 수인 〈북악제설(北岳霽雪)〉이다. 오언절구로 분(紛)과 은(銀)이 운자이다. 이 작품은 영조가 잠저시절에 읊은 것으로 추정되는데 창의궁에서 북악산을 바라보며 지은 시로 여겨진다. 하얀 눈이 덮인 북악산의 장관을 읊고 있다. 숙종이 능허정에서 온 세상이 하얗게 변한 모습을 읊었다면 영조는 한양의 진산인 북악산마저 하얗게 변했다고 하여 아버지 숙종의 뜻에 동조하고 있다. 숙종의 작품에 대해 순조와 익종도 차운하였는데 특히 익종은 4편이나 지어 필력을 과시하였다.

〈1〉

눈이 쌓인 곳에 세상 먼지 씻겨지고
눈 개이자 날씨 차고 달빛이 새롭네
능허정에 올라앉아 내려다 보노라니
도성의 나뭇가지들 모두가 은빛일세

瓊瑤堆處滌紅塵	雪霽天寒月色新
來坐凌虛亭上望	淸都樹木盡成銀

_『열성어제』 11, 66쪽

〈2〉

흩날리는 눈은 하늘의 먼지 같아
신선이 한 번 쓰니 분분히 떨어지네
끊어진 다리의 처량한 낙매곡 소리
머리 돌려 멀리 보니 세계가 은빛일세

飛雪疑如天上塵　　仙人一掃下津津

斷橋悽笛落梅曲　　回首遙看世界銀　　　　　　　_《학석집》,『익종문집』2, 235쪽

〈3〉

세계가 영롱하여 티끌 하나 없으니

하늘과 땅 하룻밤에 갑자기 새로워졌네

오경에 달이 떠서 주렴을 걷으니

온 나무 가지마다 은색 빛이로구나

世界玲瓏無一塵　　乾坤一夜忽然新

五更月出珠簾捲　　萬樹枝枝色耀銀　　　　　　　　_『경헌집』, 10쪽

〈4〉

흰눈이 밤새 와서 온갖 때를 씻어 내니

달 밝은 하늘 비추어 새롭다

바람 불어 나뭇잎에 차가운 기운이 이니

세계가 영롱하여 하얀 은이 된 듯하네

白雪夜來滌萬塵　　月明玉宇暎光新

風來樹葉生寒氣　　世界玲瓏似白銀　　　　　　　　_『경헌집』, 11쪽

〈5〉

예쁜 꽃 온갖 가지 모든 먼지 씻기니

차가운 달 비치는 봉황루가 새롭다

하늘은 높고 언덕 위에서 맑은 바람 일어나니

보이는 곳 여러 산이 모두 은색이로다

玉葩千枝滌百塵　　寒蟾皎皎鳳樓新

天高岸上光風起　　面面群山摠白銀　　_『경헌집』, 11쪽

〈1〉은 순조의 차운시이다. 순조는 눈을 세속의 때를 씻어 내는 존재로 읊고 있다. 그리고 달 밝은 밤 능허정에 올라 눈에 덮인 도성의 나무들을 바라보니 모두 은빛이라고 하였다. 익종의 차운시인 〈2〉는 매우 감성적이다. 눈을 '하늘의 먼지'라 하고 신선이 쓸어 버린 존재라고 하였다. 하늘세계에 비해 인간세계가 얼마나 하찮은지 보여 주고 있다. 전구에서는 그러기에 쓸쓸한 회포에 젖게 된다고 할 수 있는데 결구에서는 그럼에도 불구하고 눈 덮인 세상이 깨끗함을 노래하였다. 〈3〉은 달밝은 밤에 능허정에 올라 세상 나무들이 은빛으로 변한 모습을 보는 흥취를 읊었다. 세상의 티끌도 사라졌다고 하여 순조가 읊은 눈의 세계에 동조하였다. 〈4〉도 마찬가지이며, 〈5〉에서는 눈이 꽃, 나뭇가지, 누정 등 눈 앞의 경물 들은 물론 눈에 보이는 모든 산을 덮은 모습을 읊었다.

제설은 눈 개인 모습이며, 눈 개인 뒤에 세상에 눈이 덮인 모습을 말한다. 숙종과 영조의 제설은 낮의 경치에 가까운데 순조와 익종은 달빛 아래에서의 은세계를 노래하고 있다. 하얀 달빛에 조응하듯이 세계가 하얗게 변한 모습은 제왕의 은택을 골고루 뿌려 주었다는 면모보다는 탈속한 흥취에 가깝다.

나. 매설(梅雪)

'매설'은 매화의 짝으로서 눈을 읊은 경우를 말한다. 영조는 《양성헌팔영》, 《전원낙흥십영》에서 눈 속에서 매화를 감상하는 흥취를 읊은 바 있다. 이 두 작품은 영조가 잠저시에 읊은 것으로 여겨진다. 즉 서재는 잠저의 거처였던 창의궁에 있던 건물이며, 당시 전원에 나가서 즐기던 일의 하나로서 눈 속의 매화 감상이었다는 것이다.

〈1〉

봄빛이 비록 좋다고 하나
나는 늘 눈 속의 매화를 사랑하나니
한가한 날 깊은 집으로
은근히 향기로운 향을 보내기에

春色雖云好　　　我常愛雪梅
幽軒閑暇日　　　馥馥暗香來　　　　　　　　　_『열성어제』 3, 200쪽

〈2〉

모든 산과 나무 은빛 속에 있는데
내 본래 그윽한 사람이라 이를 즐기네
지팡이 짚고 천천히 걸어 뒷 산에 이르니
눈 속에 매화 이미 피어 한가로운 선비 기다리네

千山萬樹摠銀裏　　　我本幽人自樂此
携杖緩行到後山　　　雪梅已發待閒士　　　　　_『열성어제』 13, 525쪽

　〈1〉은 《양성헌팔영》의 《유헌설매(幽軒雪梅)》이다. 오언절구로 운자는 매(梅)와 래(來)이다. 일반적으로 봄이 좋다고 하지만 자신은 눈 속의 매화를 좋아한다고 하였다. 〈2〉는 《전원낙흥십영》의 〈설리상매〉이다. 칠언절구로 운자는 차(此)와 사(士)이다. 눈 속에서 매화를 감상한다는 것인데 기승구에서는 '제설'의 상황을 읊고 자신도 이를 좋아한다고 하였다. 그러면서 결구에서는 그 눈 속에서도 피어난 매화를 읊고 그 매화가 자신을 기다렸다고 하여 자신이 눈속 매화에 짝할 만한 사람이라고 하였다. 세속에 부화뇌동하

지 않고 이에 초월하여 한가하게 지내는 것, 그것이 잠저시 영조의 전원에 서의 즐거움이며 자랑이라고 한 셈이다.

> 누대에서 바라보니 끝없이 흰데
> 매화는 구슬 같고 눈은 은(銀)일세
> 궐문에 빛 움직이니 불야성이오
> 대궐 처마에 향기 도니 봄 소식 먼저 왔는가
> 좋은 인재 얻어 나라의 일 맡겼고
> 선비들도 따듯한 덕화 입었네
> 기다리나니 꽃피는 새 봄의 비와 이슬이
> 모든 생물 모든 사람에게 뻗어 갔으면

> 樓垳極望皓無垠　　梅是瑗瑤雪是銀
> 闇闔光搖元不夜　　寰聖香護已先春
> 黃扇早得調羹手　　白屋方推挾纊仁
> 佇待花時新雨露　　恩覆物物與人人　　_『청장관전서』 20권, 『총간』 257, 276쪽

이덕무가 응제로 읊은 《규장각팔경》의 〈개유매설(皆有梅雪)〉이다. 칠언율 시로 운자는 은(銀), 춘(春), 인(仁), 인(人)이다. 개유와(皆有窩)는 중국 서적을 보관하던 장소로 부용정의 남쪽에 있었다. 수함련에서는 개유와에서 바라 보는 눈 속의 매화 모습을 읊고 있다. 눈 덮인 세상과 매화 향의 아름다움을 노래하되 봄에 대한 기대를 담았다. 경미련에서는 임금이 좋은 인재를 발탁 해서 쓰니 그 은택이 선비들에게 미치듯이 봄소식도 온 세상에 퍼져 나갈 것이라는 기대를 담았다.

봄을 알려 주는 매화의 아름다움을 노래하기도 했지만 눈이 만드는 경관 역시 아름답다고 하여 눈과 매화의 조화로운 모습을 읊고 있다.

〈3〉

차고 고운 것이 구름 같았고

향기롭게 홀로 봄을 차지했네

온 뜰에 쌓인 구슬

문 열고 구슬 희롱하는 사람

달 비추니 빛 더욱 깨끗하고

바람 부니 운치 더욱 새롭다

진정한 흉금 서로 비추니

조금의 세속때도 허용치 않네

冷艶偏宜雲	芬芳獨占春
滿庭堆玉地	開戶弄珠人
月照光逾潔	風來韻更新
眞襟相映發	不許點緇塵

_『열성어제』13, 95쪽

〈4〉

섣달 전에 이미 사흘간 눈이 내려

궁궐 주렴 건너로 서설 내리는 소리 듣네

합루 속 붉은 매화 나무

봄 뜻을 먼저 누설하네

臘前已三白	宮簾聽瑞雪
閤裏紅梅樹	春意自先洩

_『열성어제』13, 162쪽

〈5〉

학이 신선처럼 날아올라

색깔은 눈 속에서 볼 수 있네

멀리 온산 하얀 곳에 서 있어도

이마의 붉은 빛으로 확연히 구분되네

서린 구름과 흰빛을 다툴 만한데

달을 보고 우니 맑은 한기 더하는 구나

산음의 손님을 맞이하려는 듯

훨훨 석단을 걷는구나

胎仙飛羽化	色可雪中看
逈立千山白	明分一頂丹
盤雲爭皎潔	叫月倍淸寒
應待山陰客	翩翩步石壇

_『열성어제』 13, 240쪽

〈3〉은 익종의 《이화정십영》 중 〈창매대설(窓梅對雪)〉이다. 오언율시인데 익종은 이 십영 각 경 앞에 서문을 붙인 바 있다. 이 서문을 보면 "한 그루 추위의 매화 옥처럼 깨끗하고 향기가 특출나 다른 꽃과 달라서 바람서리에 굽히지 않고 홀로 서 있네. 아름다운 약속은 오래도록 미인을 기다릴 만하고 맑은 자태는 군자를 짝하기 좋아, 서로 대하고도 싫증 내지 않는 것은 다만 창가득한 차가운 눈뿐이네(一樹寒梅 皎潔如玉, 超芳菲而不羣 傲風霜而獨立, 佳約遲待美人 淸姿好伴君子, 相對不厭 秪是滿窓寒雪)"라고 하였다. 매화의 상대는 눈뿐이며 그 이유는 조금도 속세의 때가 묻지 않은 점이라고 하여 눈과 매화의 깨끗한 모습을 칭송하였다.

〈4〉는 《매화초월루팔경》의 제8수인 〈매죽내설(梅竹耐雪)〉 10구 중에 앞의 4구이다. 소표제로 보면 눈의 추위를 견디는 매화와 대나무를 읊은 듯하지만 이 시 1,2구에서 보듯 눈을 '상서로운 눈'이라고 긍정적으로 표현을 하고 있어 매화와 대척적인 위치에 서 있지 않음을 확인할 수 있다.

〈5〉에서 눈과 대비된 존재는 매화가 아닌 학으로 《의두합십경》의 제10수인 〈설리명학(雪裏鳴鶴)〉이다. 오언율시로 운자는 간(看), 담(丹), 한(寒), 단(壇)이다. 학을 신선에 비유하였고 이마의 붉은 점이 선명하다고 하였다. 산음의 손님을 맞이한다고 하였는데 산음은 왕희지 난정계의 장소로 탈속한 공간을 의미한다. 여기서 눈은 고고한 학이 사는 공간에서 학이 짝을 삼을 만한 경관요소로 그려져 있다.

이상에서 살펴본 바와 같이 왕실팔경에서 읊은 눈은 온 세상을 덮어 세속의 찌든 때를 안 보이게 하는 역할을 하며, 세상을 골고루 덮어 왕의 은택과 같은 이미지도 주지만 매화와 짝을 이루어 아름다운 경치는 물론 매화같이 탈속한 이미지를 만들어 내기도 한다. 이러한 면모는 익종의 《유산암팔경》의 〈만봉납설(萬峯臘雪)〉에서도 마찬가지이다.

제4장 왕실팔경문학의 요소와 특징

2 행위요소

행위 요소에는 국왕으로서의 행위와 개인으로서의 행위가 있으며, 국왕으로서의 행위에는 농사를 장려한다든가 인재를 선발하는 공무행위와 신하들과 유상곡수를 하고 관등놀이를 하는 등 연향을 즐기는 행위가 있다. 개인행위로는 가야금을 연주한다든가, 책을 읽는 등 혼자서 하는 행위가 있다.

1) 국왕으로서의 행위 ― 국정

국왕으로서의 행위 중 국정행위로는 숙종《상림십경》의 〈관풍예도(觀豊刈稻)〉, 〈영화췌시(暎花萃試)〉, 영조《전원낙흥십영》의 〈초당관예(草堂觀刈)〉, 정조《규장각팔경》의 〈규장시사(奎章試士)〉, 〈불운관덕(拂雲觀德)〉, 〈관풍추사(觀豊秋事)〉 그리고 익종《전사팔영》의 〈염권수전(簾捲水田)〉, 〈임묘관엽(臨畝觀饁)〉, 〈등장승옥(登場乘屋)〉 등을 들 수 있다. 또한 영조가 송도에 행차했을 때 수행한《송도육영시》의 〈관리관융(管理觀戎)〉, 〈남문소민(南門召民)〉, 〈대상신은(臺上新恩)〉, 〈부학배성(府學拜聖)〉 등이 있다.

가. 농사

〈1〉

관풍각 아래 논이 넓은데
왕업은 먼저 농업의 어려움을 알아야 하네

우공편은 향로 상에 두고 읽고

빈풍도로 병풍을 만들어 보네

소나기 지나가니 농부의 노래 그치고

누른 곡식 가득하니 베는 소리 쉴 새 없네

인자하신 임금 마음 백성을 걱정하여

매번 진수성찬 대해도 맛을 모르네

觀豊閣下水田寬　　王業先知稼穡難

禹貢篇留香案讀　　豳風圖入御屏看

初收白雨鋤謠歇　　遍滿黃雲銍響乾

惻怛宸情民事軫　　每當玉食未甘餐　　　　_『청장관전서』 20, 『총간』 257, 276쪽

〈2〉

귀한 것이 농사인 줄 알아

이른 봄에 밭갈이 살펴보네

밭두둑에 이앙할 말 모여 있고

광주리에 닭을 새로 더했네

궁중 후원에 농사일 시작하니

궁중의 태감이 야인 같구나

백성의 근본을 중하게 여길 뿐 아니라

감상 또한 맑고 참되네

所貴知稼穡　　　觀耕及早春

畦塍秧馬集　　　筐筥黍鷄新

禁苑開田事　　　宮監似野人

非徒重民本　　　幽賞亦淸眞　　　　　_『열성어제』 13, 149쪽

〈1〉은 정조의 명에 의해 지은 이덕무의 《규장각팔경》 중 〈관풍추사(觀豐秋事)〉이다. 관풍각은 이름에서 보듯이 풍년을 보기 위해 지은 정자로 창경궁 후원에 있으며 앞에 논이 있어 직접 농사를 짓게 한 곳이다. 가을 일이라 했으니 벼 베는 일을 읊은 것인데 수련에서는 농사의 어려움을 왕이 알아야 한다 하고 함련에서는 『서경』과 『시경』의 농사관련 편명을 들어 농사가 성현의 경서에 있을 정도라고 하여 농사의 중요성을 강조하였다. 경련에서는 농부의 근면을 권면하고 미련에서는 백성에 대한 왕의 관심을 칭송하였다.

〈2〉는 익종 《전사팔영》의 〈임묘관엽(臨畝觀饁)〉이다. 수련에서는 농사의 중요성을 왕실에서도 알아 봄의 밭갈이를 살핀다 하고, 경련에서는 태감이 직접 궁궐 후원에서 농사를 짓는다고 하여 입으로만 하는 것이 아님을 들었다. 미련에서도 궁중에서 농사를 중시하는 실천적 모습을 칭송하고 있다.

이처럼 숙종, 정조, 익종 등이 지은 왕실팔경에서는 봄의 밭갈이와 가을의 추수에 대해 왕실에서 민본으로 생각하고 중시하고 있음을 노래하였다.

나. 인재선발

새로 지은 규장각 높고 높은데
허다한 좋은 문장 이미 보았네
좋은 선비들이 모여드니 역복을 생각하고
뛰어난 인재가 일어나니 청아를 읊네
한나라는 현량책을 시행하였고
당나라는 때로 박학과를 열었네
난봉의 풍채 갖춘 사람 그 누구인가
요사이 맑은 조정에서 예로 맞아들이네
奎躔新閣巃嵯峨　　卽看文章濟濟多

吉士來歸思棫樸　　英材振作咏菁莪
漢庭親發賢良策　　唐殿時開博學科
誰是鸞鳳珍彩備　　熙朝近日禮爲羅　　_『청장관전서』 20, 『총간』 257, 276쪽

역시 이덕무가 지은 《규장각팔경》의 〈규장시사(奎章試士)〉이다. 수련에서
는 규장각에 소장된 책에 좋은 문장이 많아 규장각 학사들이 이를 다 보았
다고 하였다. 함련의 '역복'과 '청아'는 『시경』에 나오는 말로 각각 인재의 많
음과 인재를 교육하는 것을 비유한 말이다. 인재를 모이게 하고 인재가 되
게 교육한다는 뜻인 셈이다. 경련에서는 인재를 뽑는 중국의 정책을 들었으
며, 미련에서는 현재 조정에서 인재를 대접하는 태도를 칭송하였다. 이처럼
인재를 중시하고 잘 선발하는 양상에 대해서는 숙종, 영조, 정조 등의 팔경
시에서도 확인할 수 있다.

　다. 송도 행차

　영조는 1740년 9월 송도에 들르게 되는데 이때 《송도육영시》를 짓게 된
다. 내용을 보면 왕으로서 송도에서 행한 일련의 행위를 팔경의 대상으로
삼았음을 알 수 있다. 관리단에서 병거를 참관하고 성균관 학당에서 성인,
즉 공자사당에 절한 일 등이 이채로운데 이를 들면 다음과 같다.

　만월대 앞에 두 나무를 세우고
　깃발과 북으로 원문 앞에서 영접하네
　군대 위용으로 정렬하니 자연히 엄숙하고
　단상에서 쏘는 작전개시 포소리를
　선임과 현임들이 참관하네

滿月臺前兩札立   旗皷迎接轅門前
軍容整列自然熟   壇上號砲衆現先

면의 입고 성인 뵈어 옛전을 따르니
예를 마친 당 위에 날씨도 맑아
유생들을 모아 근면함과 신칙함을 권하니
백년 전의 옛일이 지금 이루어졌네

冕衣拜聖遵乎昔   禮畢御堂日氣淸
招集儒生勤勉飭   百年古事今辰成

앞 시인 〈관리관융(管理觀戎)〉에서는 관리단에서 군사훈련하는 모습을 묘사하였다. 기승구에서는 만월대 앞에서 훈련을 위한 장치를 설비하는 양상을 전결구에서는 실제 훈련을 하고 또 이를 관람하는 모습을 함께 묘사하여 훈련하는 모습을 영조가 제3자의 입장에서 전체적으로 조망하고 있음을 확인하게 한다. 아울러 군사를 중시한 왕의 태도도 엿볼 수 있다.

뒷 시인 〈부학배성(府學拜聖)〉에서는 개성 성균관에서 영조가 직접 공자에게 예를 하고 또 유생들에게 학문을 권면하는 일을 수행하면서 유교를 국시로 하는 유교국가의 왕, 즉 군사(君師: 임금이면서 스승)로서의 역할을 하고 있다는 자부심을 드러내고 있다. 이 두 시에는 국왕으로서 지방에 직접 나아가 문관은 물론 무업(武業)까지 중시하여 함께 권면하는 등 국정에 충실했던 왕의 모습이 잘 그려져 있다.

2) 국왕으로서의 행위 ─ 연향

국왕으로서의 행위 중 종친 및 신하들과의 연향행위로는 성종대 월산대군의 《금중잡영》에서 〈관어제시(觀御製詩)〉, 〈관어필서(觀御筆書)〉, 숙종《상림십경》의 〈천향간화(天香看花)〉, 〈어수관등(魚水觀燈)〉, 〈심추상련(深秋賞蓮)〉, 〈소요관천(逍遙觀泉)〉, 〈희우범주(喜雨泛舟)〉, 〈청심완월(淸心玩月)〉, 영조《전원낙흥십영》의 〈송정사후(松亭射帿)〉, 〈계간철국(階間掇菊)〉, 〈설리상매(雪裏賞梅)〉, 익종의 《이화정십경》의 〈격림이화(隔林梨花)〉, 〈창매대설(窓梅對雪)〉, 《만향헌십경》의 〈화음동하(花陰彤霞)〉, 《매화초월루팔경》의 〈오란하향(午欄荷香)〉, 〈송국오상(松菊傲霜)〉, 〈매죽내설(梅竹耐雪)〉, 《의두합십경》의 〈만정산행(滿庭山杏)〉, 〈만풍하향(晚風荷香)〉, 〈황화영준(黃花映樽)〉, 〈적엽함상(赤葉含霜)〉 그리고 정조《국도팔영》에서의 서울 도처 놀이 등을 들 수 있다.

가. 꽃놀이

아침 햇빛 대궐에 비치니
붉은 기운 봄빛에 엉기네
어지럽게 구름낀 숲에 아른거리더니
벗어나 분칠한 담장을 둘러싸네
바람에 끌려 푸른 잎사귀 밝게 하더니
이슬과 함께 붉은 방으로 떨어지네
나비 춤추니 화려한 빛으로 맞이하고
꾀꼬리 노래하니 곱게 들떠 아뢰네
깁과 비교하면 장막을 만들 만하고
견고한 건 치마로도 만들 정도네

궁궐 후원이 봄 단장으로 좋으니

휘황하게 새벽 향기 희롱하네

朝暉浮絳闕	丹氣纈韶光
凌亂迷雲樹	離披繞粉墻
引風縈翠葉	和露浥紅房
蝶舞迎華彩	鶯歌秦艶陽
鮫紗堪作幔	疑縠欲裁裳
禁苑春粧好	輝輝弄曉香

_『열성어제』 13, 131쪽

　익종《만향헌십경》의 〈화음동하〉이다. 봄 꽃에 해가 비추니 붉은 꽃으로 인해 지는 그늘이 붉다는 의미이다. 원래 그림자라는 것이 어둡기 마련인데 밝은 빛과 고운 꽃잎으로 인해 그림자조차 아름답게 연출되는 봄이며 그런 봄의 꽃을 즐기는 꽃놀이를 하고 있음을 보여 준다. 1,2구에서는 장소가 대궐, 시간은 아침, 계절은 봄이라고 하였다. 3,4구에서는 궁궐의 숲과 담장을 묘사하고, 5,6구에서는 햇빛이 밖에서부터 궁궐 건물 안까지 비치는 양상을 그렸다. 7,8구에서는 나비와 꾀꼬리가 만드는 봄의 화사함을 그리고 9,10구에서는 햇빛이 만드는 몽환적 정황을 비유적으로 설명하였으며, 마지막 구인 11,12구에서는 봄 햇빛이 궁궐을 봄으로 단장하는 양상을 그렸다.

　꽃놀이의 방법은 이렇게 봄과 꽃이 어우러진 경관 자체를 묘사함으로써 꽃을 감상하는 경우도 있지만 천향각에서 모란을 감상하고, 심추정에서 연꽃을 완상하거나 이화, 매화, 살구꽃, 국화, 단풍 등을 감상하면서 꽃피는 계절을 만끽하기도 하였다.

나. 뱃놀이

태액지에 용주 띄우니 파도가 잠잠하고
낭랑하고 맑게 채연가를 부르네
바로 이때 시절이 태평하여 일이 없으니
한가하게 낚시 드리워 잡는 물고기가 많구나
太液龍舟駕息波　　琅然淸唱採蓮歌
正屬時平無一事　　閒投竿竹釣魚多
　　　　　　　　　　　　　　_『열성어제』2, 232쪽

　숙종《상림십경》의 〈희우범주〉이다. 희우정에서 현재의 부용지를 내려다
보며 읊은 칠언절구이다. 당시 숙종은 이곳에 택수제를 건립하고 물놀이를
하였는데 전결구에서는 태평하여 일이 없으며 낚시하니 고기가 많이 잡힌
다고 하여 당시의 즐거움을 표현하였다. 이와 같은 꽃놀이와 뱃놀이는 당대
종친과 관료들과 함께 놀던 왕의 즐거움이었는데 정조의 『일성록』(1794년 3
월 15일)을 보면 꽃놀이 뱃놀이는 물론 야간에 불을 밝히고 하는 달 감상까
지 하루종일 봄놀이를 했던 기록이 보인다. 이 놀이에 참석한 인물의 직위
와 성명 등은 〈표 7〉과 같다.
　참여 인원의 직책을 보면 왕, 영의정, 영중추부사, 판중추부사, 일제학, 검
교직제학(2), 검교직각(3), 원임직각, 대교, 좌승지, 우승지, 우부승지, 검열,
주서, 가주서(3, 전가주서 포함), 약방제조, 수어사, 장용대장, 부사직, 전부, 유
학(15), 감역(2), 진사(5), 별겸춘추, 교관(2), 형조참의, 부사과 등으로 되어 있
다. 유학과 진사 등 벼슬이 없는 인물이 20명이나 될 정도로 상당한 비중을
차지하고 있는데 이들은 대개 원로 대신의 가족으로 이 모임의 성격이 원로
대신을 위한 모임임을 알 수 있다.
　이날 모임의 핵심 장소는 옥류천 지역, 영화당 지역, 부용지 지역이며 각

표 7   정조대 창덕궁 후원 봄놀이 참여인원

구분	직책	성명	비고
1	왕	정조	
2	영의정	홍낙성(洪樂性)	아들 3, 손자 1
3	영중추부사	채제공(蔡濟恭)	
4	판중추부사	김희(金憙)	아들 2
5	일제학	정민시(鄭民始)	아들 1, 조카 2
6	검교직제학	서유방(徐有防)	아들 2
7	검교직제학	서정수(徐鼎修)	조카 1, 종질 2
8	검교직각	정대용(鄭大容)	
9	원임직각	윤행임(尹行任)	
10	검교직각	서영보(徐榮輔)	동생 1
11	검교직각	남공철(南公轍)	종질 1
12	대교	이존수(李存秀)	형 1, 동생 2
13	좌승지	이가환(李家煥)	
14	우승지	이면긍(李勉兢)	
15	우부승지	이익운(李益運)	
16	검열	오태증(吳泰曾)	
17	주서	정문시(鄭文始)	
18	가주서	구득로(具得魯)	
19	가주서	유원명(柳遠鳴)	
20	약방 제조	정창순(鄭昌順)	
21	수어사	이문원(李文源),	
22	장용대장	김지묵(金持默),	
23	부사직	홍의영(洪義榮)	홍낙성의 아들
24	전부(典簿)	홍대영(洪大榮)	홍낙성의 아들
25	유학(幼學)	홍세영(洪世榮)	홍낙성의 아들
26	유학	홍석주(洪奭周)	홍낙성의 손자
27	유학	김재신(金在新)	김희의 아들

구분	직책	성명	비고
28	유학	김재선(金在善)	김희의 아들
29	유학	정성우(鄭性愚)	정민시의 아들
30	감역	정치우(鄭致愚)	정민시의 조카
31	유학	정최우(鄭最愚)	정민시의 조카
32	전(前) 가주서	서준보(徐俊輔)	서유방의 아들
33	진사(進士)	서임보(徐任輔)	서유방의 아들
34	유학	서유민(徐有民)	서정수의 조카
35	별겸춘추	서유문(徐有聞)	서정수의 종질
36	진사	서유성(徐有聲)	서정수의 종질
37	유학	서경보(徐畊輔)	서영보의 동생
38	유학	남성구(南星考)	남공철의 종질
39	유학	이재수(李在秀)	이존수의 형
40	유학	이우수(李友秀)	이존수의 동생
41	유학	이규수(李奎秀)	이존수의 동생
42	진사	이노익(李魯益)	원임직제학 이병모(李秉模)의 아들
43	교관(教官)	서응보(徐應輔)	원임 직각 서용보(徐龍輔)의 동생
44	유학	서봉보(徐鳳輔)	원임 직각 서용보(徐龍輔)의 동생
45	형조 참의	정치순(鄭致淳)	원임 직각 정동준(鄭東俊)의 숙부
46	진사	김명순(金明淳)	원임 직각 김조순(金祖淳)의 종형(從兄)
47	진사	심응규(沈應奎)	원임 대교 심상규(沈象奎)의 아우
48	유학	심승규(沈承奎)	원임 대교 심상규(沈象奎)의 아우
49	감역(監役)	이전수(李田秀)	고(故) 제학 이복원(李福源)의 조카
50	부사과	이노수(李潞秀)	고 제학 이성원(李性源)의 조카
51	교관	조진구(趙鎭球)	고 제학 조경(趙璥)의 아들
52	유학	정동안(鄭東晏)	고 직제학 정지검(鄭志儉)의 아들

공간에서의 놀이는 시짓기, 활쏘기, 낚시와 뱃놀이이다. 먼저로는 옥류천 유상곡수 지역에 둘러앉아 시를 짓고 술을 마셨으며, 이어서 영화당 앞에 대차를 세우고 화살의 과녁은 관덕정 지역에 설치하고 활쏘기를 하였다. 이날 홍낙성 등이 9후 1순을 쏘았으며, 정조는 홍낙성 등 대신이 팔순의 나이에도 불구하고 과녁에 맞힌 것을 치하하였다. 끝으로 부용지 주변에 앉아 낚시하기(대신과 중신은 부용정의 왼쪽에 앉고, 각신은 부용정의 오른쪽에 앉고, 승지와 사관은 못의 서쪽에 앉고, 각신의 자제는 못의 동쪽에 앉게 하고 고기를 잡은 자는 잡은 대로 즉시 살려 주며 이를 기록하게 함)와 뱃놀이를 하였는데 뱃놀이에서는 음악을 연주하게 하고 배에는 술과 안주를 주어 섬의 주위를 빙빙 돌게 하였다. 홍사롱(紅絲籠)과 청사롱(靑紗籠) 2쌍을 뱃머리에 걸고 또 홍사롱 30대(對)를 못가에 벌여 세우게 하였으며 시를 짓게 하여 누각 위에 있는 사람이 지은 시, 배 안에 있는 사람이 지은 시, 물가에 있는 사람이 지은 시 등으로 각각 1축(軸)씩 3개의 시축을 만들게 하였다.

이날의 놀이에서 눈에 띄는 모습은 정조의 동선이다. 정조는 신하들과 별도로 다닐 뿐 아니라 중간에라도 마주치지 않도록 배려하는 면모를 보인다. 모이는 장소에 가기까지만이라도 신하들이 자유롭게 봄경치를 만끽하게 하기 위한 배려인 셈이다.[2]

한편 부용지 뱃놀이 양상을 인용하면 다음과 같다.

내(정조)가 이르기를, "옛날에는 태액지[太液池: 한 무제(漢武帝)가 건장궁(建章宮)을 짓고 그 북쪽에 만든 큰 못. 여기에서는 창덕궁 부용지(芙蓉池)를 가리킨다]의 배 위에 홍

---

2 李勉兢에게 하교하기를, "대신이 먼저 나아갔더라도 중도에서 만나면 반드시 불편한 점이 많을 것이니, 輦이 지나가는 길을 凌虛亭으로 잡는 것이 좋겠다" 하였다. ○ 正祖의 동선 : 부용정(이상 부용지 지역) → (능허정길) → 소요정 → 청의정 → 농산정(이상 옥류천 지역) → 석거문 → 영화당 大次(이상 영화당 지역) → 의춘문 → 부용정(이상 부용지 지역), ○ 신하들의 동선 : 영숙문(이상 부용지 지역) → 농산정(이상 옥류천 지역) → 영화당(이상 영화당 지역) → 부용정(이상 부용지 지역).

단(紅緞)으로 휘장을 만들었는데 근래에는 모정(茅亭)을 쓰니, 옛날만 못하다는 사실을 어느 정도 알 수 있다. 다만 배를 띄울 때 옥적(玉笛)을 불도록 하는 것은 다소 생각해 볼 만하다. 배를 띄울 때에는 옥적 소리가 있어야 하니, 옥적 1쌍을 배에 싣게 하고 옥적 소리가 나거든 배를 띄우도록 하라. 호당(湖堂)에서 독서하도록 휴가를 받은 이들이 뱃놀이를 할 때 대내(大內)에서 붉은 비단 장막을 하사한 일이 옛날에 있었고, 이제 오랜 세월이 흘렀는데도 역대 대제학들이 이를 후임 대제학에게 넘겨주며 보관해 오고 있다고 하던데, 신하들 중에 본 사람이 있는가?" 하니, 이문원이 아뢰기를, "신이 아직 보지는 못했으나, 대내에서 하사한 홍금 장막이 지금까지 서로 전해지는 것을 통해서 옛날의 성대한 일을 알 수 있습니다. 그 총애와 영광을 어찌 전심석연[傳心石硯: 이식(李植)이 김상헌(金尙憲)에 이어 대제학이 되었을 때 김상헌이 이식에게 시와 함께 전해 준 벼루를 말함]과 비교할 뿐이겠습니까" 하였다. 이어 음악 및 술과 안주를 주고 섬의 주위를 빙빙 돌라고 명하였다. 내가 이르기를, "달빛이 좋기는 하지만 등촉(燈燭)도 있어야 하니, 홍사롱과 청사롱 2쌍을 뱃머리에 걸고 또 홍사롱 30대(對)를 못가에 벌여 세우라" 하였다.

내가 이르기를, "누각 위에 있는 신하들과 배 안에 있는 신하들은 서로 말을 주고받으라" 하였다. 윤행임이 말하기를, "배 안에는 술이 있습니까?" 하니, 이문원이 말하기를, "술통 안의 술이 벌써 비었으나 감히 청하지 못합니다" 하여, 내가 이르기를, "술 1병과 안주 1그릇을 작은 배에 실어 전해 주게 하라" 하였다. 서영보는 말하기를, "배 안이 아름답기는 하지만 천상(天上)만은 못하니, 지상의 인간들은 상계(上界)의 뭇 신선을 한번 보시오" 하고, 이면긍은 말하기를, "봄물에 배를 띄운 것이 천상에 앉아 있는 듯하니, 이곳도 천상입니다" 하고, 이문원은 말하기를, "다리 위에는 사람이 걸어가고 누각 위에는 사람이 앉아 서로 바라보니 모두 그림 속 풍경입니다.

이날 신선이 될 인연은 어찌 너와 나의 차이가 있겠습니까" 하고, 정민시는 말하기를, "비단 돛이 제때를 만났으니 어느 때에나 물가에 배를 대렵니까?" 하니, 이문원은 말하기를, "종이 울리고 날이 밝더라도 이 즐거움은 다하지 않겠으나, 우선 노래 곡조가 그치기를 기다리겠습니다" 하였다. 내가 이르기를, "신하들이 말을 주고받은 것이 좋다" 하였다. 이문원이 아뢰기를, "배 안에 시인이 많으니 여기에서도 시를 읊지 않을 수가 없겠습니다" 하여, 내가 이르기를, "유(遊) 자나 누(樓) 자로 운(韻)을 삼아 각각 절구(絕句)를 지어 올리고, 누각 위에 있는 사람과 물가에 있는 사람도 모두 화답하라" 하였다. 윤행임은 어시를 쓰라고 명하였다. 어시에,

세심대서 꽃놀이 이 누각서 또 뱃놀이
이것으로 올봄엔 잘 놀았다 하겠네
이 밤에 임금 신하 함께 축원하는 것은
고목 위에 떠오른 달 오래오래 머무는 것

하였다. 신하들이 차례로 시를 지어 올렸다. 내가 이르기를, "누각 위에 있는 사람이 지은 시, 배 안에 있는 사람이 지은 시, 물가에 있는 사람이 지은 시로 각각 1축(軸)씩을 만드는 것이 좋겠다" 하였다.[3]

위의 내용을 볼 때 궁궐에서의 뱃놀이는 단순히 배를 타는 것이 아니라 옥피리와 등촉이 늘어선 부용지에서 부용정, 부용지 주변, 부용지의 배에 사람들이 나뉘어 있으면서 술과 안주를 즐기면서 말을 주고받는 것임을 알 수 있다. 그리고 이 놀이의 주관은 왕에 의해 행해지고 있으며 대개 전대(前代)

---

3   한국고전번역원 한국고전종합DB, 『日省錄』 번역을 인용하되 필요한 경우 가필하였다.

에 어떻게 행했는지에 대해 살펴보고 현재의 상황을 고려하여 예전의 흥취를 재현하되 현재에 맞게 변형하게 된다. 그리고 이런 성사(盛事)는 시축을 만들어 기념하게 하였는데 이날의 뱃놀이에서는 3개의 시축을 만들어 그 성대함을 기념하게 하였다.

다. 서울에서의 놀이

서울에서의 놀이는 성종대 서거정이 〈한도십영〉에서 중을 찾아 세외담론을 하고[藏義尋僧], 태종이 태조를 위해 지은 절인 흥덕사에서 연꽃을 감상하고[興德賞蓮], 말을 키우는 살곶이에서는 준마 타고 꽃놀이를 하며[箭郊尋芳], 종로 네거리에서는 초파일 연등을 구경한다[鍾街觀燈]. 사신들을 모시고 놀던 제천정에서는 달을 완상하고[濟川翫月], 모화관 북쪽에 있어 중국사신을 전송했던 반송정에서 손님을 보내며[盤松送客], 남산에서는 꽃을 감상한다[木覓賞花]. 마포나루, 양화나루, 입석포 등은 모두 서울의 물산을 운반하던 장소로 현재는 각각 마포대교, 양화대교, 성수대교 등이 그 역할을 대신하고 있는데, 각각 배를 띄우고[麻浦泛舟], 눈을 밟고[楊花踏雪], 고기를 낚는[立石釣魚] 흥취를 누린다고 하였다. 이 놀이에 월산대군 이정, 강희맹, 이승소, 성임 등 당대의 문사들이 차운함으로써 당대의 성사로 삼았다. 정조는《국도팔영》에서 이를 재현하였다.[4]

필운대 곳곳마다 번화함을 과시하네
만 그루 수양버들, 만 그루의 꽃이구나
가벼이 늘어진 버들은 좋은 비를 맞이하고

---

4   이하 한국고전종합DB, 고전번역서, 『홍재전서』 제2권 번역을 인용하되 필요한 경우 가필하였다.

새로 만든 깨끗한 비단에 밝은 놀을 엮어 놓은 듯

흰 겹옷으로 단장한 선비는 모두 시 짓는 벗이고

푸른 깃대 비껴 있는 곳은 바로 술집이네

혼자 서재에서 글 읽는 이는 뉘집 아들인고

동궁에서 내일 아침엔 또 조서를 내려야겠네

雲臺著處矜繁華　　萬樹柔楊萬樹花

輕罨游絲迎好雨　　新裁浣錦綴明霞

糚成白袷皆詩伴　　橫出靑帘是酒家

獨閉書帷何氏子　　春坊朝日又宣麻

구비진 못 깊게 고인 물 한결같이 맑은데

만 그루 연꽃은 십 리 멀리 향기 나네

흩어진 이슬방울은 온통 붉은 구슬이요

실로 띠를 엮어 연잎을 받쳐 주네

여자아이 편애하여 물풀의 길 터놓건만

그 누가 신선을 찾아 일엽편주를 띄울는지

문득 주렴계가 맑은 바람 비 갠 달밤에

조용히 무극 연구해 글을 이루려는 듯하네

曲塘渟滀一泓然　　十里香生萬本蓮

拌露聯珠渾絳粉　　抽絲結蔕抵靑錢

偏憐兒女開萍道　　誰訪仙人泛葉船

怳似濂溪光霽夜　　靜硏無極欲成編

앞 시는 제1경인 〈필운화류(弼雲花柳)〉이다. 필운대에서 꽃과 버들가지를
감상한다는 말인데 칠언율시이다. 수련에서는 필운대 주변이 온통 버드나

무와 꽃에 둘러싸였다고 하고, 함련에서는 버드나무가지가 비를 맞은 풍경과 놀에 비치는 꽃의 아름다움을 노래하였다. 경련에서는 마침 시벗과 술집이 있어 놀기 좋다 하고 미련에서는 그럼에도 불구하고 홀로 독서하는 자가 있으니 이에게 상을 줘야겠다 하였다. 여기서 상 주는 장소를 동궁이라 한 것을 보면 정조가 대리청정 하던 세손시절임을 알 수 있다.

아름다운 봄을 맞아 서울 명승에서 노니는 행위를 긍정하면서도 늘 국정을 우선시하던 정조의 모습을 보여 주고 있다.

뒷시는 제6경인 〈반지상련(盤池賞蓮)〉이다. 《한도십영》에서 '반지'는 손님과 이별하는 곳이고 홍덕사가 연꽃을 감상하는 곳이었는데 여기서는 반지를 연꽃을 감상하는 곳이라고 하였다. 수련에서는 무성한 연꽃의 향기를 묘사하였고 함련에서는 연잎의 물방울과 또 연꽃 받침을 그렸다. 경련에서 선경의 연꽃을 즐기는 연향을 노래했다면 미련에서는 연꽃의 고고함을 칭송한 주돈이(周敦頤)를 들었다. 즉, 염계(濂溪)는 송(宋)나라 주돈이의 호인데, 그의 열전(列傳)에서 그의 기상을 '비 갠 뒤의 맑은 바람과 밝은 달[光風霽月]'이라 표현하였고, 일찍이 주돈이가 '무극이태극(無極而太極)'으로 시작하는 〈태극도설(太極圖說)〉과 연(蓮)을 사랑하는 뜻을 적은 〈애련설(愛蓮說)〉을 지었음을 들어 성리학을 궁구해야 함을 천명한 셈이다.

《국도팔영》은 정조가 세손시절에 지은 시로 《한도십영》에서처럼 서울도처 명승에서의 연향을 읊되 국가의 왕으로서의 자세를 늘 견지하는 태도를 보임으로써 연향의 연락을 위주로하는 《한도십영》과 차이를 보인다.

3) 개인으로서의 행위

개인으로서의 행위로는 익종의 《일반령팔경》과 《홍두원십영》에서 묘사한 일련의 행위를 들 수 있다. 이들은 소표제가 〈관화(灌花)〉, 〈청우(聽雨)〉,

〈탄금(彈琴)〉, 〈초시(抄詩)〉, 〈간월(看月)〉, 〈독서〉, 〈시명(試茗)〉, 〈분향〉, 〈축정(築亭)〉, 〈공화(供花)〉, 〈우하(友夏)〉, 〈납량〉, 〈탄금〉, 〈음몽(唫夢)〉, 〈계경(揭磬)〉, 〈평화(評畵)〉, 〈간매(看梅)〉, 〈소등(燒燈)〉 등 두 글자로 이루어져 있어 경관보다는 행위 자체를 경의 목적으로 하고 있음을 알 수 있다. 즉 익종에게 일반령과 홍두원은 위와 같은 행동을 할 수 있는 장소로서 경관의 의미가 있다는 말이다.

〈1〉 관화(灌花)

화분에 물을 주다 보니

붉은 꽃 사이로 푸른 잎 보이네

신선 베개 베고 한가한 꿈꾸다 보니

날게 되어 기뻐하는 나비 되었네

注水花盆中　　　浮紅間翠葉

閒夢伴仙枕　　　化飛栩栩蝶　　　　　　　_『익종문집』1, 66쪽

〈2〉 청우(聽雨)

약초 밭 난간 밖에 가랑비 오니

꽃과 숲에 새들이 우는구나

푸른 창밖에 봄 해는 긴데

세상에 홀로 즐기는 동산일세

細雨藥欄外　　　花林鳥語喧

綠窓春日永　　　人間獨樂園　　　　　　　_『익종문집』1, 66쪽

〈3〉 탄금

여름해 초당 가운데 비추니

비파 안고 태고적을 생각하네

구름 속에서 한 곡조 연주하니

뜰에 학이 절로 와서 춤추누나

夏日草堂中　　　横琴思太古

雲間逗一曲　　　庭鶴自來舞　　　　　　　　_『익종문집』1, 66쪽

〈4〉 초시(抄詩)

발을 걷고 서늘한 바람 들이고

시를 뽑으며 긴 하루를 보낸다

창 앞에 파초 잎은 긴데

졸음에 시세계로 들어가네

捲箔納凉風　　　抄詩遣日永

窓前蕉葉長　　　睡意入詩境　　　　　　　　_『익종문집』1, 66쪽

〈5〉 간월

영롱한 가을 달이 좋은 건

세계에 큰 광명을 주기에

이 광명이 비치는 걸 사랑해

주렴 걷으니 정이 느껴지누나

玲瓏秋月好　　　世界大光明

愛此光明照　　　開簾若有情　　　　　　　　_『익종문집』1, 66쪽

〈6〉 독서

난간 머리에 달빛이 좋아

한가히 앉아 책을 읽는데

가만히 생각해야 무슨 소용 있을까

조용히 관조한 최초의 이치

櫳頭月色好　　　　　閒坐讀床書

潛心何所得　　　　　一理靜觀初　　　　　　　　　_『익종문집』1, 66쪽

〈7〉 시명(詩茗)

창앞에 천 척 쌓인 눈

차를 다리니 맑은 향기 신선하다

머무는 손님과 밤새 이야기하니

이 사이 맑아 속때가 없구나

窓前千尺雪　　　　　試茗淸香新

留客良宵話　　　　　此間淨無塵　　　　　　　　_『익종문집』1, 66쪽

〈8〉 분향

서까래 몇 개로 만든 초가집에서

향을 태우며 매화를 대하니

내꿈은 청산으로 가서

응당 처사의 집을 찾아가는 것이네

數椽茅屋裏　　　　　燒篆對梅花

我夢靑山去　　　　　應尋處士家　　　　　　　　_『익종문집』1, 66쪽

　　이상 8경은 《일반령팔경》(『익종문집』1, 66쪽)인데 사계절의 행위를 읊고 있다. 즉 〈1〉, 〈2〉는 봄에 하는 행위이다. 화분에 물을 주고 빗소리를 들으면서 봄날을 홀로 만끽한다고 하였다. 〈3〉, 〈4〉는 여름에 하는 행위이다. 비파를 타니 학이 와서 춤을 추고 시를 뽑으며 시세계에 산다고 하였다. 〈5〉, 〈6〉은

가을에서 하는 행위이다. 가을 달을 보며, 또 달빛에 책을 보며 이치를 궁구한다고 하였다. 〈7〉, 〈8〉은 겨울에 하는 행위이다. 차를 달여 손님과 밤새 이야기하고 설중매를 감상한다고 하였다. 이처럼 이 팔경은 익종이 산중의 처사처럼 수양하면서 사계절을 보내고자 하는 양상을 묘사하고 있다.

〈1〉 축정(築亭)

누가 원생의 꿈을 일깨웠나

구름이나 경작하려 지은 작은 장원

오동나무 담장에선 들사슴 달리고

대나무 울타리에 예쁜 양 기르니

새싹 차는 스님에게 주는 공양이요

향기로운 메벼는 학의 식량이네

아름다운 장식의 돌상자는

종마다 책을 쌓는 창고라네

誰覺圓生夢	耕雲小築莊
梧垣馴野鹿	竹埠牧花羊
苦茗支僧供	香秔半鶴糧
縹緗粧石笈	種種畜書倉

_『익종문집』1, 69쪽

〈2〉 공화(供花)

샘과 숲 오랫동안 적막해

꿈속에서 맑고 신령함 생각하네

새벽비에 산 바윗돌 울리고

깊은 구름은 달을 둘렀네

시의 누각에서 석사(石史)의 시를 평가하고

향기로운 세계에서 꽃 경전 품평하네

몇 겁 세월 사람들 다 취했는데

빈 창에 나만 홀로 깨었네

泉林多寂歷	因夢想淸靈
曉雨鳴山磬	深雲注月甁
詩樓評石史	香界品花經
世劫人多醉	空窓我獨醒

_『익종문집』 1, 69쪽

⟨3⟩ 우하(友夏)

사람이 연꽃 맑음과 같으면

오염된 맘 생기지 않을 텐데

이슬은 홍두나무에 엉기고

구름은 석류숲을 가리네

주렴 안쪽에서 남은 그림 평하고

서늘한 창가에서 비파를 베개 삼네

대숲 그늘 맑아 친구 삼을 만하고

산에 달오르니 가벼이 옷깃 떨치네

人似蓮花淨	心生不染心
露凝紅豆樹	曇礙石榴林
簾邃評殘畫	窓凉枕一琴
竹陰淸可友	山月拂輕襟

_『익종문집』 1, 69쪽

⟨4⟩ 납량

한가히 《병화사》[5]를 열어 보다

전단향을 향로로 옮긴다

비파로 앵두곡(鸎脰曲)을 연주하고

전지에 유지시(柳枝詩)를 베낀다

대나무로 받은 물로 차를 끓이고

솔바람에 학은 비문을 떨치네

주렴의 서늘함이 정말 오묘해

한판 바둑을 보는 것 같네

閒閣瓶花史	梅香睡鴨移
琴彈鸎脰曲	牋寫柳枝詩
竹溜茶鳴鼎	松風鶴拂碑
簾涼眞妙湛	看取一杯碁

_『익종문집』1, 69쪽

⟨5⟩ 탄금

스님이 세 번 거듭 탄주하니

먼 봉우리는 새벽 단장한 머리 같네

맑은 구름 가볍게 바위 덮고

가을 비는 가늘게 산을 감싸네

새벽 달은 소나무로 숨어 들어가고

늙은 중은 학이 되어 돌아오네

세상의 많고 적은 일들

꿈 때문에 한가롭지 못하네

百衲彈三疊	遙峯似曉鬟
淡雲輕寫石	秋雨小藏山
殘月穿松隱	枯僧化鶴還

5　『瓶花史』는 명나라 말기 문인 원굉도(袁宏道)가 꽃과 나무를 기르는 일에 대해 쓴 책으로 許筠의『惺
　　所覆瓿藁』에 소개되어 있다.

世間多少事　　　因夢未應開　　　　　　　　

〈6〉음몽(唫夢)

새벽에 상강 기러기 생각하니

가을 꿈이 가늘기 새끼줄 같구나

구름 동굴에 구리북이 울리고

산장의 창가에는 석등이 밝다

법단(法壇)이 적막함을 알면서

시의 의경을 여전히 사랑하네

잎사귀가 붉은 나비 되어 날아가니

중은 돌아가 달 가장자리 쓰는구나

曉思湘鴈外　　　秋夢細如繩

雲窟鳴銅鼓　　　山窓耿石燈

法壇知寂寞　　　詩境愛因仍

葉幻飛紅蝶　　　歸僧掃月楞　　　　　　

〈7〉게경(揭磬)

조용한 숲은 쓸쓸한 산 밖에 있고

가벼운 구름은 새벽달 남쪽에 있는데

높은 누각은 기러기 서성이는 탑이요

작은 방은 별 머무는 조롱이다

맑은 경쇠소리 꿈을 원만하게 하고

남은 등불은 곡조와 함께하는 이야기인 듯 등불 다하도록

모름지기 그윽한 패소리 내니

마음은 울두람불과 같다

靜樹寒山外 　　輕雲曉月南

高樓浮鴈塔 　　小室摘星龕

清磬仍圓夢 　　殘燈伴曲談

須多幽唄響 　　心似鬱頭藍

_『익종문집』 1, 70쪽

<8> 평화(評畵)

그림 속에서 그림을 보고 있으니

옛 도장을 쓰다듬고 있구나

주는 사람은 새벽 꿈에 놀라고

받는 사람은 시마 때문에 고뇌하는데

시렁에서 진적을 찾고

창가에서 불교를 배운다

차 마신 뒤 그림 붓 들어

그린 건 낙타털 같구나

畵裏重看畵 　　摩挲古印龕

燈南驚曉夢 　　硯北惱詩魔

半架探眞蹟 　　圓窓學佛訶

茗餘抽蟹爪 　　落墨似毛駝

_『익종문집』 1, 70쪽

<9> 간매(看梅)

나부산에서 도리어 옛 꿈을 꾸어

산관에서 새벽을 맞았네[7]

6　鬱頭藍佛: 悉達太子의 스승으로 仙人.

7　明末淸初의 文人 張岱가 지은 『夜航船』의 '林間美人'에서 羅浮山의 미인을 만나 하룻밤을 보내고 깨니
　　큰 매화나무 아래였다는 이야기가 전한다(中國基本古籍庫).

새벽달은 돌다리를 감싸고 있는데

스님은 눈에 덮인 다리를 시험하는구나

시마(詩魔) 때문에 고뇌하다 보니

차가운 화로에 대나무 반이 타 버렸네

羅浮還舊夢	山館對殘宵
曉月縈風磴	幽僧試雪橋
檀心占玉蝶	梔貌寫冰綃
仍境詩魔惱	寒爐篆半消

_『익종문집』1, 70쪽

〈10〉 소등(燒燈)

좁은 집은 매화에 둘려 있고

창 남쪽엔 눈이 융단처럼 덮였네

새로운 시 응당 새벽에 뽑으니

고역(古易)을 몇 번이나 연구했나

꿈 생각에 산의 구름은 가늘고

마음 비우니 바다위 달이 둥글다

반쯤 이지러진 화로에 석엽을 태우니

비바람에도 등불 하나 전해 주네

斗室梅花帳	窓南雪作氍
新詩應曉鈔	古易幾番研
想夢山雲細	空心海月圓
半爐燒石葉	風雨一燈傳

_『익종문집』1, 70쪽

이상 십경은 《홍두원십영(紅豆園十詠)》이다. 제1경을 보면 홍두원에 정자를 짓는다고 하였는데 미련에 책을 쌓아 놓는다는 말로 보아 서고로 활용되는 건물임을 추정할 수 있다. 제2경 경련을 보면 여기서 시를 평가하고 꽃을 품평한다 하고 미련에서는 세상 사람 다 취했는데 나만 깨어 있다고 하여 외로운 처지와 이를 달래는 행위로서 시와 꽃을 벗하고 있음을 알 수 있다. 제3경에서는 사람의 마음이 오염된 것을 안타깝게 여긴다 하고 자신은 그림을 평하고 비파를 탄주하며 대숲과 달을 벗삼고 지낸다고 하였다. 제4경에서는 역시 비파를 타고, 시를 베끼며, 차를 달이고 바둑 두는 것을 보는 등 여름을 한가히 보낸다고 하였고, 제5경에서는 가을 비파를 타며 날을 보낸다고 하였으며, 제6경에서는 가을 꿈이 길기만 하다고 하였다. 제7경에서는 밤 등불 앞에서 비파를 타며 지내는 모습을, 제8경에서는 그림 속에서 그림을 찾는다고 하고 불가에서 흔히 말하는 토끼의 뿔처럼 불교의 진리 찾기에 대해 말했다. 제9경에서는 시마로 괴로워하는 자신을 읊었고, 제10경에서는 진리를 전하는 등(火要)에 대해 말하고 있다. 전체적으로 열 가지 행위를 제시하면서 이를 발판으로 도가나 불가적 상념과 몽환적 표현을 구사하여 현실 도피적인 생각을 피력하고 있다.

3 경물요소

1) 동물

 팔경시의 전범인 《소상팔경》에는 기러기가 〈평사낙안〉에서 나온 바 있으며, 《비해당사십팔영》에서는 금계(〈水上錦鷄〉), 화합(〈籠中華鴿〉), 학(〈鶴唳庭松〉) 등 정원 관상용의 귀한 조류가 소개된 바 있다. 왕실 팔경에서 등장하는 동물들 중 닭, 꾀꼬리, 매미, 기러기 등은 대개 시간이나 계절을 알리는 존재로 그려져 있다. 이 외에는 자규, 학, 비둘기 정도가 있다.

 가. 때를 알려 줌

 왕실팔경에서 때를 알려 주는 동물로는 꾀꼬리, 매미, 기러기, 닭 등이 있다.

 버들개지 흰 나비는 화창한 봄을 희롱하는데
 푸른 나무 짙은 그늘에선 꾀꼬리가 종일 우네
 철 따라 절로 우는 새도 조화의 일부분이니
 어진 천성으로 위육(位育)하는 것이 이 바로 성인의 마음이기에
　　游絲粉蝶弄春晴　　碧樹陰濃盡日鶯
　　時鳥自鳴猶造化　　仁天位育聖人情
　　　　　　　　　　　　　　　　_『홍재전서』 권1, 『총간』 262, 22쪽

 정조 《상림십경》의 〈망춘문앵(望春聞鶯)〉이다. 결구의 '위육'은 천지가 안

정되고 만물이 생육한다는 뜻으로 『중용』에 보인다. 여기서 꾀꼬리는 봄을 알리는 역할을 하고 있다. 그래서 제목도 '봄을 바라면서 꾀꼬리 소리를 듣다'이다. 전구에서 꾀꼬리를 철따라 우는 새로 정의하였다. 이와 같이 꾀꼬리를 읊은 다른 작품으로는 영조의 《집경당팔경》의 〈녹음문앵(綠陰聞鶯)〉, 익종 《이화정십영》의 〈내원유앵(內苑柳鶯)〉이 있다.

매미 소리 석양에 지나가니
궁 숲의 녹음이 서늘하다
불볕 더위 때 되어 물러나니
가벼운 바람 가는 곳마다 부는구나

蟬聲過夕陽　　　宮樹綠陰凉
明火隨時退　　　輕風到處揚　　　_「풍월정집」권 1, 『총간』속집 1, 318쪽

월산대군의 《금중잡영》 중 〈금중문선(禁中聞蟬)〉이다. 한창 더위의 여름에 매미 소리를 들으면서 더위를 쫓는 모습이 그려져 있다. 영조도 《집경당팔경》에서 〈송림선성(松林蟬聲)〉을 선정하였다. 익종은 《이화정십영》의 〈녹음선향(綠陰蟬響)〉, 《의두합십경》의 〈제후청선(霽後淸蟬)〉 등에서도 여름을 알리는 존재로서의 매미를 묘사하였다.

기러기는 가을을 알려 주는 존재로서 익종의 《전사팔경》 〈추풍귀안(秋風歸鴈)〉에서 묘사되었으며, 닭은 새벽을 알리는 존재로 영조의 《집경당팔경》 〈금계보시(金鷄報時)〉의 대상이 되었다. 영조는 집경당에서 생활하던 만년에 잠이 오지 않아 새벽을 기다리는 글을 많이 썼으며 아침 닭 울음에 대해 관심이 높았다. 〈어제민야장(御製悶夜長)〉(K4-2340)에서는 "닭이 게을러 새벽을 늦게 알리네(金鷄懶 報曉晚)"라고 닭을 비난한 바 있는데 또 자신이 제일 좋아하는 소리는 꾀꼬리 소리, 학의 울음소리 그리고 닭의 울음소리라고

하였다[〈어제문앵성(御製聞鸎聲)〉(K4-2218)].

나. 자규, 학, 비둘기

〈1〉 자규

밤들어 구름 낀 숲 조용한데

정이 많아 자규 소리 듣는다

구름 속에 울부짖으니 바위 대나무 찢어지고

피 토하며 우니 시냇가 꽃 고개 떨구네

고요한 산속 깊은 곳

뉘엿뉘엿 달이 질 때

하찮은 미물도 모두 놀라는 뜻

오직 주자만이 알고 있네

入夜雲林靜	多情聽子規
叫雲巖竹裂	啼血澗花垂
寂寂山深處	依依月落時
微禽多警意	惟有晦翁知

_『익종문집』1, 209쪽

〈2〉 학

학이 걷는 소나무 화단은 깨끗해

울창하게 기울어 깊게 덮었네

흰 털에는 서늘한 이슬 떨어지고

맑은 소리는 높고 깊은 자태와 어울리네

적벽(赤壁)은 천년의 꿈이요

청성(靑城)은 만리의 마음이라

차 향기 아궁이에서 올라와

연기가 침노하지 못하게 하는구나

鶴步松壇淨	蒼蒼偃盖深
皓衣滴凉露	清響和高陰
赤壁千秋夢	青城萬里心
茶香生石竈	煙靄莫敎侵

_『열성어제』 13, 145쪽

〈3〉 비둘기

출렁이는 금당의 물결

가벼운 비둘기 꿈꾸던 가을

여뀌꽃 깊은 곳에서 목욕하고

잦은 비에 늦게나 물에 떠 있네

게으르게 기러기에 쪼이고

한가하게 백로 놀이 벌이게 하네

기미를 잊어야 친할 수 있는데

지는 해는 꽃다운 물가로 떨어지는구나

漵漵金塘水	輕鷗夢素秋
蓼花深處浴	頻雨晚來浮
倦與冥鴻啄	閒將振鷺遊
忘機知可狎	斜日下芳洲

_『열성어제』 13, 148쪽

〈1〉은 익종《의두합십경》의 〈격림자규(隔林子規)〉이다. 자규는 소쩍새라고도 하고 두견이라고도 한다. 자규는 흔히 촉나라 망제의 혼이라고 한다. 국정을 다른 사람에게 맡겼다가 왕위까지 빼앗기고 떠돌다가 촉나라에 돌아가고 싶다고 피 토하며 울다가 죽은 뒤 자규가 되었다는 이야기가 있는데 여기서의 자규도 그 자규에 비유하고 있다.

익종은 이 자규의 울부짖음을 들으며 망제를 생각하고 국정이 다른 사람에 의해 천단되지 않게 해야겠다는 다짐을 했을 것으로 여겨진다. 이와 같이 자규를 읊은 경우로는《유산암팔경》의〈행정자규(杏庭子規)〉도 있다.[8]

〈2〉는 익종《유산암팔경》의〈송취보학(松翠步鶴)〉이다. 수련에서는 울창한 소나무와 거기서 노니는 학을 묘사하였다. 함련은 학의 희고 생동적인 모습과 소나무의 울창한 모습을 묘사하였으며, 경련에서는 먼저 소동파(蘇東坡)의〈후적벽부(後赤壁賦)〉를 빌려 학이 신선의 화신임을 말하였다.[9] 청성(靑城)은 소나무숲에 대한 비유로 관련 고사가 있을 것으로 여겨지나 미상이다. 미련에서는 차를 끓이며 도를 닦는 한가한 상황을 읊었다. 영조《집경당팔경》의〈정령무원(丁令舞園)〉은 제목만 전하지만 역시 죽어서 학이 되어 돌아왔다는 정령위 고사에서 빌렸으며, 학이 춤을 추는 것이 볼 만하다고 하였다. 익종《의두합십경》의〈설리명학(雪裏鳴鶴)〉에서는 눈속에서 우는 학의 자태를 읊었는데 이처럼 학은 궁궐 후원을 장식하는 대표적인 멋진 새였다고 할 수 있겠다.

〈3〉은《전사팔영》의〈전당수구(前塘睡鷗)〉이다. 가을 앞 연못의 비둘기가 물에 떠 있는데 기러기와 백로 등과 어울리면서 졸고 있는 모습이다. 익종 자신도 그렇게 한가롭게 기미에 구애되지 않고 놀고 싶으나 그렇게 하지 못하면서 또 하루해를 보내고 있음을 자책하고 있다.

이상에서 살펴본 바와 같이 왕실팔경에 등장하는 동물 중에 관상용 동물로 기르는 것은 학 정도이며 다른 동물의 경우 철마다 궁궐에 출몰하고 있

---

8   "子規啼未歇 杏庭落花時 香濕露侵羽 夢寒月上枝 踈燈慰寂寂 開枕聽遲遲 夜久聲初遠端知別樹移."〈杏庭子規〉,『열성어제』13, 145쪽.

9   소동파가 적벽에서 놀 때 큰 학이 한 마리 날아와 뱃전을 스치고 지나갔는데, 그날 밤 꿈에 한 도사가 찾아와 읍을 하며 인사하기에 그의 이름을 물었으나 대답하지 않았으며, 이윽고 소동파가 정체를 알아차리고 어젯밤의 그 학이 아니냐고 하니 도사가 돌아보며 웃었다 한다.

기에 팔경의 대상으로 선정되었다고 할 수 있다.

2) 식물

《비해당사십팔영》에는 많은 식물이 나온다. 창가에 핀 매화, 일본에서 들여온 척촉(躑躅), 옥매화, 해남에서 들여왔다는 대나무, 작약, 동백, 모란, 이화, 홍행, 해당, 산다, 사계화, 백일홍, 삼색도, 금전화, 옥잠화, 거상화, 영산홍, 장미, 규화, 능상국, 치자화, 훤초, 양류, 파초, 회, 단풍, 오설란, 만년송, 오동엽, 로송, 홍시, 황등, 촉포도, 안석류, 함담, 송, 원초 등이 그것이다. 이들은 정원을 아름답게 꾸미는 경물이기도 하다.

왕실팔경에서 식물 관련해서는《궁중팔영》에서 월산대군이 읊은 괴나무, 《상림십경》에서 숙종이 제시한 단풍나무, 영조가《양성헌팔영》에서 제시한 대나무와 매화,《전원낙흥십영》에서 읊은 국화,《서재팔영》의 포도,《집경당 팔경》에서 뽑은 연꽃과 해당화, 익종이《이화정십경》에서 제시한 배꽃,《매화초월루팔경》의 소나무, 오동나무,《의두합십경》의 살구 등을 들 수 있다.

이들 중에 매화, 소나무, 국화, 대나무 등은 눈과 서리를 이기고 절개를 지키는 상징적인 식물로 읊어졌으며, 다른 식물들은 각각 나름대로의 면모로 팔경에 선정되었다. 이 중에 포도, 배꽃, 살구꽃 등을 보면 다음과 같다.

〈1〉 포도

초당에 일이 없으니
푸른 잎사귀 뜰앞을 덮었네
넝쿨은 용처럼 꿈틀댄다 하고
포도알은 몇 떨기나 이어졌나

草堂無事日　　　綠葉蔽庭前

草龍自有號　　　珠帳幾朶連　　　　　　　　_『열성어제』 13, 202쪽

〈2〉 배꽃

몇 그루 배꽃이 비치니

작은 집의 가벼운 주렴 걷네

모습은 봄눈 자취와 헷갈리고

향기는 이른 매화향과 구별 어렵네

나비는 자주 집안을 엿보고

새들은 늦게 담장에서 떨쳐 나네

가지마다 새로운 빗 기운 띠고 있으니

밝은 해 점점 길어지는구나

數樹梨花映　　　輕簾捲小堂

却疑春雪跡　　　難辨早梅香

戲蝶頻窺戶　　　流禽晚拂牆

枝枝新帶雨　　　暄旭漸看長　　　　　　_『열성어제』 13, 89쪽

〈3〉 살구꽃

지난 밤 가랑비 지나가고

산살구 향기가 줄어들었네

비늘처럼 얼기설기 떨어졌지만

참새 주둥이에 향기가 남았네

응당 매화의 서늘함에 부끄러우나

경솔히 버들꽃 바쁨을 쫓는구나

피고 지는 것은 모두 하늘의 조화

내년 봄에 또 곱게 피리라

前宵微雨過	山杏減芬芳
飛下魚鱗錯	唧來雀嘴香
應羞梅藥冷	輕逐柳花忙
開落皆天造	明春又艷陽

_『익종문집』1, 209쪽

〈1〉은 영조《서재팔영》의 〈정전포도(庭前葡萄)〉이다. 잠저시에 지은 것으로 추정되므로 창의궁 앞 뜰에 있던 포도에 대한 묘사라 할 수 있다. 오언절구이다. 서재에 한가하게 있다 보니 뜰 앞에 포도잎과 포도알이 풍성히 쌓여 있다고 하였다. 대개 외부와의 출입이 없으면 문앞에 잡풀이 가득하다고 하는데 영조는 포도덩굴이 무성하다고 하여 쓸쓸한 처지를 운치 있게 표현하였다.

〈2〉는 익종《이화정십경》의 〈격림이화(隔林梨花)〉이다. 하얀 배꽃의 모습을 다각도로 묘사하고 있다. 오언율시로 배꽃의 모습과 향기를 각각 봄눈과 매화향에 비유하고 또 봄에 화사하게 핀 배꽃을 보면서 앞으로 낮이 길어지는 계절이 될 것임을 차분하게 설명하였다.

〈3〉은 익종《의두합십경》의 〈만정산행(滿庭山杏)〉이다. 역시 뜰에 떨어진 살구꽃을 보면서 느끼는 정감을 묘사하였다. 오언율시로 운자는 방(芳), 향(香), 망(忙), 양(陽)이다. 밤비에 다 떨어진 살구꽃잎을 보고 그 향기가 참새 주둥이에 남아 있다고 하여 진한 아쉬움을 드러내었다. 그러면서 미련에서는 내년 봄에는 또 살구꽃이 필 것을 기대하는 마음을 읊었다.

이상에서 살핀 것처럼 왕실팔경의 식물들은 특별히 왕실정원의 조경을 위해 마련했다기보다는 주위에 흔히 볼 수 있는 식물들로 이루어져 있으며 시를 통해 이를 묘사하되 경우에 따라 식물에 담긴 상징이나 계절을 언급하는 정도에서 머물고 있음을 알 수 있다.

3) 인조물

왕실팔경에서 인조물로 대표적인 것은 '종'과 '등'이다. 종은 소상팔경의 〈연사모종〉,《비해당사십팔영》의 〈인왕모종〉처럼 전통적으로 있어 왔던 물건이다. 여기서 종은 종 자체보다는 종소리가 중요한데 종은 '만종(晚鐘)'과 '신종(晨鐘)'의 두 가지 기능으로 불려진다. '등'은《한도십영》의 〈종가관등(鍾街觀燈)〉에서처럼 등에 불을 켜고 밤들이 노니는 것으로 쓰이는 게 일반적이었는데 한편으로는《만향헌십경》의 〈설창한등(雪窓寒燈)〉처럼 쓸쓸한 존재로 불려지기도 하였다. 이를 차례로 살펴보도록 하겠다.

가. 만종(晚鐘)

맑은 가을 산의 밤은 고요해
종소리 숲에서 가끔 들리네
먼 성곽에 연기 스러진 후에
높은 봉우리에 달이 떨어질 즈음
소리 하나 도리어 고요한 듯하고
온갖 물상이 저절로 허상이 되네
그 속에 진정한 모습 있으니
속세 잡념에서 깨어 맑아지네

淸秋山夜靜	鍾響出林踈
遠郭烟消後	高峯月落初
一聲還似寂	萬象自歸虛
箇裡通眞想	塵根覺淡如

_『열성어제』13, 145쪽

익종《유산암팔경》의 〈공산한종(空山閑鍾)〉이다. 수련에서는 종소리가 가을밤 숲속 저 너머에서 들려온다고 하였고 함련에서는 소리가 울리는 시기를, 경련에서는 종소리가 만드는 효과를 그렸다. 그리고 미련에서는 불교의 깨달음 같은 것을 얻게 됨을 그렸다. 이렇게 종소리를 통해 고즈넉한 저녁 풍경과 그로 인해 마음이 차분해짐을 읊은 것이 바로 만종의 세계이다. 이는《소상팔경》의 〈연사만종〉부터 구축되어 온 만종 종소리의 형상이다. 이와 같은 작품으로 영조《서재팔영》의 〈운정풍종(雲亭風鍾)〉, 익종《이화정십영》의 〈남취문종(攬翠聞鍾)〉,《만향헌십경》의 〈산비청종(山扉聽鍾)〉 등이 있다.

나. 신종(晨鐘)

맑은 달 성긴 별 새벽 기운이 맑은데

봉루 종소리가 대궐 밖까지 울리네

녹로정 돌아서 뭇 닭들 우니

산의 운무 걷혀 온갖 나무 선명하네

신하들은 조정에 들어 새벽빛을 분별하니

군왕은 일찍 일어나 꿈 이루기 어렵네

소리쳐 다시 만수무강 축원하니

맑은 소리 쟁쟁하게 봉황이 우는 듯

淡月疏星曉氣淸	鳳樓鍾動出金城
轆轤井轉群鷄唱	雲霧山開萬樹晴
方伯入朝▉色辨	君王早起夢難成
歡呼更祝岡陵壽	嘯嘯鏘鏘玉鳳鳴

_『사우정집』 상,『총간』 16, 530쪽

부림군 이식《승명공화어제궁중팔영》의 〈봉궐신종(鳳闕晨鍾)〉이다. 칠언율

제4장   왕실팔경문학의 요소와 특징

시이다. 수련에서는 달도 저물고 별도 성글어지는 새벽에 궁궐에서 새벽을 알리는 종소리가 울렸다 하고 함련에서는 뭇 닭들도 우니 산의 어둠도 걷혔다고 하였다. 궁궐 종소리로 인해 자연까지 새벽을 맞는 듯한 느낌을 준다. 경련에서는 종소리에 맞춰 관료와 임금도 꿈에 취하지 않고 일찍 일어나 아침 조회를 한다고 하였다. 그리고 미련에서는 왕을 축수하였는데 이는 부림군의 작품이어서 그런 듯하다. 다만 새벽 종은 아침을 알리고 새로운 하루의 일과를 시작한다는 의미로 쓰였음에 틀림없다.

다. 관등(觀燈)

아름다운 당 좌우에 연못을 끼고
늙은 잣나무 서린 소나무 덮개처럼 되어
등불이 휘황하게 천만 개를 켜니
도리어 달을 꺼려 밝음을 뺏으려는 듯

華堂左右挾池塘　　老栢盤松似蓋帳
燈火熒煌千萬點　　却嫌夜月奪明光　　　　　　　_『궁궐지』1, 134-135쪽

숙종《상림십경》의 〈어수관등〉이다. 어수당 좌우 연못이 있고 또 잣나무 소나무들도 울창한데 여기에서 달밤에 등불을 켜고 놀았다는 내용인데 그 등불이 달빛보다 밝았다는 것이요 그렇게 밝은 등불을 보는 것 자체가 즐거웠다는 것이다. 순조와 익종도 이에 차운하였고 영조는 《양성헌팔영》에서 〈의함관등(倚檻觀燈)〉이라는 시를 통해 이에 동조하였다.

라. 한등(寒燈)

밤 창에 12월 눈이 밝은데

등불이 밝디밝게 비추네

집 밖 모든 산이 하얗고

집 안 등불심지 하나만 푸르러

대나무 바람 휘휘 들리고

매화의 운치 우뚝한데

청명한 기운 장막을 침노하니

가벼운 추위에도 수놓은 병풍은 얇기만

책에 끌어오니 달빛보다 밝고

벽을 통해도 별만큼은 차지하네

고요하긴 얼음 단지보다 더하니

마음 또한 슬기롭게 되는구나

夜窓明臘雪	燈火照熒熒
戶外千山白	堂中一炷靑
竹風聽浙浙	梅韻對亭亭
灝景侵羅幕	輕寒薄繡屛
引書光勝月	透壁點如星
靜與氷壺澈	天君亦喚惺

_『열성어제』 13. 135쪽

익종《만향헌십경》의 〈설창한등(雪窓寒燈)〉이다. 긴긴 겨울밤 서재에서 등
불을 켜고 독서하는 정취를 읊었다. 1,2구에서는 밖과 안의 정경을 읊고
3,4구에서는 눈과 등불을 구체적으로 대비하였다. 5,6구에서는 대숲 바람
소리와 매화향을 읊었다. 9-12구에서는 등불로 책을 본다 하고 이를 통해

제4장　왕실팔경문학의 요소와 특징

마음이 슬기로워지는 것 같다고 하여 독서의 즐거움을 토로하고 있다. 이와 같은 작품으로는 익종《이화정십영》의 〈서유한등(書帷寒燈)〉이 있으며 등불과 같은 역할을 하는 촛불, 반딧불로 대치한 작품으로 각각《유산암팔경》의 〈상유한촉(緗帷寒燭)〉,《전사팔영》의 〈서만한형(書幔寒螢)〉 등이 있다.

이상에서 살핀 바와 같이 왕실팔경에서 읊은 인조물은 종과 등이 다수를 차지함을 알 수 있다. 물론 이 외에도 물시계(《금중팔영》〈궁문주루〉) 같은 인조물이 있기도 하지만 이는 예외적인 경우이며 일반적으로는 일상에서 쓰는 물건이었던 셈이다.

4 소결

　왕실에서 팔경의 대상으로 읊어진 산의 면모는 높고 깊은 산, 천변만화하는 산, 푸른 숲이 무성하고 새들이 노래하는 산, 마을과 어우러진 산 등 다양한 면모를 보여 주고 있는데 궁궐 주변의 북악, 인왕산, 낙산 등을 자주 읊는다는 특징 외에 왕실의 면모를 보인다고 하기는 어렵다. 물로 나타난 맑은 물과 옥류천에서의 유상곡수 등 역시 특별히 왕실로서의 독자성이 보이지 않는다. 해 중에서도 특히 뜨는 해는 일반 팔경문학에서 잘 그려지지 않는 경관으로 왕실팔경에서 표현된 뜨는 해는 추운 겨울에서 따뜻한 봄으로 계절이 바뀌는 때에 햇빛뿐 아니라 햇볕을 통해 만물을 화육하게 하는 존재로 그려져 있는데 이는 왕의 덕화와 동질성을 느끼게 한다. 한편 달의 경우 대개 가을밤 완상의 대상으로 읊어지기 마련인데 왕실팔경에서는 세상 구석구석을 비춰 주는 존재로 묘사되기도 하였다. 바람은 계절의 변화와 향기를 전하는 존재로 읊어졌으며, 구름은 산의 높음을 표시하거나 상서로움, 저녁, 풍년을 알리는 존재로 묘사되기도 하였고, 눈은 꽃의 아름다움이나 매화의 지조를 강화하고 온 세상을 하얗게 덮는 존재로 그려지고 있다는 점에서 일반 팔경문학에서 그려지는 면모와 차이가 없다고 할 수 있다.

　이처럼 경치 요소에 있어서는 뜨는 해 이외에는 왕실팔경의 면모가 두드러지지 않지만 행위에 있어서는 농사, 인재선발, 지역 행차, 궁궐 후원에서의 성대한 꽃놀이, 뱃놀이, 달놀이 등 국왕으로서 또는 오직 왕실에서만 가능한 요소로 이루어져 있다. 반면에 개인적 행위나 동물과 식물 등의 경물에서는 왕실 특유의 진귀함이 나타나지 않는다.

제 5 장

사대부 팔경문학의 특징

우리나라에 팔경이 없는 곳이 없듯이 팔경시를 짓지 않은 사대부는 없었다고 해도 과언이 아니다. 사대부의 팔경시는 왕화를 칭송하고, 지역을 현창하며, 자신을 드러내는 시였으며, 시작 능력을 겨루는 시이기도 해서 문명(文名)이 있어 글을 쓰고 문집을 남기는 사대부들 대부분은 팔경시를 지었다. 본고에서는 먼저 통시적으로 사대부들의 팔경시 향유 양상을 소개하고 왕실팔경과 비교하도록 하겠다.[1]

1　이하의 내용은 안장리(2014a)의 내용 중 필요한 부분을 인용하였다.

1 작시(作詩) 대결

　명종의 소상팔경의 수용은 혼란한 정국에서 무신의 꼭두각시에 불과했던 왕의 현실도피 수단이었다. 이상향에서의 평화로운 경관을 그리면서 암울한 현실을 잊으려 했던 셈이다. 명종은 자신이 직접 그림을 그리고 당대의 시인인 이인로에게 시를 짓게 하였는데 이인로의 소상팔경시는 이상적 경관을 읊은 시의 전형이 되어 두고두고 회자되었다.

　처음으로 소상팔경시를 작시 경쟁 수단으로 거론한 인물은 이규보이다. 이규보는 〈한림별곡〉에서 쌍운주필로 불릴 정도로 시를 빨리 짓고 잘 짓는 인물로 유명하거니와 평장사 이인식이 팔경시를 지었는지 묻는 말에 다음과 같이 대답하였다.

　고금에 걸쳐 시인들이 지어 놓은 것이 많기도 하지만, 우레를 지탱한다거나 달을 찢는다는 말처럼 깜짝 놀랄 만한 문구를 서로 다투니, 나는 거기에 미치지 못할까 두려워서 감히 짓지 못하였습니다. 하지만 공께서 굳이 지으라고 독촉하신다면 즉시 차운하여 각기 두 수씩을 지어 올리겠습니다. 그러나 다만 제현(諸賢)들이 지어 놓은 것을 보지 못하였으니 남의 운을 쓰지 않으리라고 어떻게 다짐하겠습니까.[2] 이것만이 염려될 뿐입니다.[3]

2　원래 '남의 운을 쓴다는' '犯韻'은 沈約의 시평 방식인 四聲八病說에서 쓰인 말로 '冒韻'이라고도 하는데 韻脚이 아닌 곳에 같은 운자를 쓰는 것을 말한다. 그런데 이 글에서는 다른 사람의 시를 보지 못해서 운자를 범한다는 뜻으로 말하고 있어서 심약이 사용한 시평용어는 아닌 것으로 보았다.

3　"古今詩人賦者多矣, 未嘗不撑雷裂月 爭相爲警策者 予懼不及 故不敢爾, 公固督予賦之 卽次韻各成二首奉寄 但未觀諸賢所賦 焉知不有犯韻者耶 此獨所恐耳"(李奎報, 〈次韻李平章仁植 虔州八景詩 幷序〉, 『東國李相國集後集』第6卷, 『총간』 2, 196쪽).

'탱뢰열월(撑雷裂月)은 그 소리와 기운이 사람을 놀라게 한다는 의미가 있다.'[4] '우레'는 소리이므로 키우고 지속하거나 막을 수는 있어도 지탱시킬 수는 없다. 달은 바라보거나 가릴 수는 있지만 찢을 수 있는 대상이 아니다. 이런 표현은 현실적으로는 일어날 수 없는 일이지만 말로 표현할 수 없는 심상이나 형태를 표현하는 것을 중시하는 문학에서는 높이 평가받는 재능이다. 또한 남이 쓴 운을 모두 제외하고 시를 짓는 일 또한 시적 재능을 드러내는 역량으로 간주하고 있다. 이규보는 6제 48수를 지어 시재(詩材)를 표출하였다.[5]

조선시대에 들어서 안평대군은 조선전기 집현전 학사를 비롯한 당대 문인들을 모아 소상팔경시첩을 꾸미면서 이인로의 시를 앞에 실어서 이를 전범으로 삼았음을 나타내었고, 서거정은 『동인시화』에 이인로의 소상팔경시에 대해 상권 11칙, 33칙, 54칙에서 거론하면서 시적 수준을 높이 평가하였다.

대간 이인로의 소상팔경 절구는 청신부려(淸新富麗)하여 모사한 것이 공교로우며, 우간 진화의 칠언장구는 호건초장(豪健峭壯)하여 기이함을 얻어서 모두 옛 사람의 절창이다. 그래서 뒤의 작자들이 쉽게 겨룰 수가 없었다. 오직 익재 이문충공의 절구와 악부 등이 정심전아(精深典雅) 서한용여(舒閑容與)하여 두 사람과 수백 년간 우열을 다투었다.[6]

---

4 중국 포털사이트 baidu(baidu.com)의 백과 항목에서 撑霆裂月의 뜻은 '소리와 기운이 사람을 놀라게 하는 모습을 형용한 것(形容聲氣惊人)'이라 하였다. "吾遍又自編『一鳴集』, 且云撑霆裂月, 劫作者之肝脾, 亦當当言之無作也," 「與王駕評詩」, 『司空表聖文集』 1, 中國基本古籍庫.

5 이규보의 이 소상팔경시는 〈이평장 인식의 건주팔경시에 차운함. 서문 병기(次韻李平章仁植 虔州八景詩 幷序)〉에서 2제 16수, 〈이상국이 건주팔경시에 다시 화답하여 보내 준 시에 차운함(次韻李相國復和虔州八景詩來贈)〉에서 8수, 〈상국이 일찍이 화답시 한 수를 보여 주었는데 나는 매번 두 수로 거듭하니 감상하심에 어떠하십니까? 황공하고 황공합니다(相國嘗和示一首 予毎複以二首 未知鈞鑑何如 惶恐惶恐)〉에서 8수, 〈차운하여 이상국의 팔경시에 다시 각각 한 수씩 화답함(次韻復和李相國八景詩 各一首)〉에서 8수, 〈영상인이 화답한 시에 차운함(次韻英上人見和)〉에서 8수 등으로 『동국이상국집』 권6(『총간』 2, 196쪽, 198쪽, 200쪽, 201쪽)에 수록되어 있다.

6 "李大諫仁老瀟湘八景絶句 淸新富麗工於模寫 陳右諫澕七言長句 豪健峭壯得之詭奇 皆古人絶唱 後之作

이인로의 소상팔경시는 칠언절구이며, 진화의 소상팔경시는 칠언율시이다. 이제현은 칠언절구와 무산일단운체의 소상팔경시를 지었다. 이 책이 지어진 시기는 1474년(성종 6)으로 이인로가 소상팔경시를 지은 명종대(재위 1170-1197)에서 거의 300년 정도 된 시기라 할 수 있는데 이 300년간 소상팔경시로 시재를 겨룰 수 있던 사람들은 결국 세 사람뿐이었음을 언급하고 있다. 이규보는 6제 48수의 소상팔경시를 지었지만 결국 이 안에 들지 못한 셈인데 이 외에도 무수히 많은 문인들이 소상팔경시를 작시 대결의 수단으로 삼았음을 확인할 수 있다. 이렇게 소상팔경시가 수단화되면서 우리나라 사대부들에게는 누구나 작시 대상으로 삼을 수 있는 일상적인 소재로 여겨지게 된다.

著 未易伯仲 惟益齊李文忠公絶句 樂府等篇 精深典雅舒閑容與 得與二老 頡頏上下於數百載之間矣"(徐居正,『東人詩話』上, 54則, 영인본).

2 왕화 칭송

    사대부는 '사'와 '대부'의 합성어로 벼슬을 하지 않고 집에서 경서를 배우거나 익히고 있으면 사(士)요, 벼슬에 나아가 정치를 행하면 대부(大夫)가 된다. '입신양명 이현부모(立身揚名以顯父母)'가 삶의 지표였던 당시에 벼슬에 나아가 부임한 공간은 자신의 사회적 삶을 실현해야 하는 공간이기도 하다. 안축은 관동에 부임했을 때《삼척팔경(三陟八景)》을 지었다. 시의 배경이 되는 삼척죽서루는《관동팔경》의 하나로 본래 명승인 지역이다. 그런데 안축이 지은 시의 소표제는 〈죽장고사(竹藏古寺)〉, 〈암공청담(巖控淸潭)〉, 〈의산촌사(依山村舍)〉, 〈와수목교(臥水木橋)〉, 〈우배목동(牛背牧童)〉, 〈농두엽부(壟頭饁婦)〉, 〈임류수어(臨流數魚)〉, 〈격장호승(隔墻呼僧)〉 등으로 제1,2경처럼 자연물에 대한 감흥을 읊은 경우도 있으나 다른 6경은 농촌생활에 대한 관심 등 지방관으로서 겪는 일상적인 정감을 노래하였다. 안축에게 삼척은 부임지로서의 의미가 더 컸던 셈이다.

    들밥 만든 아낙네 자신은 먹지 않고
    새벽부터 마음은 밭고랑에 있구나
    한낮이라 밭머리에 서둘러서 갔다가
    농부 남편 대접하고 천천히 돌아간다
    婦具農湌自廢湌　　曉來心在夏畦間
    壟頭日午催行邁　　餉了田夫信步還 　　　　　_『총간』 2, 452a

제6경인 〈농두엽부〉이다. 농부 아내의 일상을 팔경의 대상으로 삼은 점은 예전에 없던 일이다. 기승구는 집에서 들밥을 만드는 아낙의 심리와 자세를, 전결구는 들에서 들밥을 가져왔다가 돌아가는 모습을 그렸다. 해를 아껴서 일하는 농부와 그 농부를 챙겨 먹이기 위하여 자신의 식사도 거르는 아낙의 모습이 그려져 있다.

농부에게 들밥을 챙겨 주는 일은 농촌에서는 일상적인 일이면서 하루라도 거르면 안 되는 생존에 관계된 중요한 일이다. 그리고 이 일을 수행하는 아낙은 정말 부지런하게 새벽부터 일을 했어야 했을 것이다.

이 아낙의 마음이 정말 자신의 식사를 거르고 남편부터 챙기려는 공경의 마음이었는지는 불확실하다. 그러나 안축은 들밥 나르는 아낙이 가져야 할 마음 자세를 그려서 삼척 지역민의 행동은 물론 마음까지도 목민관의 위정에 교화되어 있음을 알 수 있게 하였다. 또한 자신이 농부도 아니고 농부의 아내 그것도 들밥을 나르는 아내의 심정까지 헤아리고 있음을 자랑하였다. 궁극적으로 안축은 이를 팔경의 하나로 내세워서 자신의 부임지가 잘 다스려짐을 자랑하고 있는 셈이다.

제4경 〈와수목교〉에서는 외나무다리가 흔들거려 위태로운데 백성들은 익숙하게 건넌다고 하여 농촌 사람들의 일상적인 삶을 그렸다. 그런데 이를 차운한 신천(辛蕆)은 '잠시도 걸음마다 깊은 물에 임한 조심/공명과 벼슬길에 옮겨서 본다'고 하였고, 이곡은 '벼슬살이 잘못 디딤 이보다 위태한데/이 발로 언제 한번 물러서서 보았던가'라고 하여 관료문인으로서 벼슬길의 어려움에 대해 토로하기도 하였다(안장리, 2002, 275-276쪽).

백성에 대한 관심과 벼슬길의 어려움에 대한 걱정 등은 지방관이면 누구나 평소에 갖는 고민이다. 이 시에서 이런 일상적인 면을 팔경의 대상으로 삼되 바람직하고 이상적인 행위와 마음을 그리고 있다.

3 고향 현창

이색은 한산팔영시 서문에서 다음과 같이 언급하였다.

우리 가문이 있는 한산은 비록 작은 읍이지만 우리 부자가 중국에 가서 과
거에 급제하여 천하 사람들이 모두 우리나라에 한산이 있음을 알게 되었
으니 그 좋은 경치를 노래에 실어 전파시키지 않을 수 없다. 그러므로 여덟
수를 짓는다(吾家韓山雖小邑 以予父子登科中國 天下皆知東國之有韓山也 則其勝覽不可不
播之歌章 故作八詠云).   _『총간』3, 541쪽

이 언급에 의하면 '한산'이 팔경의 대상이 되는 이유는 아름다운 경관 때
문이라기보다는 중국에 과거 급제한 부자를 산출한 지역이기 때문이다. 그
런데 이 지역은 바로 이색의 고향이기도 하다. 어려서부터 뛰놀며 생활했던
일상의 공간이었던 셈이다. 이런 면모는 이제현에게서 이미 나타난 바 있는
데 이제현은 송도팔경시에서 한국을 대상으로 한 팔경시를 처음으로 지었
을 뿐 아니라 '손님을 보내고(送客)', '중을 찾아가는(尋僧)' 모습을 팔경에 추
가하여 일상공간의 의미를 더욱 강조하였다.

이제현의 송도팔경시는 칠언절구의《송도의 여덟 경치를 그리워하며 읊
음(憶松都八詠)》과 무산일단운의《송도팔경》등 두 작품이 있는데 각각의 소
표제를 살펴보면 전자는 〈곡령춘청(鵠嶺春晴)〉, 〈용산추만(龍山秋晚)〉, 〈자동
심승(紫洞尋僧)〉, 〈청교송객(靑郊送客)〉, 〈웅천계음(熊川契吟)〉, 〈용야심춘(龍野尋
春)〉, 〈남포연사(南浦烟蓑)〉, 〈서강월정(西江月艇)〉이며, 후자는 〈자동심승〉, 〈청

교송객〉, 〈북산연우(北山烟雨)〉, 〈서강풍설(西江風雪)〉, 〈백악청운(白岳晴雲)〉, 〈황
교만조(黃橋晩照)〉, 〈장단석벽(長湍石壁)〉, 〈박연폭포〉이다. 이 중 〈청교송객〉과
〈자동심승〉을 보면 소상팔경시의 소표제가 '장소＋경상'으로 이뤄진 것과
달리 '장소＋행위'로 이루어져 있다.

> 바윗가 맑은 물을 지나
> 숲 뚫고 울창한 산 올라가다가
> 사람 만나 다시 절 물을 필요 있나
> 한낮 종소리 안개 속에 나오는데
> 풀이슬은 헤진 짚신 적시어 주고
> 송화가루 갈옷에 묻어 날릴 때
> 늙은이 선탑에서 기심을 잊었는데
> 산새는 부질없이 돌아가라 재촉한다

> 傍石過淸淺　　穿林上翠微
> 逢人何更問僧扉　午梵出煙霏
> 草露霑芒屨　　松花點葛衣
> 鬢絲禪榻坐忘機　山鳥謾催歸

_『총간』 2, 609쪽

이 사(詞)에서 앞의 4구는 소상팔경시의 〈연사모종(煙寺暮鐘)〉의 정황을 보
여 준다.[7] 즉, 절의 종소리를 통해 깊은 숲속에 절이 있음을 알게 된다는 내
용인데 차이가 있다면 〈연사모종〉이 원경을 조망하는 형태를 보이는 반면
〈자동심승〉에서는 근경이라는 점이다. 그러기에 〈자동심승〉은 단순히 종소
리를 듣고 절의 존재를 알게 되는 것보다는 절을 찾아간 작가가 산속을 헤

7　巫山一段雲은 오언절구 두 수를 병렬하되 제3구를 칠언으로 하는 형식으로 두 절구의 연계가 대조,
　전환, 점층, 연쇄 등의 면모를 보인다고 한다(차주환, 1982, 287쪽).

매다가 종소리를 듣고 절을 찾게 되는 것처럼 보인다.

바위와 숲을 뚫고 산사를 찾은 작가는 풀이슬과 송홧가루를 맞으며 절에서 지내게 되고 스님과의 만남을 통해 기심을 잊어버리는 경지에 이르게 됨을 그리고 있다. 마지막 구에서 산새가 돌아가라고 재촉하나 이는 부질없는 일이라고 하여 이미 기심을 잊고 자연에 동화된 작가의 경지를 자랑하고 있다.

이처럼 〈자동심승〉은 단순히 깊은 산속 절에 있는 스님을 찾아갈 뿐만 아니라 스님과의 만남을 통해 득도한 자신에 대한 자긍심이 자연속의 성사로 그려져 있다. 평소 고국에서 스님을 찾아 기심을 잊던 이제현의 일상을 팔경의 대상으로 삼은 것이다.[8]

《선산십절시(善山十絶詩)》는 김종직의 고향이면서 임지인 선산을 대상으로 한 팔경시로『동국여지승람』은 물론『점필재집』,『동문선』등에도 실려 있다. 소표제는 〈김선궁(金宣弓)〉, 〈태조산(太祖山)〉, 〈읍성〉, 〈도리사(桃李寺)〉, 〈영봉리(迎鳳里)〉, 〈제성단(祭星壇)〉, 〈길재사(吉再祠)〉, 〈열녀약가(烈女藥哥)〉, 〈월파정(月波亭)〉, 〈보천탄(寶泉灘)〉 등으로 〈김선궁〉과 〈열녀약가〉는 지명이 아닌 인명인 점이 특이한데,『동문선』에는 각각 〈순충공구거(順忠公舊居)〉, 〈열녀약가리(烈女藥哥里)〉로 표현되어 있어 역시 공간을 대상으로 하고 있음을 알 수 있다.[9]

한편 문집에는 〈윤료작선산지리도제십절기상(允了作善山地理圖題十絶其上)〉이라고 하여 이 시가『선산지리지(善山地理誌)』를 만들 때 지어졌음을 알려준다.「선산지도지」에 의하면 김종직이 부사가 되어 성종 8년(1477)에 부의 지도를 그리게 하였다고 되어 있는데 부사로 부임하여 지도를 그리면서 아

8   衣若芬(2003, 14쪽)은 중국팔경시에서 이렇게 손을 보내고 스님을 찾아가는 주체가 등장하는 경우는 없다고 한다.
9   이 외에『續東文選』에 기록된 소표제 중『東國輿地勝覽』과 다른 것은 〈邑城〉, 〈府土城〉, 〈吉再祠〉, 〈冶隱故居〉 등이다.

울러 선산을 대상으로 팔경시를 지었음을 알 수 있다. 특히 김종직은 고향에 대한 자부심이 대단하여 선산의 선비가 영남의 절반을 차지한다고까지 한 바 있다.[10]

푸른 바다 아득한데 붉은 봉황이 오르니
여덟 해 살림살이 다만 외론 등불 신세라
돌아와 시험 삼아 거울 잡아 비춰 보니
뺨위의 붉은 놀이 반나마 엉기었다
滄海茫茫紫鳳騰　　八年生理只孤燈
歸來試把菱花照　　臉上丹霞一半凝

제8경인 「열녀약가」이다. 『신증동국여지승람』에 약가에 대한 다음과 같은 기록이 있어 시 이해에 도움을 준다.

조을생의 아내이다. 을생이 왜구에게 잡혀갔는데 약가는 그의 생사를 알지 못하였으나 고기와 마늘을 먹지 아니하였으며, 옷을 벗지 않고 잤다. 부모가 그의 뜻을 뺏으려 했으나 죽기를 맹세하고 듣지 아니하였다. 8년 만에 을생이 살아 돌아와 부부가 되어 처음같이 살았다.

이 경의 주제는 '열(烈)'이다. 그 열을 대표하는 인물이 생사를 알 수 없는 남편을 위해 수절한 약가이며, 약가는 선산의 대표적 인물로 팔경의 대상이

10　"선산엔 예부터 선비가 많아 영남의 절반을 차지한다 말하지(一善古多士 號居嶺南半)," 「書黃著作璘榮親詩卷」, 『점필재집』, 『총간』 12권, 317쪽. 김종직의 고향에 대한 자부심에 대해서는 김영봉[「趙乙生妻는 乙生爲倭寇搶去 藥哥未知存沒 不食肉不茹葷 不脫衣服而寢 父母欲奪志 矢死不從 凡八年而 乙生生還爲夫婦如初」(「善山都護府」, 『新增東國輿地勝覽』 29卷, 한국고전종합DB, 1989)]이 자세히 다루었다.

되었음을 알 수 있다. 기구의 '자봉'은 신령한 새로 일컬어진다. 여기서는 남편을 얘기하는 듯하다. 즉 남편이 망망한 바다 위로 올라가 버려서 간 곳을 알지 못하게 되었다는 뜻이다. 승구에서 '외로운 등불'은 홀로 된 약가를 뜻한다. 남편이 간 뒤에 홀로되어 남편이 돌아오기만을 기다리며 밤을 지새웠음을 은유하고 있다. 전구에서는 남편이 돌아와 약가의 얼굴을 보았다는 것이요 결구에서는 너무 울어서 눈이 빨개진 모습을 묘사하였다. 그동안 남편을 그리며 울었을 것이고 게다가 부모의 재촉을 견디느라 힘들게 보낸 세월에 대한 기억도 있고 또 돌아온 남편이 반가워 울기도 했을 것이다. 그러나 눈물을 흘리지 않고 눈시울만 빨개졌다고 하여 그 순간에도 남편을 배려하는 부인의 마음이 드러나 있다. 이 시에서는 국가적·윤리적 덕목을 상징하는 인물들을 내세워 '충(忠)'·'인의(仁義)'·'장원(壯元)'·'불교와 도교의 허망함'·'도통(道統)의 연원'·'열(烈)'·'해외로까지 뻗치는 성교(聖敎)'·'청렴' 등을 갖춘 지역임을 자랑하고 있다.

4 은거지 자긍

　서거정과 함께 팔경시를 많이 지은 사대부로는 이황이 꼽히는데 이황은
벼슬살이를 하면서도 늘 은거하여 학문과 수양을 하고 싶다는 뜻을 접지 않
았다. 그리고 고향에 돌아온 후 《도산잡영》을 지어 은거지에서의 학문하는
즐거움을 읊었다(안장리, 2002). 또한 서거정이 아름다운 경관에서 집단적으
로 왕화칭송을 수창하는 유흥을 전국적으로 확대하였다면 이황은 자신의
은거처에 팔경을 선정하여 혼자 도학적 흥취를 읊은 것으로 평가되는데 이
는 조선후기 사림들의 전범이 되었다(김성룡, 1995, 224-232쪽).

　이렇게 은거지에서 도학적 흥취를 읊는 팔경의 시원은 멀리 김시습의
《산중십경》으로까지 올라간다.[11] 김시습은 〈높이 누워 향 피우기(焚香高臥)〉,
〈양생위한 복기와 도인(服氣導引)〉, 〈과수원에 물 대고 채소밭에서 호미질(灌
園鋤蔬)〉, 〈봉급 대신 농사짓기(躬耕代祿)〉, 〈땔나무 패고 나무하기(析薪拾樵)〉,
〈푸른 시내에서 낚시 드리우기(淸溪垂釣)〉, 〈바구니 들고 나물 캐기(携籃采菜)〉,
〈깊은 산골에서 약초 캐기(采藥深洞)〉, 〈상을 옮겨가며 책읽기(移床讀書)〉, 〈구
속받지 않고 행동하기(放曠狂疎)〉 등을 통해 도가적 양생의 길을 찾은 바 있
는데 이황은 유가적 수양에 초점을 주었고 〈학문을 강의함(講學)〉, 〈뜻을 구

11　안장리(2010, 286-287쪽)는 팔경이 승경인 이유가 지역의 아름다움이 있었고 그러기에 소표제에
　　서 경점이 늘 경상이나 사업보다 앞서 놓였는데 김시습은 郷中十景詩에서 〈춘천에서 술 마시기(醉遊
　　春城)〉, 〈소양강에서 노 저어 돌아오기(返棹昭陽)〉, 〈신선 고을에서 약 캐기(采藥仙洞)〉, 〈화악산으로 스님
　　방문(尋僧花岳)〉, 〈신연진 낚시(釣魚新淵)〉, 〈고산으로 건너 달라 소리침(喚渡孤山)〉, 〈강가 정자에서 이
　　별(送客江亭)〉, 〈돌다리 시 읊으며 지나기(吟過石橋)〉, 〈송원 들에서 말 먹이기(秣馬松院)〉, 〈추림에서 토
　　끼 몰이(伐兔楸林)〉 등 사업을 지명의 앞으로 오게 하여 행위의 중요성을 강조하였고 山中十景詩에서는
　　사업만을 내세워 팔경시에서 주제의 중요성을 부각시키는 단초를 열었다고 하였다.

함(求志)〉, 〈글을 익힘(習書)〉, 〈시를 읊음(吟詩)〉, 〈한가함을 아낌(愛閒)〉, 〈고요함을 기름(養靜)〉, 〈향을 사름(焚香)〉, 〈약을 먹음(服藥)〉, 〈거문고 연주(彈琴)〉, 〈투호(投壺)〉, 〈꽃 감상(賞花)〉, 〈낚시(釣魚)〉, 〈책을 포쇄(曬冊)〉, 〈손님 맞이(對客)〉, 〈고사리를 삶음(煮蕨)〉, 〈음주(飲酒)〉, 〈달을 감상함(玩月)〉, 〈밭을 경작함(治圃)〉, 〈소나무 심음(種松)〉 등을 소표제로 읊기도 하였다.[12]

이황의 '수양'을 '사업'으로 표현한 이정구는 《역암십육영(櫟巖十六詠)》에서 '보월(步月), 수륜(垂綸), 심승(尋僧), 채궐(採蕨), 연일(曬日), 간서(看書), 발배(醱醅), 관가(觀稼)' 등의 사업 내용을 제시하였는데 제1경을 보면 다음과 같다.

날마다 시내 다리에서 지팡이 짚고 거니는데
앞 봉우리에 뜬 달이 마중하는 듯하네
밤 깊어 외로운 그림자 아무도 보는 이 없고
모래톱에 잠든 기러기조차도 놀라 깨지 않는다
日日溪橋負杖行　　前峯月出似相迎
夜深孤影無人見　　沙上眠鷗也不驚[13]

이 시는 이정구가 밤마다 시내 다리를 걸으며 느끼는 정취를 읊었다. 한가롭게 밤 산책을 하는데 달만 떠 있고 인적도, 생물의 기척도 없는 고요한 상황을 그리고 있다. 여기서 두 가지 정도의 의미를 추출할 수 있는데 첫째는 산책하는 사람의 도학적 경지가 높음을 자랑한 점이며, 둘째는 기존 팔경시에 없던 새로운 달과의 관계를 조성한 점이다. 기승구에서는 밤에 산책을 하는데 달이 마중하는 것 같고, 다른 사람이나 기러기는 보지 않는다고 하여 자신의 경지를 오직 달만이 알 수 있는 수준임을 자랑하였다. 기존 팔

12　李滉, 《和子中閒居二十詠》, 『퇴계집』, 『총간』 29, 110쪽.
13　李廷龜, 『月沙集1』, 『총간』 69, 367쪽.

경시에서 달은 '추월(秋月)'처럼 세상을 밝히는 경치 조성 요소에서 '완월'처럼 밤새 노는 유흥의 도구로 확장된 정도인데 여기에서의 달은 도학적 경지를 측정해 주는 심판자로 전환되어 있다. 이렇게 수양 행위를 팔경의 대상으로 삼는 시는 당대 사림들의 팔경시에 두루 나타난다.

다른 나라 왕실 팔경문학과의 비교

1 중국왕실 팔경문학과 비교

중국의 왕실팔경문학을 이해하기 위해서는 먼저 중국왕실문학, 중국팔경문학에 대한 연구가 선행되어야 한다. 그러나 본고에서는 먼저 한국과의 비교를 위한 중국왕실팔경문학을 다루고 각 분야에 대한 폭넓은 연구는 후고로 넘기기로 한다. 필자가 찾아본 자료에 의하면 중국왕실의 소상팔경시로는 송나라 영종(寧宗)과 명나라 선종(宣宗, 宣德帝)의 팔경시가 유명하며, 명나라 태종(太宗, 永樂帝)이 북경으로 천도하면서 북경팔경시첩을 만든 일이 전해진다. 청나라에 오면 성조(聖祖, 康熙帝), 고종(高宗, 乾隆帝) 등은 직접 많은 팔경시를 짓게 되는데 청 성조의 피서산장 삼십육경시가 유명하거니와 청 고종 역시 이에 삼십육경시를 더해 피서산장 칠십이경시를 이룩한 일이 대표적이다.[1] 본고에서는 이 중에서 팔경시의 전범이 된 소상팔경시, 중국 수도를 배경으로 한 북경팔경시 그리고 행궁인 피서산장에 대한 어제팔경시 등을 다루도록 하겠다.

---

1   淸 高宗의 시문집을 보면《燕山八景詩》(1책 권24),《常山峪行宮八景》(2책 권16-건륭 14, 1749),《桃花寺八景以題爲韻》(2책 권24),《題愼郡王山水小景十二幅》(2책 권42),《常山峪行宮八景》(3책 권29-건륭 16, 1751),《題靜明園十六景》(3책 권42),《蔚園八景》(3책 권42),《題惠山園八景》(3책 권45),《題唐寅嵩山十景》(3책 권48),《題避暑山莊三十六景詩》(책 권-건륭 17년, 1752 서문 유),《再題避暑山莊三十六景詩》(3책 권50-건륭 19년, 1754),《再題惠山園八景》(3책 권56),《廓然太公八景》(3책 권57),《泉林行宮八景》(3책 권62),《題靈巖寺八景》(3책 권67),《題泉林行宮八景》(3책 권67),《題西湖十景疊舊作韻》(3책 권70),《多稼軒十景詩》(3책 권87),《再題常山峪行宮八景》(책 권-건륭 28, 1763) (『淸高宗御制詩文全集』 1-3, 國立古宮博物院印行, 1976) 등 행궁 및 기타 공간에 대한 팔경시를 매우 많이 남기고 있다. 조선왕실팔경문학의 대표작품이 《上林十景》이므로 본고에서는 이에 비견되는 피서산장 칠십이경만을 다루었다.

1) 소상팔경시

    북송 송적(宋迪)에서 시작한 소상팔경의 향유는 남송 영종대(寧宗代)에 이르러 꽃피게 된다. 송 영종의 필체가 전하는 『동서당고첩』에는 첫 행에 '송영종황제서(宋寧宗皇帝書)'라고 필사되어 있으며 이어서 소상팔경시 8수가 수록되어 있다. 소상팔경 각 시의 제목 옆에 화가의 이름이 병기되어 있다. 즉 〈산시청람〉 관동(關東, 907-960), 〈연사만종〉 동원(董源, ?-962), 〈어촌만조〉 거연(巨然, 오대화가), 〈원포범귀〉 이당(李唐, 북송말남송초 화원화가), 〈소상야우〉 왕반(王班), 〈평사낙안〉 혜숭(惠崇, 965-1017), 〈동정추월〉 허도녕(許道寧, 북송화가), 〈강천모설〉 범관(范寬, ?-1031) 등으로 필사되어 있으며 각 시마다 오언율시 한 편씩이 수록되어 있다(문화재청, 2008, 70-81쪽). 이들 8명은 모두 화가이며, 모두 오언율시로 된 점으로 볼 때 이 시는 해당 주제로 그린 그림을 바탕으로 예술을 좋아하던 송 영종이 직접 시를 지은 것으로 추정되나 미상이다.

    금빛과 푸른 빛 도는 오래된 절이

    높은 봉우리 가장 높은 곳에 있어

    드센 바람소리 스님을 절로 들게 하고

    밤부터 낀 안개는 부처법당 앞으로 오르네

    좌선하는 자리는 비어 적막한데

    포뢰라는 용이 갑자기 우르릉거리듯

    황혼에 이르니 산은 절로 험해져

    막힌 길에는 등나무 한 줄기가 있을 뿐

    金碧招提古　　　高峰最上層

    喧風僧入梵　　　宿霧佛前燈

30도 문징명의 연사만종. 상해박물관 소장

禪觀延空寂　　　蒲牢忽震凌

黃昏山路險　　　窘步一枝藤　　　　　_『전송시』 54책, 33758쪽

　　오언율시 〈연사모종〉이다. 제1,2구에서는 절의 공간적 시간적 상태를 설명하고 있다. 오래된 절이되 금빛과 푸른 빛이 감도는 절이라고 하였는데 금빛은 반짝거릴 정도로 닳은 모습을 연상하게 하고 푸른 빛은 이끼가 끼어 있는 느낌을 주어 오래된 건물이라는 점을 시각적으로 표현하고 있다. 공간적으로 높은 봉우리의 최상층에 있다고 하여 도달하기 어려운 경지에 있음을 나타내고 있다. 절의 연륜과 위상이 최고임을 나타낸 셈이다. 제3,4구에서는 저녁 안개 낀 절의 모습을 구체적으로 그렸다. 소표제의 '연사만(烟寺晚)'에 대한 묘사이다. 스님을 절에 돌아오게 하는 드센 바람은 저녁에 부는 바람이며, 이 저녁 절에는 법당까지 안개가 끼어 있다. 경련은 이 시의 핵심 구절로 '종'에 대해 묘사하고 있다. 경련에서 언급한 '선관(禪觀)'은 좌선하는 관법이다. 이를 통해 보는 것은 '공적(空寂)', 즉 비어 있고 적막한 상태이다.

이런 공적의 시공간에 갑자기 종소리가 들리는데 이것이 마치 포뢰(蒲牢)가 내는 소리 같다고 하였다. 포뢰는 용의 아들 중 하나인데 용임에도 불구하고 물가에 살면서 고래를 무서워한다고 한다. 그래서 고래의 공격을 받으면 큰 소리를 지르는데 그 소리가 매우 우렁차고 듣기 좋다고 한다. 이 포뢰는 큰 종의 위에 장식하는 종뉴(鍾紐)의 형상으로 많이 쓰인다고 하는데 이 구절에서는 고요한 정적 속에 울려 퍼지는 크고 아름다운 종소리를 형상화하고 있는 셈이다.

미련에서는 밤이 깊어져 산도 더 험해지고 길도 안보이게 되어 절에 이르기 위한 방편으로는 등나무 줄기 하나 정도라고 하여 해가 진 상황을 묘사하고 있는데 구도의 어려움을 묘사한 것으로 보인다. 저녁 종소리를 통해 도를 깨닫지 못한다면 그 이후 구도는 더욱 어려워짐을 나타낸 것으로 보인다.

이 시는 크고 아름다운 종소리를 통해 도를 깨닫지 못하고 이미 밤은 깊어 구도가 더욱 어려워진 상황에서의 송 영종의 후회하는 모습을 보여 주는 듯하다.

노을빛 아득하니 봄산이 붉고
옛 절은 무성한 소나무 속에 숨겨져 있네
저녁 해 서쪽으로 지니 뭇 골짜기 어두워지고
무성한 숲 건너에서 종소리 언뜻언뜻 들리네
소상강에 바람 없어 물결이 잦아들었을 때
미묘하게 물밑에서 큰 고래가 우는 듯
산승이 지팡이 짚고 돌아오는 늦은 저녁
멀리 구름을 뚫고 들리는 백팔 가지 소리
빠르고 느린 바람 따라 이어졌다 끊어지듯
멀리 산자락과 물굽이를 뚫고 오네

이미 저녁 뿔나발 소리 따라 강가 성곽 울리는데

다시 나무꾼 노래 수풀가로 흘러나오네

다리에 오른 나그네 둘 마음이 유연해져

함께 서서 멀리 폭포 내리는 샘 바라보네

산이 높고 물이 흐르는 것에는 깊은 뜻이 있어

지척에서도 소리 울리는 것 듣지 못하네

천지에 티끌 하나 없이 온갖 소리 조용하니

우렁찬 소리 빈 골짜기에 서로 조응하네

높은 가을 하늘은 마침 새벽 서리 만나 맑고

선명함이 마치 풍산(豊山)의 종소리 들리는 듯

煙光漠漠春山紫	古寺深藏萬松裏
夕陽西墜群壑陰	隔林藹藹疏鐘起
瀟湘無風波浪停	恍如水底鳴長鯨
山僧策杖歸來晚	遙聽穿雲百八聲
緩急因風如斷續	遠徹山阿並水曲
已隨暮角響江城	更送樵歌出林麓
乘橋二客心悠然	偶立遙看瀑布泉

이 시는 명나라 선종(宣宗)의 〈연사만종〉이다. 명 선종은 할아버지 태종의
총애를 받아 일찍부터 황태손이 되어 몽골원정을 수행하였으며, 숙부 주고
후(朱高煦)의 반란을 물리치고 우량하이(兀良哈)의 침공을 격파하는 등 무위
(武威)를 보였으나 재위 10년 만에 37세의 젊은 나이에 죽은 인물이다. 그림
에 뛰어나 예술에도 많은 관심을 보였는데 그림에 조예가 있어 산수, 인물,
동물, 초충 등을 잘 그렸으며, 이를 신하들에게 선물하기도 하였다. 이 시는
소상팔경도에 대한 장편의 팔경시로《소상팔경화(瀟湘八景畵)》,『어정역대제

화시류(御定歷代題畵詩類)』중 제7수이다.

이 시는 특히 종소리를 다양하게 묘사한 점이 특징이다. 4구의 숲에 막혀 언뜻언뜻 들리는 종소리, 6구의 물밑에서 우는 큰 고래의 소리 같은 종소리, 8구의 백팔번뇌를 형상화한 종소리, 10구의 산자락과 물굽이를 뚫고 오는 종소리, 18구의 빈 골짜기에 우렁차게 울리는 종소리, 마지막 20구의 계절의 바뀜을 알리는 종소리 등 20구 시에서 여섯 가지 양상으로 묘사되어 있어 명 선종이 문학적 재능 역시 뛰어났음을 확인할 수 있다.

1,2구에서는 이 시가 대상으로 한 그림의 계절이 봄이고 시간은 저녁이고 소나무 숲으로 둘러싸인 깊은 산속의 절임을 표현하였다. 여기서 저자는 절이 숨겨져 있다고 했는데 숨겨져 있는 절의 존재를 알 수 있었던 이유는 3,4구에서 제시하였다. 즉 깊은 숲속에서 종소리가 간헐적으로 들려왔기 때문이다. 종소리가 간헐적으로 들리는 이유는 본래 종은 치고 쉬었다가 다시 치기 때문에 간헐적으로 들리기 마련인데 여기서는 무성한 숲이 사이에 있다고 하여 간헐적으로 들리는 이유가 숲의 깊이 때문인 것으로 여겨지게 한다.

바다 밑 고래 울음소리 같은 종소리나 백팔번뇌를 깨칠 것 같은 종소리라는 표현에서 종소리의 깊은 울림을 소리와 내용으로 표현하였고 또 이 종소리가 구름을 뚫고 오고 산자락과 물굽이를 뚫고 온다고 하여 누구도 막을 수 없는 절대적 힘을 가진 존재로 묘사하고 있다.

11,12구에서는 인간세상의 대표적 소리로 군영에서 사용하는 뿔나발 소리와 나무꾼의 노랫소리를 들었고 13-16구에서는 폭포소리 등 자연의 소리를 묘사하되 온갖 소리가 있을 텐데 들리지 않는다고 하여 깊은 자연의 소리를 듣지 못하는 인간의 한계를 제시하였다.

17,18구에서는 이 절의 종소리가 소리 없는 자연의 소리에 조화롭다고 하여 바로 자연의 깊은 소리임을 알 수 있게 하였는데 이렇게 해석되는 이

유는 19, 20구에 있다. 20구의 풍산은 『산해경(山海經)』에 나오는 지명이다. 이 풍산에는 아홉 개의 구멍이 있는데 이 아홉 개 구멍으로 서리가 내리면 이 종이 울린다고 한다.[2] 즉 서리가 내리는 계절임을 알려 주는 것이다. 결국 이 종은 계절의 변화를 알려 주는 종이며, 자연의 변화를 알려 주는 자연의 소리인 셈이다.

하늘을 대신해서 나라를 다스리는 천자(天子) 선종에게 자연의 변화를 누구보다 먼저 알아 백성들이 이에 맞추어 살아가게 하는 것이 우선적인 임무였으며 이 안개 긴 오래된 절의 종소리는 소리와 내용에 있어 인간과 자연을 매개하는 심오한 존재로 표현되어 있다.

떠돌던 초나라 하늘은 넓어
무리지어 형제처럼 나란히 가네
삭풍부는 북쪽에서 떠나
해질녘에 소상강에 내린다.
오래된 섬에 물억새 많고
평평한 밭에는 곡식 충분해
울며 날며 하늘 멀리 보다가
발자국으로 문장 만든다

漂泊楚天長 同群兄弟行
朔風離塞漠 落日下瀟湘
古磧多葭葭 平田足稻粱
飛鳴眇空際 布武作文章

_『전송시』 54책, 33758쪽

---

2 "《山海經》曰 豐山有九鍾, 是知霜鳴 郭璞注曰 霜降即鍾鳴 故言知也," 『天中己』 권3, 『CD롬 四庫全書』.

송 영종의 오언율시 〈평사낙안〉이다. 1~4구에서는 삭풍불고 추운 북쪽에서 떠나 소상강으로 온 일을 그렸고 5~8구에서는 숨을 수 있는 곳도 많고, 먹을 것도 많은 소상강에서 이리저리 노니는 모습을 묘사하였다.

이 시는 따뜻한 소상강가에 내려와 평화롭게 지내는 기러기들의 모습을 읊고 있으며, 어두운 시대를 살았던 영종의 부러움의 대상이었을 것으로 여겨진다.

가을강에 물이 주니 물결 흔적 깊지 않고
평평한 모래 아득히 먼 하늘과 이어졌네
흰마름 붉은 여뀌 소상강에 가득한데
마른 갈대 누런 갈대 사이로 한수는 흐릿하네
기러기는 늘 물나라 가을을 그리워해
갑작스런 몇 번 울음 초나라 가을을 알리네
만리 밖 추위 피해 삭막지방 떠나와
몇 줄기 눈띠처럼 물가에 내리네
구름과 강물 어렴풋해도 작살은 적어
매년 남으로 내려와 기쁘게 의탁하네
서리 맞은 밭 얼마나 궁굼한지 곡식을 찾지만
강가 마을에 만족해 더디 깃드네
황학루 앞 피리 소리에
때로 놀라 두세 마리 울어대지만
호수는 파촉과 통하여 찬 안개는 깨끗하고
하늘 이어진 형양땅 저녁 경치는 깨끗하네
아 저멀리 오랑캐로부터
중국 문화 사모하니 의식이 풍족하네

행동은 응당 덕을 힘써 뭇 생명 포용하여

크고 작은 생명 모두 자라도록 하는구나

秋江水落波痕淺　　平沙渺渺連天遠

白瑺紅蓼滿瀟湘　　枯葦黃蘆迷漢沔

鴻雁恆憐澤國秋　　數聲忽報楚天秋

萬裏避寒違朔漠　　幾行帶雪下汀洲

雲水微茫少繒繳　　歲歲南來歡有托

霜田豈乏稻粱謀　　江村自得棲遲樂

黃鶴樓前鐵笛鳴　　時驚嘹唳兩三聲

湖通巴蜀寒煙淨　　天接荊衡暮景澄

嗟爾迢迢自荒服　　慕戀中華生計足

行當懋德覆群生　　盡使洪纖皆發育　　　　_『열조시집』건집 권상, 중국기본고적고

　　명나라 선종이 읊은 〈평사낙안〉은 단순히 평화로운 공간이 아니다. 제
17-20구에서 보다시피 황제의 덕화가 펼쳐져 만물을 생동하게 하는 중화
(中華)의 공간이다. 이제 기러기는 자연물이 아니라 황제의 덕화에 감화되어
오랑캐 땅에서 넘어온 이적(夷狄)을 대표하는 존재이다. 첫 구부터 내용을
정리해 보자. 제1-4구에서는 가을 소상강의 모습을 세밀하게 묘사하였다.
물이 준 가을 강의 모습, 강의 모래사장이 강의 저 끝까지 이어진 모습 등을
눈에 잡힐 듯이 그리고 강가의 흰 마름, 붉은 여뀌, 누런 갈대 등이 파란 강
과 어우러진 모습을 채색화처럼 그려 내었다.

　　제5-12구는 기러기를 등장시켰다. 기러기가 늘 물나라를 그리워했다고
했고 추위를 피해 왔다고 했다. 기러기를 잡는 사냥꾼이 적은 안전한 곳이
라 곡식은 부족해도 마음이 편안하다고 하였다.

　　삭막한 오랑캐의 땅 형양과 따듯한 강가마을을 대비하여 중화의 공간이

이적의 공간보다 좋다는 점을 강조하였다. 제13-16구에서는 소상강의 운치 있는 모습을 읊었다. 황학루의 피리소리와 안개 낀 호수 그리고 깨끗한 하늘 등을 묘사하여 소상강가의 아름다움을 표현하였다.

이상에서 송나라 영종과 명나라 선종의 소상팔경시, 그중에서도 〈연사만 종〉과 〈평사낙안〉을 구체적으로 살펴보았다. 두 황제가 모두 예술에 조예가 있었으며, 당대 유행한 소상팔경을 그림과 글로 향유하였는데 어제에 나타난 소상팔경의 면모는 확연히 차이가 나타난다. 송나라 영종이 구도(求道)의 어려움을 호소할 때 명나라 선종은 황제로서 자연과 백성의 매개를 고민하였으며, 영종이 기러기의 평화로운 모습을 부러워하고 있을 때 선종은 오랑캐 땅과 대비되는 중화(中華) 공간에 대한 자부심을 드러내었다. 소상팔경이 이상향임은 공통적이나 처지에 따라서 누구에게는 부러움의 대상이고 누구에게는 누림의 대상이 될 수 있음을 보여 준다.

2) 북경팔경시[3]

북경팔경은 본래 금나라의 도읍으로 연경(燕京)으로 불릴 때부터 유행한 팔경으로 청나라 때까지 유행한 경관의 하나였다. 명 태종은 연왕(燕王) 출신으로 즉위 이후 아버지 명 태조가 남경에 세운 도읍을 북경으로 옮기기 위해 20년 남짓 노력하여 마침내 천도를 이루게 되는데 북경으로의 도읍 조성을 독려하기 위해 1409년에서 1416년까지 2차례에 걸쳐 신하들을 데리고 북경에 가게 된다. 호광(胡廣)의 서문에 의하면 이때 호종한 신하들이 1412년(영락 10)에 원나라 때 지은 팔경의 편벽됨을 보완하고 당대가 태평성대임을 알리기 위해 북경팔경시를 짓게 된다.[4] 수창에 참여한 인원은 호

---

3   이하의 내용은 대개 안장리(2011)를 인용하였다.
4   聖天子 龍飛於玆 肇建北京 爲萬方會同之都 車駕幾載巡狩 而文學之臣多列扈從 侍講兼左春坊左中允鄒

광을 비롯하여 시강겸좌춘방좌중윤(侍講兼左春坊左中允) 추집(鄒緝), 국자제주
겸한림원시강(國子祭酒兼翰林院侍講) 호엄(胡儼), 우춘방우서자겸한림시강(右春
坊右庶子兼翰林侍講) 양영(楊榮), 좌춘방우유덕겸한림시강(左春坊右諭德兼翰林侍
講) 김선(金善), 한림시강(翰林侍講) 증개(曾棨)·임환(林環), 한림수찬겸우춘방우
찬선(翰林修撰兼右春坊右贊善) 양잠(梁潛), 한림수찬(翰林修撰) 왕홍(王洪)·왕영(王
英)·왕직(王直), 행검중서사인(行儉中書舍人) 왕발(王紱)·허한(許翰) 등 13명으
로 120수의 시를 지었다고 한다.[5]

제1경 거용첩취(居庸疊翠): 거용관을 둘러싼 산세가 중첩되어 있으며, 푸른
빛을 띠고 있음.
제2경 옥천수홍(玉泉垂虹): 옥천의 물길이 무지개가 드리운 듯 아름답게 펼
쳐짐.
제3경 태액청파(太液晴波): 궁궐 서원 태액지에 햇빛 아래 물결이 일고 있음.
제4경 경도춘운(瓊島春雲): 궁궐 서원에 조성된 경도의 위에 봄 구름이 한가
하게 떠다님.
제5경 계문연수(薊門烟樹): 옛 도성인 계구 계문에 안개낀 숲이 펼쳐짐.
제6경 서산제설(西山霽雪): 눈이 개인 후 햇빛 아래 눈 덮인 서산이 펼쳐짐.
제7경 노구효월(盧溝曉月): 노구교에서 밤새 놀고 나니 새벽달이 비춰 줌.
제8경 금대석조(金臺夕照): 황금대에 비추는 석양빛.

『대명일통지(大明一統志)』에 소개된 팔경의 대상 및 내용을 보면, 〈태액청

緝仲熙獨曰 昔之八景 偏於一隅 猶且見於歌詠 吾輩幸生太平之世 當大一統文明之運 爲聖天子侍從之臣
以所業而從遊於此 縱觀神京 欝蔥佳麗 山川草木 衣被雲漢昭回之光 而昔與今 又豈可同觀哉 烏可無賦
以播於歌誦 衆咸曰然 遂命曰北京八景間 更其題一二 仲熙作詩爲倡(胡廣, 〈北京八景圖詩序〉, 『春明夢
餘錄』, 『CD롬 四庫全書』).
5 胡廣, 앞 글. 규장각에 소장된 『北京八景圖詩』에 실린 호광의 서문에서는 12인이 112수를 지었다고
되어 있어 차이를 보인다.

파〉와 〈경도춘운〉은 태액지와 경도(瓊島)가 서원 동북쪽 수려한 만세산(萬歲山)에 있다고 하였다.[6]

〈서산제설〉에 대해서는 서산이 순천부(順天府)의 서쪽 30리 지점에 있으며, 높이 구름에 닿고 궁궐의 오른쪽에서 보필하는 형태를 띠고 있다고 하면서 큰 눈이 개일 때마다 온갖 봉우리와 골짜기에 쌓인 눈으로 빛나는 모습이 그림 같다고 하였다.[7] 〈옥천수홍〉에 대해서는 옥천(玉泉)이 옥천산(玉泉山) 동북쪽에 있으며, 넓이는 3장 정도인데 교룡같이 울퉁불퉁하게 생긴 돌에서 샘이 솟는다고 하였다. 샘은 물빛이 맑고, 달콤한 맛을 갖추고 있으며, 동쪽의 서호로 흘러 들어간다고 하였다.[8] 〈금대석조〉에 대해서는 황금대(黃金臺)가 순천부 동남쪽 16리에 있으며 연나라 소왕(昭王)이 역수(易水) 동쪽에 황금대를 쌓고 천하 인재를 모은 일을 본받아 건립하였다고 하였다.[9]

〈거용첩취〉에 대해서는 거용관(居庸關)이 순천부 120리 북쪽에 있으며 높이 솟은 두 개의 산이 매우 험난하고 관의 남쪽에도 산봉우리가 중첩된 모습이 아름답다고 하였다.[10] 〈노구효월〉에 대해서는 노구교(盧溝橋)가 순천부 남쪽 35리의 노구하(盧溝河)에 놓여 있는데 금나라 명창(明昌, 1190-1196) 초에 건립되었고 명나라 정통 9년(1444)에 중수되었다고 하였다. 또 길이는 200보이며 돌난간에는 사자모양이 새겨져 있다고 노구교의 연혁과 형태를 제시한 뒤 매일 아침 물결의 빛이 새벽달에 비추어 멋진 여름 경치를 이룬

6　"苑之東北 有萬歲山 高聳明秀 蜿蜒磅礡 上揷霄漢 隱暎宮闕 皆禁中勝境也," 李賢 等 撰, 「明一統志」, 『CD롬 四庫全書』.

7　"西山, 在府西三十里, 舊記 '太行山首 始河內, 北至幽州, 第八陘 在燕, 强形鉅勢爭奇, 擁翠雲 從星拱於皇都之右, 每大雪初霽, 千峯萬壑 積素凝華 若圖畫然'," 위와 같음.

8　"玉泉 在玉泉山東北 泉出石罅間 因鑿石爲蟠頭 泉從螭口噴出 鳴若雜佩 色若素練 味極甘美 瀦而爲池 廣三丈許 池東跨小石橋 水經橋下東流入西湖," 위와 같음.

9　"黃金臺, 在府東南一十六里, 又一曰小金臺, 在府東南一十五里, 按燕昭王 於易水東南 築黃金臺 延天下士 後人慕其好賢之名 亦築臺於此," 위와 같음.

10　"居庸關 在府北一百二十里, 兩山夾峙, 一水旁流, 關跨南北四十里, 懸崖峭壁最爲要險, 淮南子曰, 天下有九塞, 居庸其一焉, 關之南 重巒疊障, 吞奇吐秀, 蒼翠可愛," 위와 같음.

　　　　　　　　　　　　　　　　　제6장 다른 나라 왕실 팔경문학과의 비교

다고 하였다.[11] 〈계문연수〉에 대해서 계구(薊邱)는 옛 연나라 성 서북쪽 끝에 있는 옛날 계문(薊門)으로 누관은 모두 허물어지고 문만 두 짝 남아 있다고 하면서 흙둔덕의 울창한 숲의 나무가 절경임을 묘사하였다.[12]

이상에서 살핀 바와 같이 『대명일통지』에 소개된 북경팔경은 도성에서 2경, 순천부에서 6경을 선정하고 있다. 또한 〈서산제설〉, 〈거용첩취〉, 〈노구효월〉, 〈계문연수〉 등은 경관의 구체적인 모습까지 담으려 했음을 보여준다.

표 8 원, 명, 청의 북경팔경 소표제 변천 양상

순서	元	明	淸1	淸2	변환 양상
1	太液秋風	居庸疊翠	瓊島春陰	瓊島春陰	瓊島春陰 → 瓊島春雲 → 瓊島春陰
2	瓊島春陰	玉泉垂虹	太液秋風	太液秋風	太液秋風 → 太液晴波 → 太液秋風
3	居庸疊翠	太液晴波	玉泉垂虹	玉泉趵突	玉泉垂虹 → 玉泉垂虹 → 玉泉趵突
4	盧溝曉月	瓊島春雲	西山晴雪	西山晴雪	西山晴雪 → 西山霽雪 → 西山晴雪
5	西山晴雪	薊門煙樹	薊門煙樹	薊門煙樹	薊門飛雨 → 薊門煙樹 → 薊門煙樹
6	薊門飛雨	西山霽雪	盧溝曉月	盧溝曉月	
7	玉泉垂虹	盧溝曉月	居庸疊翠	居庸疊翠	
8	金臺夕照	金臺夕照	金臺夕照	金臺夕照	

위의 표에서 보다시피 북경팔경은 원, 명, 청 세 왕조에 걸쳐 향유되었는데 소표제의 변환 양상을 보면 〈경도춘음〉, 〈태액추풍〉, 〈서산청설〉 등 3경의 소표제에 있어서 건륭은 명나라 북경팔경의 소표제 대신에 원나라 소표

---

11 "盧溝橋, 在府西南三十五里, 跨盧溝河. 金明昌初建, 本朝正統九年重修, 其長二百餘步, 石欄刻為獅形, 每早波光曉月, 上下蕩漾, 曙景蒼然一奇也," 위와 같음.

12 "薊邱, 在舊燕城西北隅, 即古薊門也. 舊有樓館並廢, 但門存二, 土阜旁多林木, 蓊鬱蒼翠," 위와 같음.

제로 복원하였음을 알 수 있다. 이 소표제의 변환이 의미 있는 이유는 건륭
제의 다음과 같은 설명 때문이다.

서산에 있는 샘은 모두 지하로 흘러 옥천에 이른다. 산의 형세가 중앙이 나
뉘어져 샘이 분출되어 흩어지니 제남의 작돌이 이보다 대단하지 않다. 예
전에 팔경의 제목을 정하는 자가 수홍이라 하였으니 그 실질을 놓친 것이
다. 이에 그 이름을 바르게 하고 드러내어 천하 제일의 샘이라 기록한다(西
山泉 皆狀流至玉泉 山勢中豁 泉歕躍而出 雪湧濤翻 濟南趵突不是過也 向之題八景者 目以垂虹
失其實矣 爰正其名且表曰 天下第一泉而爲之記).[13]

이어서 칠언율시로 읊었는데 이 역시 개명의 당위성에 대한 설명이다.

옥천은 예전에는 무지개 드리운 곳이라 했으니
역사를 기술하는 누군들 진실로 한탄하지 않았을까?
솟구쳐 올라 흩뿌리는 자태 천년 동안 고치지 않아
몇 번이나 백장이나 솟아 하늘구름에서 떨어졌나
못 둘레에 달이 닿아 출렁이는 물결 하얗고
벽에서 거꾸로 날리는 꽃은 맑디 맑게 붉다
나 또한 일찍이 쉽게 믿고 그대로 전해서
속됨을 피하지 못하고 부화뇌동했었네
玉泉昔日此垂虹　　史筆誰真感慨中
不改千秋翻趵突　　幾曽百丈落雲空
廓池延月溶溶白　　倒壁飛花淡淡紅

13　〈增乾隆十六年御製燕山八景詩疊舊作韻〉, 『日下舊聞考』卷八, 『清文淵閣四庫全書本』, 中國基本古籍庫.

笑我亦嘗傳耳食　未能免俗且雷同

〈옥천수홍〉제1,2구에서는 옥천을 수홍이라는 이름을 붙인 것에 대해 사필을 담당한 사람들은 다 남다른 느낌이 있었을 것이라고 하였다. 여기서 역사를 기술하는 누구는 사관 같은 사람을 말하며 그만큼 엄정한 잣대를 지닌 평가자를 말한다. 이런 사람들이 수홍이라는 명칭에 대해 부정적이었다는 뜻이기도 하다. 제3,4구에서는 사람들이 그렇게 잘못된 명명을 했음에도 불구하고 옥천은 천년 동안, 즉 옥천이 생긴 이후 지금까지 솟구쳐 올라 흩뿌리는 '번작돌'의 모습을 유지해 왔으며 높이까지 솟아 하늘에서 떨어지는 위용을 보여 주었다고 하였다. 제5,6구에서는 옥천이 달과 꽃과 어우러져 만들어 내는 아름다운 경관을 묘사하였으며, 제7,8구에서는 자신 역시 이전에는 남의 말을 따라 수홍이라 했던 점을 뉘우친다고 하였다. 이는 처음에 지은 연경팔경시에서는 〈옥천수홍〉이라는 소표제를 그대로 썼기 때문이다. 이 시에서는 제1,2구에 "천장 높이 소용돌이치며 솟구쳐 무지개 드리우듯 떨어지고/바람이 은빛 물결 거두는 모습 한눈에 들어오네(湧湍千丈落垂虹 風卷銀濤一望中)"라고 하여 내용에서도 무지개 드리우듯이라는 표현을 하였으며, 제7,8구에서는 "이로부터 은혜로운 물결 곳곳으로 퍼지고/나라 밭에 제때 비 내리듯 은택도 함께 응하길(自此恩波流處處 公田時雨澤應同)"이라고 하여 농사에 관심을 보이는 위정자의 모습을 보이기도 하였다.

2008년 이수(李帥)는 청 고종이 〈옥천수홍〉의 이름을 바꾼 일을 거론하면서 그러나 지금은 몇 군데 물이 이미 고갈되어 마침내 어떤 모양이었는지 알 수 없다고 한다고 하였다. 그러나 "푸른 봉우리 붉은 절벽에서 쏟아져 멈추지 않으니 푸른 산이 구름 한점 없이 분명히 보이네(碧嶂丹崖瀉不停 翠微雲淨轉分明)"라 읊은 왕홍이나 "푸른 봉우리 구름바위에서 옥 같은 물 뿜어내니 평평한 시내가 도리어 매달려서 폭포가 된 듯하네(碧嶂雲巖噴玉泉 平流寧似瀑流

懸)"라 읊은 추집의 시를 볼 때는 절벽 중간에서 폭포처럼 쏟아지는 형상이 아니었을까 하는 생각이 들며 제남의 작돌과는 전혀 성격이 다른 샘이므로 이를 '작돌'로 이름하고 '천하제일천'이라고 명명한 것이 받아들여진 이유는 명명자가 황제였기 때문으로 여겨진다.

한편 팔경의 하나인 〈거용첩취〉는 명나라 연경팔경시에서는 제1수로서 국경의 관문인 거용관의 아름다움을 읊었는데 이는 전통적으로 국방의 위용을 드러내는 경관이었다. 양영(楊榮)은 〈거용첩취〉 1,2구에서 "나란히 솟은 뭇 산의 산세 가파르고 봉우리에 해 비추자 밝게 푸르러지네(群山聳列勢峥嶸 日照峯巒積翠明)"라고 하여 높고 위용 있는 거용관의 면모를 그렸으며, 증계(曾棨)도 제1-4구에서 "중첩된 관문은 굳게 잠겨 흰구름만 들 수 있는데/하늘가 여러 봉우리 검은 빛을 띠고 있구나/북쪽 새외 지역은 막북과 통해 있고/남쪽으론 궁궐 있어 명나라에 우뚝하네(重關深鎖白雲收 天際諸峯黛色流 北枕龍沙通絶漠 南臨鳳闕壯神州)"라고 하였다. 그러나 청 고종은 이를 다음과 같이 노래하였다.

수자리는 끊어지고 담장은 퇴락해 가고 있는데
당시에는 부질없이 굳센 변방 방비라 떠들었었지
전쟁에 이기게 했던 옥첩은 자취가 없지만
덕을 지켜 만든 금성은 진실로 뚫지 못하네
샘솟는 곳 돌소리는 늘 시원함을 띠고 있는데
해를 품은 봉우리 따뜻해 안개 피어오르려 하네
채찍 울리며 어느 양의 창자같이 고불고불한 길을 가나
가히 전에 밭을 빼앗았던 때에 비길 만하구나
斷戍頹垣動接連　　當時徒説固防邊
洗兵玉疊曾無藉　　守德金城信不穿

31도 거용첩취

32도 노구효월. 청(淸) 장약징(張若澄)의 연경팔경도 중

泉出石鳴常帶冷　　日含峯暖欲生烟
鳴鞭阿那羊腸道　　可較前兹獲有田　　　　　『청고종어제시문집』 1, 권24

　〈거용첩취〉 제1구에서는 이미 변방 방비물로서는 무용해진 면모를, 그리
고 제2구에서는 그렇게 말한 것 자체가 부질없는 일이었다고 폄하하였다.
제3,4구에서는 진정으로 국방을 지키는 것은 쇠로 만든 성 같은 강한 물질
이 아니라 '덕'과 같은 덕목이라고 하였다. 제5-8구에서는 현재 거용관의
아름답고 평화로운 모습을 그려서 명나라 때와는 다른 면모를 나타내었다.
　두 차례에 걸쳐 팔경시를 쓰고 또 각 경마다 비를 세우고 후면에 자신의
시를 새긴 것으로 보아 청 고종이 팔경에 대해 남다른 애착을 보였음을 알
수 있다. 원나라 진부(陳孚)와 마찬가지로 선계로서의 면모를 읊었지만 황제
로서 인재 및 농사의 중요성에 대해서도 언급하였다. 특히 '옥천수홍(玉泉垂
虹)'에 대해서는 '수홍(垂虹)'의 면모가 현실과 맞지 않다고 하여 '옥천박돌'로
개명하는 적극적 태도를 보이기도 하였다. 또한 '거용첩취'에 대해서도 변

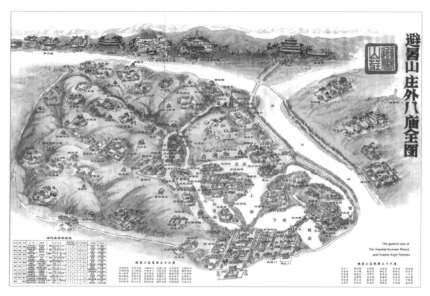

<u>33도</u>　피서산장과 외팔묘 안내도

방 관문의 면모보다는 밭농사 짓던 평화로운 공간으로 노래하여 북방 여진
족의 후손임을 드러내고 있다. 대체로 북경팔경시에 나타난 청 고종의 시는
명나라 시보다는 원나라 시에 가까움을 알 수 있다.

3) 열하행궁 ― 피서산장

　열하행궁의 건립은 목란(木蘭)에서의 가을 사냥에서 비롯되었다고 한다.
만주족의 특성상 사냥을 중시했고 사냥장소가 승덕(承德)의 목란이다 보니
열하에 머물게 되었고 드디어 1702년(강희 41) 행궁을 건설하게 하였다.[14]

14　"我朝定鼎開元, 萬象啓運 宏業更新. 朕仰付天意, 雨暘時若, 農事滋繁 黎庶安生, 萬邦同祝 今習武術蘭已
　　歷二十載, 柔遠撫民, 朕所惟念, 然尙無從容駐蹕之所. 今從臣工之請, 宜于熱河肇基行宮, 俾得北疆之安綏
　　… 著工部 內務府參酌南北名園, 供奉畵稿, 構想燙樣, 以呈御覽"中國 國家級 風景名勝區 叢書『承德 避
　　暑山莊 外八廟』, 台海出版社, 2012, 33쪽.

　　　　　　　　　　　　　제6장　다른 나라 왕실 팔경문학과의 비교

1708년에 비로소 열하행궁이라는 이름으로 황제가 숙식할 수 있는 장소가 만들어졌으며,[15] 징호, 여의호, 상호, 하호, 반월호 등의 호수와 환벽, 여의주, 월색강성 등 3개의 섬 그리고 28개 건물이 들어섰다.

이렇게 열하행궁을 만드는 과정에서 경관도 선정되어 16경, 40경 등이 명명되었으며, 1711년(강희 50) 정궁을 건설하면서 청 성조(淸聖祖)는 열하행궁을 피서산장으로 명명하면서 36경도 선정하였다.

청 성조는 〈피서산장기(避暑山莊記)〉(『欽定熱河志』 권25, 『CD롬 사고전서』)에서 이 지역에 대해 열하 산수의 배경, 열하에 피서산장을 만든 이유, 피서산장의 모습, 피서산장에서의 흥취 등으로 나누어 언급하였다. 이를 차례로 살펴보면 다음과 같다.

> 금산에서 산맥이 시작하여 난류가 샘으로 나뉘었다. 구름 낀 골짜기에 맑고 깊은 물이 흐르니 석담에는 맑은 놀이 끼어 있다. 지경은 넓고 풀은 비옥하여 농가에 해를 주는 일이 없다. 맑은 바람에 여름에도 시원하니 사람이 살기에 적절하다. 천지가 생성된 이래 산수의 자연스런 풍모가 이루어졌다(金山發脈, 暖溜分泉; 雲堅淳泓, 石潭青靄, 川廣草肥, 無傷田廬之害; 風清夏爽, 宜人調養之功. 自天地之生成, 歸造化之品彙).[16]

위 글에서 언급한 금산은 청나라의 원류인 금나라 산으로 청 성조 선조의 발상지를 의미한다고 한다. 즉 열하는 청나라 만주족의 숨결이 이어지는 장소인 셈이다. 산은 높고 물은 깊으며 여름에도 시원하다고 하였는데 이는 중원 특히 중국의 수도인 북경에 비해 그렇다는 뜻이다. 자금성이 있는 지역은 분지로 추위와 더위에 취약한 지역인데 도성의 안전성을 위해 주변의 숲을

---

15 『熱河志』에 처음으로 '열하행궁'이라는 명칭이 나타난다. 위 책, 34쪽.
16 이하 〈기문의〉 번역은 『열하의 피서산장』(웨난, 2005) 번역을 인용하되 필요한 경우 가필하였다.

모두 제거하여 여름 더위가 더 심해져서 사람이 살기 어려울 지경이 되었는데 피서산장은 지역도 자금성에 비해 북쪽이거니와 높은 산세와 울창한 숲, 그리고 넓게 조성한 호수들로 인해 여름을 지내기 좋은 곳이 되었다.

　　짐이 몇 번 강남에 순수하여 남방의 수려함을 깊이 알게 되었다. 섬서성과 감숙성에 두 번 가서 서쪽 지역에 대해 더욱 잘 알게 되었으며, 북으로 몽고고원을 다녀오고 동쪽으로 장백산에 가니 산천의 장대함과 인물의 질박함이 또한 이루 다 말할 수 없을 정도였으나 내가 다 취할 수 있는 것이 아니었다. 오직 이 열하는 서울에서 가까워 오고가는 데 이틀만 걸리며, 지역이 궁벽진 황야라 마음을 지킬 수 있으니 어찌 만기를 그르치겠는가(朕數巡江干, 深知南方之秀麗; 兩幸秦隴, 益明西土之殫陳. 北過龍沙, 東遊長白; 山川之壯, 人物之樸, 亦不能盡述, 皆吾之所不取. 惟玆熱河, 道近神京, 往來無過兩日; 地闢荒野, 存心豈誤萬幾).

　　위 글에서 청 성조는 피서산장의 건립을 위해 동서남북을 두루 다녔으며 각 지역이 지닌 장점을 서술하였다. 그리고 이 지역을 선택한 이유에 대해 북경과의 가까운 거리, 황야의 외진 곳, 즉 척박한 지역인 점을 들었다. 이처럼 척박한 지역을 꼽은 것이 특이한데 청 성조는 국가경영의 책무를 잊을 걱정이 없는 공간이라고 하였다.
　　이에 대해 웨난은 다음과 같은 조선 사신의 말을 인용하고 있다.

　　열하는 장성 밖 황량하고 궁벽한 곳인가? 이름을 피서라 지었으나 사실은 천자 자신이 스스로 변방을 지키고자 함이다.　　_ 웨난, 『열하의 피서산장』 1, 77쪽

　　웨난은 청 성조가 황막한 땅에 피서산장을 지은 이유에 대해 만리장성에 비해 열하행궁이 변방을 지키는 데 효과적 방편이라 생각하고 지었으며 '강

御製避暑山莊記

34도　피서산장 정궁에 걸려 있는 강희제의 피서산장기. 필자 촬영

건성세'로 평가받는 시기가 피서산장이 착공되고 완공된 이후 다시 확장되던 근 1백여 년간이었던 점에서 이를 확인할 수 있다고 하였다. 이 외에 사실 피서산장은 황막한 땅을 그대로 행궁으로 사용한 것이 아니라 소주·항주지역을 모범으로 삼아 인위적으로 호수를 조성하여 자연을 향유할 수 있는 별장으로 변형시켜서 소주·항주지역에서 유락하는 흥취를 흉내 낼 수 있게 한 곳이기도 하다.

그러므로 헤아리건대 높고 낮고 멀고 가까움의 차이가 있고 자연의 우뚝한 기세가 펼쳐져 있다. 소나무로 집을 지으니 산천이 둘러 준다. 물을 끌어 정자를 두르고 안개는 골짜기에서 피어오르니 모두 인력으로 할 수 있는 것이 아니다. 아름다운 평원이 도움을 주니 새기고 단청하는 노력을 하지 않아도 산수가 지닌 바탕의 아름다움에 기뻐한다. 조용히 만물을 보고 뭇 종류들을 살피니 조류는 푸른 물을 즐겨 피하지 않고 짐승들은 석양 아래 모여 있다(因而度高平遠近之差, 開自然峯嵐之勢. 依松為齋, 則竅崖潤色; 引水在亭, 則榛烟出谷. 皆非人力之所能, 借芳甸而為助, 無刻楣丹楹之費, 喜泉林抱素之懷. 静觀萬物, 俯察庶類; 文禽戲綠水而不避, 麀鹿映夕陽而成羣).

위 글은 피서산장의 모습을 묘사하고 있다. 소나무로 지은 집과 정자 주변을 도는 물길 그리고 이 지역을 둘러싼 아름다운 자연산천과 안개, 물가를 노니는 날짐승과 석양 아래 모여 있는 들짐승이 있다고 하였다. 한마디로 자연스럽고 평화로운 자연경관이라 할 수 있다.

솔개는 날고 물고기는 뛰노니 천성에 따라 높고 낮은 곳에 있는 것이다. 사냥하고 놀더라도 농사의 이룸이 아닌 것이 없다. 아침저녁으로 나라의 안위를 잊지 않고 남쪽 밭에서 농사를 권하여 풍성히 광주리가 찰 것을 기대한다. 풍년을 이루어 가뭄에 비내리는 경사를 얻은 듯이 즐겁다. 이것이 피서산장에 거처하는 경개이다(鳶飛魚躍, 從天性之高下; 遠色紫氣, 開韶景之低昂. 一遊一豫, 罔非稼穡之休戚; 或旰或宵, 不忘經史之安危, 勸耕南畝, 望豐稔筐筥之盈; 茂止西成, 樂時若雨陽之慶. 此居避暑山莊之槪也).

위 글에서는 피서산장에 펼쳐진 자연풍광에서 자연의 섭리를 깨닫고 농사를 기본으로 하는 백성의 삶이 나라의 근간임을 잊지 않는 위정자의 자세를 제시하였다.

청 성조가 피서산장 조성 8년 만에 이와 같은 기문을 짓고 또 제시한 36경의 장소 및 내용은 다음과 같다.

제1경 연파치상(烟波致爽): 안개와 물결이 매우 상쾌함

제2경 지경운제(芝逕雲隄): 영지 같은 길과 뭉게구름 같은 제방

제3경 무서청량(無暑淸涼): 맑고 시원해서 덥지 않음

제4경 연훈산관(延薰山館): 향기 나는 풀이 이어진 소박한 건물

제5경 수방암수(水芳巖秀): 향기 나는 물과 빼어난 바위

제6경 만학송풍(萬壑松風): 온 골짜기의 솔바람

제7경 송학청월(松鶴淸越): 맑고 초월적인 소나무의 학

제8경 운산승지(雲山勝地): 구름 낀 산과 빼어난 땅

제9경 사면운산(四面雲山): 사방에 있는 구름 낀 산

제10경 북침쌍봉(北枕雙峰): 북쪽에 기댄 두 봉우리

제11경 서령신하(西嶺晨霞): 서쪽 고갯마루의 새벽노을

제12경 추봉낙조(錘峰落照): 경추봉의 지는 햇빛

제13경 남산적설(南山積雪): 남산에 쌓인 눈

제14경 이화반월(梨花伴月): 달과 함께한 배꽃

제15경 곡수하향(曲水荷香): 굽이진 물가의 연꽃 향기

제16경 풍천청청(風泉淸聽): 바람소리 샘소리가 맑게 들림

제17경 호복간상(濠濮間想): 강가에서의 생각

제18경 천우함창(天宇咸暢): 모든 것이 조화로운 상제의 거처

제19경 난류훤파(暖溜暄波): 따듯하면서 힘찬 물결

제20경 천원석벽(泉源石壁): 샘이 발원하는 바위 절벽

제21경 청풍녹서(靑楓綠嶼): 푸른 단풍과 녹색 섬

제22경 앵전교목(鶯囀喬木): 높은 나무에서 우는 꾀꼬리

제23경 향원익청(香遠益淸): 향기가 멀리 갈수록 맑음

제24경 금련영일(金蓮暎日): 금빛 연꽃에 비치는 햇빛

제25경 원근천성(遠近泉聲): 멀고 가까운 곳의 샘물소리

제26경 운범월방(雲帆月舫): 구름과 달 속의 배 같은 누각

제27경 방저임류(芳渚臨流): 물가에 접한 방저정

제28경 운용수태(雲容水態): 넘실대는 구름과 호수

제29경 징천요석(澄泉遶石): 맑은 샘이 바위를 두름

제30경 징파첩취(澄波疊翠): 맑은 물결과 층층 푸른 빛

제31경 석기관어(石磯觀魚): 낚시 바위에서 물고기를 봄

제32경 경수운잠(鏡水雲岑): 거울 같은 호수 구름 낀 봉우리

제33경 쌍호협경(雙湖夾鏡): 거울에 긴 듯한 두 호수

제34경 장홍음련(長虹飮練): 긴 무지개가 비단을 머금음

제35경 보전총월(甫田叢樾): 큰 밭의 숲그늘

제36경 수류운재(水流雲在): 물길에 떠 있는 구름

한편 피서산장 건축을 마무리한 청 고종 역시 36경을 선정하였는데 이는 청 성조의 36경과 함께 72경으로 일컬어진다.[17]

제1경 이정문(麗正門), 제2경 근정전(勤政殿), 제3경 송학재(松鶴齋),

제4경 여의호(如意湖), 제5경 청작방(靑雀舫), 제6경 기망루(綺望樓),

제7경 순록파(馴鹿坡), 제8경 수심사(水心榭), 제9경 이지당(頤志堂),

제10경 창원태(暢遠台), 제11경 정호당(靜好堂), 제12경 냉향정(冷香亭),

제13경 채릉도(采菱渡), 제14경 관련소(觀蓮所), 제15경 청휘정(淸暉亭),

제16경 반야상(般若相), 제17경 창랑서(滄浪嶼), 제18경 일편운(一片雲),

제19경 평향반(萍香泮), 제20경 만수원(萬樹園), 제21경 시마태(試馬埭),

제22경 가수헌(嘉樹軒), 제23경 낙성각(樂成閣), 제24경 숙운첨(宿雲檐),

제25경 징관재(澄觀齋), 제26경 취운암(翠雲巖), 제27경 엄화창(罨畵窓),

제28경 능태허(凌太虛), 제29경 천척설(千尺雪), 제30경 영정재(寧靜齋),

제31경 옥금헌(玉琴軒), 제32경 임방서(臨芳墅), 제33경 지어반(知魚磻),

제34경 용취암(涌翠巖), 제35경 소상재(素尙齋), 제36경 영념거(永恬居)

이 경관들은 대개 궁전지역, 호수지역, 평원지역, 산악지역 등 네 지역으

---

17 http://wenku.baidu.com/view/364dc5533c1ec5da50e27048.html.

로 대별되는데 궁전지역은 남쪽에, 호수지역은 중앙에, 평원지역은 동북쪽에, 산악지역은 서북쪽에 각각 위치해 있다.

가. 궁전지역

궁전지역은 정궁(正宮), 송학재, 만학송풍전, 동궁 등 네 공간으로 이루어져 있다. 정궁은 황제가 정무를 보는 집무소와 침전 등이 있는 공간이며, 송학재는 청 고종이 모후를 위해 지은 거처이다. 〈만학송풍〉은 청 고종이 어려서 학문하던 장소이며, 동궁은 청 고종과 청 인종 시절에 국가의 큰 행사를 치르거나 신하들을 접견하고 또 정령을 반포할 때 사용하던 공간이다. 정궁에는 강희삼십육경의 〈연파치상〉과 〈운산승지〉가 있고 건륭삼십육경의 〈리정문〉이 있으며, 송학재에는 건륭삼십육경의 〈송학재〉가 만학송풍전에는 강희삼십육경의 〈만학송풍〉이, 그리고 동궁에는 건륭삼십육경의 〈근정전〉이 있다.

정궁의 〈연파치상〉은 강희삼십육경의 제1경이다. 경관의 명칭이면서 동시에 건물명이기도 하다. 이 이름은 청 성조가 명명하였는데 사방이 수려하고 맑은 호수가 십리에 걸쳐 있어 상쾌한 기상에 이르게 한다고 하여 '연파치상', 즉 안개와 물결이 상쾌함에 이르게 한다는 뜻이다.

이 건물에서 청 성조는 왕후와 후궁들의 아침 인사를 받았다고 한다.

산장에서 자주 피서하니
조용한 가운데 조금 소란스럽다
북쪽으로는 멀리 안개 펼쳐져 있고
남쪽으로는 골짜기 아름답구나
봄이 오니 물고기 뛰어오르고

35도　피서산장에 걸려 있는 궁전지역 복원도. 필자 촬영

가을에는 기러기 모래사장에 내리네

눈에 닿는 모든 풀이 신선의 풀이요

창가에 두루 약초가 둘러 있구나

더운 바람 부는 낮에도 상쾌하고

가랑비 내리는 밤에도 아득하다네

땅이 비옥해 곡식 두 배로 소출되고

샘이 달콤해 푸른 오이를 베어 물은 듯하네

옛사람들 수자리 서서 경계했는데

지금은 마침내 뿔나발소리 그쳤네

농사짓고 장사하는 일을 생업으로 하는

백성들이 모여 온 마을 이루었네

山莊頻避暑	靜黙少喧譁
北控遠烟息	南臨近壑嘉
春歸魚出浪	秋歛雁橫沙
觸目皆仙草	迎牕遍藥花
炎風晝致爽	綿雨夜方賒

土厚登雙穀	泉甘剖翠瓜
古人戍武備	今卒斷鳴笳
生理農商事	聚民至萬家

_〈烟波致爽〉,《熱河三十六景詩》[18]

이 〈연파치상〉 제1,2구에서는 산장에서의 생활이 생동감이 있다고 하고 제3-12구에서는 북쪽과 남쪽, 봄과 가을, 먼 곳과 가까운 곳, 낮과 밤, 땅과 샘의 풍토 등 산장에서 바라본 면모를 다각도로 펼쳐보였다. 그리고 제 13-16구에서는 예전에는 전장의 땅이었으나 이제는 평화로운 백성들의 생활터전이 되었음을 노래하였다.

이 시는 〈연파치상〉의 개별적 면모를 드러내기보다는 피서산장의 전체적 면모를 제시하고 있어 피서산장삼십육경의 서론과 같은 면모를 지니고 있으며, 이렇게 아름답고 평화로우며 백성들이 열심히 살아가는 피서산장의 36개 경치가 어떻게 전개될지에 대한 기대를 하게 한다.

제8경인 〈운산승지〉는 연파치상전의 북쪽에 있는 북향 누각이다. 제6경 〈만학송풍〉의 만학송풍전은 청 성조가 문무백관과 함께 호수와 산의 경치를 조망하였다고 할 정도로 경치가 좋은 곳이다. 청 고종은 어릴 때 이곳에서 할아버지의 훈계를 들었다고 하여 즉위 후에 이름을 기은당(記恩堂)으로 고쳤으며, 이에 대한 기문을 남기기도 하였다.

〈리정문〉은 건륭삼십육경의 제1경이다. 정궁 정문의 명칭이면서 동시에 경관의 명칭이기도 하다. 이 이름은 청 고종이 명명하였는데 1754년(건륭 19년)에 건립하였다. 세 개의 문이 있는데 중앙문 위에 돌로 된 편액에는 한자, 만주어, 몽고어, 장족어, 위구르어의 5개 언어로 문의 이름을 썼으며 이 중 한자어는 건륭의 친필이다.

---

18 『聖祖仁皇帝御製文』三集卷五十,『CD롬 四庫全書』.

바위로 만든 성곽에 성가퀴 더하니 금성탕지처럼 견고하고

광대무변한 문을 여니 남쪽을 향하고 있네

두 글자 새로 지어 리정이라 표시하니

수레바퀴 크기와 글자가 일정한 이곳으로 먼 나라에서 모여드네

巖城埤堄固金湯　　誅蕩門開向午陽

兩字新題標麗正　　車書恒此會遐方　　　　　_〈麗正門〉,《再題避書山莊三十六景詩》[19]

〈리정문〉 제1구에서는 리정문의 외면적 모습을 들고 금성탕지처럼 견고하다고 하여 피서산장의 방위가 튼튼함을 강조하였다. 제2구에서는 리정문을 하늘의 문에 비유하였다. 『한서(漢書) 예악지(禮藥志)』(『前漢書』 권22)에 보면 하늘의 문이 열리니 질탕탕(誅蕩蕩)하다고 하였다. 여기서 질탕은 하늘의 문이 열리는 모습으로 광대무변하다는 뜻을 지니고 있다. 이는 청 고종 자신의 모습에 대한 자긍이기도 하다. 제3구에서는 문의 이름을 '리정'으로 지었다 하였고, 제4구에서는 진시황의 도량형과 문자 통일을 예로 들어 자신이 천하를 통일한 중심임을 자랑하였다. 제7경인 〈송학청월〉은 진자곡 입구에 있는 황태후의 거처이다. 황후의 장수를 기원하여 소나무와 학의 이름을 붙여 주었다. 지금은 건물의 일부가 피서산장 산악 지역을 운행하는 관람차의 출발지점에 있어 관람차 기사들의 휴식처로 쓰이고 있다.

나. 호수지역

호수지역은 피서산장 경관의 중심으로 가장 많은 경관이 속해 있는데 동(東), 중(中), 서(西) 등의 세 가지 노선으로 정리하면 먼저 동쪽 방향에 위치

19　『御製詩集』二集 卷五十, 『CD롬 四庫全書』.

한 경점으로는 동궁의 끝인 '권아승경'에서 시작되는데 건륭삼십육경의 〈수심사〉, 청서산관의 〈이지당〉, 〈정호당〉, 〈창원대〉, 월색강성도의 〈냉향정〉, 강희삼십육경의 금산의 〈경수운잠〉, 〈천우함창〉, 〈향원익청〉 등이 있으며, 중앙 방향에 있는 경점으로는 강희삼십육경인 〈지경운제〉에서 시작되는데 〈무서청량〉, 〈연훈산관〉, 〈수방암수〉, 〈서령신하〉, 〈운범월방〉, 〈금련영일〉, 〈징파첩취〉 등과 건륭삼십육경의 〈채릉도〉, 〈창랑서〉, 〈관련소〉, 〈일편운〉, 〈반야상〉, 〈청휘정〉 등이 있다. 서쪽 방향으로는 건륭삼십육경인 〈여의호〉라는 이름의 여의정에서 시작되는데 〈임방서〉, 〈지어기〉, 〈청작방〉, 문진각의 〈천척설〉, 〈영정재〉, 〈옥금헌〉 등이 있으며, 강희삼십육경의 〈방저임류〉, 〈쌍호협경〉, 〈장홍음련〉, 〈석기관어〉, 〈원근천성〉, 문진각의 〈곡수하향〉, 〈천원석벽〉 등이 있다. 논의의 편의를 위해 중앙, 동쪽, 서쪽 등의 순으로 살펴보기로 한다.

① 중앙 방향

〈지경운제〉는 "강희삼십육경"의 제2경이다. 항주의 서호를 모방하여 만들었으며, 호수를 파서 제방 하나에 세 개의 섬이 이어지게 하였다. 이 시는 칠언시로 총 38구로 이루어져 있는데, 7구, 8구, 15구, 17구 등은 6언이다. 청성조의《피서산장삼십육경시》는 대개 칠언율시로 이루어졌으나 이처럼 파격을 보이는 시도 몇 편 있는데 이 시가 가장 장편이다.

이 경관은 처음으로 호수를 파고 섬을 만들어 피서산장 경관의 기틀이 된 경관이라 할 수 있는데 이 시에서는 이를 만드는 목적과 과정에 대한 설명이 담겨 있다.

만기(萬機)의 여가에 궁궐에서 나와
물과 산을 좋아하나 정말 쉬기 어렵네

더위 피해 온 막북(漠北)은 비옥한 땅이라

촌의 노인 찾아 옛 자취 찾아보네

사람들이 말하기를 몽고의 목마장으로

사람이 살지 않아 해골조차 없네

萬幾少暇出丹闕　　樂水樂山好難歇

避暑漠北土脉肥　　訪問村老尋石碣

衆云蒙古牧馬場　　並乏人家無枯骨　　　　　　　_〈芝迤雲隄〉,《열하삼십육경시》

〈지경운제〉 첫 6구이다. 청 성조가 이 피서산장을 찾은 이유와 이곳에 예전에는 몽고에서 말을 기르던 장소로 본래 사람이 살지 않았던 장소인 점을 강조하였다. 마을의 나이 먹은 사람들에게 연원을 묻고 또 직접 주변에 인가가 있는지 여부를 살펴본 결과 그런 흔적이 전혀 없다고 하였다. 그러기에 이곳에 황제의 거처를 만드는 것이 전혀 백성들에게 피해가 되지 않는다는 의미가 담겨 있다.

초목이 무성하여 모기, 전갈 들지 않고

샘과 물이 맑아 사람들에 병이 적네

그러기에 말을 타고 물굽이 둘러보니

물굽이 굽이마다 숲에 울창하네

거친 들판 측량하고 물길도 살피고

장원의 밭 그대로 나무도 그대로

자연스레 하늘이 이뤄 땅의 형세도 그대로

사람이 억지로 건설하게 하지 않았네

草木茂　絶蚊蝎　泉水佳　人少疾

因而乘騎閱河隈　　灣灣曲曲滿林樾

測量荒野閱水平　　莊田勿動樹勿發

自然天成地就勢　　不待人力假虛設

〈지경운제〉 제7-14구이다. 제7,8구에서는 이곳이 모기 등의 해충이 없고 물도 맑아 수질로 인한 풍토병이 없는 곳으로 사람이 살기 좋은 곳임을 나타내었다. 게다가 물굽이, 들판, 물길, 밭, 나무 등을 포함한 하늘과 땅의 형세가 그대로 이용해도 될 정도로 사람이 살기에 적합한 곳이라고 하였다. 제14구에서는 인위적으로 시설을 만들지 않아도 된다는 말로 마무리하였다. 본래 이 피서산장 특히 지경운제는 청 성조가 강남의 경관을 본받아 일부러 호수와 섬을 조성한 것으로 유명한데 이 시에서는 그런 점은 은폐시키고 원래부터 사람이 살 만한 곳이었다고 한 셈이다.

　　그대는 경추봉(磬錘峰)을 보지 않았나

　　홀로 산기슭 동쪽에 우뚝이 서 있음을

　　또 온 골짜기 소나무를 보지 않았나

　　기울어진 채 온 숲을 덮어 조화를 이룸을

　　따듯한 빛이 내리면 승로가 비치고

　　파란 파 색이 변하면 자주 풍년이 되네

　　君不見 磬錘峰　　獨峙山麓立其東

　　又不見 萬壑松　　偃蓋重林造化同

　　煦嫗光臨承露照　　青蔥色轉頻歲豐

〈지경운제〉 제15-20구이다. 이 대목에서는 이 지역이 승경임을 표현하였다. 경추봉은 이 지역 대표적 경관의 하나이다. 경추봉의 원래 이름은 빨래방망이를 뜻하는 봉퇴산(棒槌山)이었는데 청 성조가 경추봉이라는 이름을 내려 주었다고 한다. '경(磬)'은 돌로 만든 고대의 악기이며, '추(錘)'는 쇠로 만든 병기인데 이들의 모양이 대개 빨래방망이와 비슷했던 셈이다. 청 성조는 이에 고대 악기와 병기 등의 형상에 비유하여 이 경물의 품위를 높여 주었다고 할 수 있다.

이 경추봉 바위는 높이가 38.29m, 윗부분 직경은 15.04m, 아랫부분 직경은 10.27m, 무게는 16,200t으로 추정된다. 사실 이 경추봉은 피서산장 내에 있는 경관은 아니다. 피서산장 동쪽에 있는 경추봉국가산림공원에 있는 별도의 경관이다. 그러나 피서산장에는 경추봉의 낙조를 볼 수 있는 공간에 건물을 세우고 제12경인 〈추봉낙조〉를 설정하였다. 그러므로 〈추봉낙조〉는 경관명이면서 건물명이기도 하다. 이 정자는 5칸으로 진자욕으로 올라가면 서쪽 기슭 평평한 곳에 세워져 있다.

눈에 보이는 산과 물은 천년 동안 이어졌는데
흰구름 누운 물가 깊은 가을을 알리네
깎아지른 바위 서로들 아름다움 다투지만
경관이 가장 그윽하기는 이 봉우리 같은 곳 없네
縱目湖山千載留　　白雲枕澗報深秋
巉巖自有爭佳處　　未若此峰景最幽　　　　　_〈錘峰落照〉,《열하삼십육경시》

청 성조는 가을 경추봉의 낙조를 보면서 이처럼 그윽한 경치는 없다고 극찬하였다.

놀기 전에 항상 백성 노고 생각하고
또한 토목공사로 노동이 쏠릴까 두려워하네
명장(明匠)은 먼저 지경 제방을 만들고

산과 물을 따라 길도 가지런히 했네

농사 맡은 관리 함부로 돈을 낭비하지 않게 하고

고졸하되 공교하게 하지 않아 백성 뜻에 맞게 하네

遊豫常思傷民力　　又恐偏勞土木工

命匠先開芝逕隈　　隨山依水揉輻齊

司農莫動帑金費　　寧拙捨巧洽羣黎　　　　　_〈芝逕雲隈〉,《열하삼십육경시》

　　조선시대 누정기를 보면 항상 백성의 농사철을 피해서 한가할 때 백성들
의 노동력을 동원해서 백성들의 생업을 방해하지 않았다는 말을 하곤 한다.
이 〈지경운제〉 제21-26구에서도 백성의 노고와 과도한 동원을 피했다 하
고 명장을 동원했다고 하는데 명장의 동원이 경관의 아름다움보다는 구조
를 실용적으로 해서 노동력의 낭비가 없도록 했다는 의미로 읽힌다. 백성의
농사에서 거둬들인 돈을 알뜰하게 쓰고 전체적인 구조를 사치스럽게 하지
않아 백성들의 뜻에 맞았다고 하는데 이는 농부를 천하의 근본이라 생각하
고 백성을 하늘로 여기는 당대 유가적 군주를 지향하는 황제들의 덕목이었
기 때문이다.

　　변방 성과 날카론 무기가 어찌 믿을 만하리오

걍음무도하였음이 역사에 남아 있네

경계할 줄 알아 이에 힘쓰고

바야흐로 여러 사람에게 보여 줄 수 있게 모두를 어루만지면

비록 높은 집이 없어도 구름 속의 누각에 있는 듯하고

이에 올라 몇 겹 근심인들 풀지 못하리

邊垣利刃豈可恃　　荒溺無道有靑史

知警知戒勉在玆　　方能示衆撫遐邇

雖無峻宇有雲樓　　登臨不解幾重愁

〈지경운제〉제27-32구이다. 도덕적 교훈을 다시 되풀이하고 있다. 나라를 지키는 것은 변방의 튼튼한 성과 무기가 아니라 황음무도하지 않은 도덕적 자세라고 하였다. 늘 경계하는 자세로 임하고 백성들의 어려움을 어루만지며 생활한다면 구름이 있는 곳처럼 높은 누각에 있지 않더라도 그런 곳에 있는 것처럼 일망무제의 경관을 보듯 근심이 풀린다고 하였다.

　　이어졌다 끊어지는 바위와 물길의 사계절 경치
　　내 만년에 밤낮으로 근심이 끊이지 않음을 걱정해서네
　　만일 도와주어 정신과 체력 유지된다면
　　같은 마음으로 이치를 다스려 다시 정밀히 구해
　　태평하고 농사 중시하는 궁궐의 역사
　　봉화불 올리지 않으며 억만년 되리
　　連巖絶澗四時景　　憐我晚年宵旰憂
　　若使扶養留精力　　同心治理再精求
　　氣和重農紫宸志　　烽火不烟億萬秋

〈지경운제〉의 마지막 제33-38구이다. 피서산장의 사계절 경치가 만년청 성조의 근심을 풀어 준다고 하였다. 그러기에 정신과 체력이 유지되어 다시 자신의 근심이 된 국가와 백성의 문제를 해결한다면 결국은 국가의 역사는 전쟁이 없고 농사를 바탕으로 태평을 구가하는 국가가 될 것이라는 믿음과 기대를 읊고 있다.

　　이 시는 〈지경운제〉라는 피서산장 제2경을 통해 국가경영의 태도와 방법, 경관 경영을 통해 얻는 심신의 안정과 이의 국가적 이익 등 제왕이 경관을

경영하는 목적과 의미를 총체적으로 설명하고 있다.

제3경인 〈무서청량〉은 여의주의 입구에 있는 5칸 건물이다. 청 성조 〈무서청량시〉의 서문에 보면 지경을 따라 북쪽으로 가다가 꺾어 동쪽에 작은 산을 지나면 그 아래에 붉은 연꽃이 물가에 가득하고 푸른 나무들이 제방에 이어져 있는데 남쪽을 향한 긴 회랑의 건물이 있으니 무서청량으로 산의 상쾌함을 느낄 수 있고 호수바람이 불어와 시원하고 서늘하게 한다고 하였다.

제4경인 〈연훈산관〉은 무서청량의 뒤에 있는 7칸 건물이다. 제5경인 〈수방암수〉는 여의주의 가장 뒤쪽에 있는 7칸 건물로 청 성조의 독서공간이었다고 한다. 물이 맑으면 향기롭고 산이 고요하면 빼어나다는 뜻으로 건물 이름을 명명하였다. 제11경인 〈서령신하〉와 제12경인 〈운범월방〉은 수방암수의 서쪽에 있던 누각이나 지금은 남아 있지 않다. 제14경인 〈금련영일〉은 연훈산관의 서남쪽에 있는 건물로 이 전각의 앞뒤로 오대산 금련화를 심어 여름 꽃이 필 무렵이면 황금이 펼쳐진 것처럼 장관을 이루었다고 한다. 제30경인 〈징파첩취〉는 여의주 북쪽에 있던 정자로 현재는 남아 있지 않다.

마름꽃과 마름열매 연못에 가득한데

골짜기에서 바람 불어오니 향기를 전하네

어찌 강남의 화려한 달만 기약하리

청컨대 변방의 물과 구름 고향을 보시게

菱花菱實滿池塘　　谷口風来拂棹香

何必江南羅綺月　　請看塞北水雲鄉　　　　_〈채릉도〉,《재제피서산장삼십육경시》

　　이 시는 건륭삼십육경의 제13경인 〈채릉도〉이다. 황제가 황후 등과 함께 배를 띄우고, 마름을 따는 것을 보기도 하고 또 쉬기도 했다고 한다. 제1,2구에서는 연못에 가득한 마름의 모습과 향을 묘사하였다. 제3,4구에서는 이 정경이 북방에 있지만 강남에 못지않음을 자긍하였다. 이 피서산장의 면모가 강남을 모방해서 만들어졌으며 이를 능가하고자 하는 비교가 늘 이루어졌음을 알 수 있다.

　　이 시의 서문에는 "호수의 물결이 맑고 푸르르며 수면에 마름이 많아 마름잎이 물위에 붙어 있는 듯하며 해를 등지고 꽃이 피며, 열매와 향이 좋아 연방과 수지 등과 함께 추천받으므로 왕유의 시중에 이름으로 장소를 명명하였다(湖波澄碧 水面多菱 葉浮貼水 背日花開 佳實脆香 與蓮房水芝並薦 故取摩詰詩中語 名其處)"고 하였다. 왕유의 시는 〈전원락(田園樂)〉 7수 중 제3수의 제목이 이와 같은데 내용을 보면 마름이 있는 곳이 도화원이라고 하고 있어 신선이 사는 곳에 비유하였음을 알 수 있다.

　　제17경인 〈창랑서〉는 굴원의 〈어부사〉에 있는 창랑의 물이 맑으면 갓끈을 씻고 물이 탁하면 발을 씻는다는 말에서 온 말로 세속을 떠나 자연 속에 숨어 사는 어부의 흥취에 동조하고 있다. 그런데 여기에 섬 서자를 붙여서 여의주 섬 안에 있는 섬이라는 뜻으로 읽힌다. 창랑서는 전각과 연못 그리고 가산 등으로 조성되어 있다. 제14경인 〈관련소〉는 3칸 건물로 이곳에서

청 고종이 11살 때 청 성조 앞에서 주돈이의 〈애련설〉을 배송한 적이 있어서 할아버지에 대한 존숭의 뜻으로 명명하였다고 한다. 제18경인 〈일편운〉은 신하들과 함께 놀이를 관람하던 곳이며, 제16경인 〈반야상〉은 부처 및 천신을 비롯하여 용왕, 우레, 비, 바람, 우박 등의 신을 제향하던 곳이다. 제15경인 〈청휘정〉은 여의주 남쪽에 있던 정자로 지금은 남아 있지 않다.

② 동쪽 방향

〈수심사〉는 건륭삼십육경 중 제8경이다. 동궁의 오른쪽에 있으며 하호와 은호를 남북으로 나눈 제방에 세 개의 건물이 나란히 세워져 있다. 본래 이 공간은 하호의 수문이었는데 1709년(강희 48) 은호와 경호를 만들면서 수문이 호수의 중간에 놓이게 되었고 수문 위에 다리를 놓고 그 위에 정자를 지어 이 경관을 이루게 되었다.

> 한 줄기 제방이 안팎으로 호수를 나누고
> 위에 있는 정자 건물 수중 그림이 되네
> 가을을 생각하는 마음은 엄숙하고 맑은데
> 눈에 들어오는 경치는 있는 건가 없는 건가
> 一縷隄分內外湖　　上頭軒榭水中圖
> 因心秋意蕭而淡　　入目煙光有若無　　　_〈수심사〉,《재제피서산장삼십육경시》

〈수심사〉 제1구는 수심사의 제방을 한 줄기 선으로 비유하고 이 선이 하호와 은호를 나눈 모습을 그렸다. 제2구에서는 수심사의 건물이 그림처럼 물에 비친 상태를 묘사하였다. 제3,4구는 마음과 눈을 대비하였다. 마음을 가을처럼 엄숙하고 맑게 준비해도 눈에 보이는 물위의 건물과 물에 비친 건물이 구분이 되지 않아 어느 것이 진짜이고 어느 것이 가짜인지 모르겠다고

37도   금산. 필자 촬영

하였다. 또한 청 고종은 이 시의 서문에서 이러한 아름다운 경치는 소동파나 백거이도 보지 못했을 거라고 자긍하였다.[20]

이 외의 건륭삼십육경으로는 문원 북쪽 청서산관에 제9경인 〈이지당〉, 제11경인 〈정호당〉, 제10경인 〈창원대〉 등이 있었으나 지금은 남아 있지 않다. 수심사 북쪽 하호 건너편의 월색강성도에는 제12경인 〈냉향정〉이 있다. 이 정자의 남쪽에 심은 연꽃은 내몽고 오한부에서 가져온 품종으로 내한성이 강하여 늦가을까지 감상할 수 있었다고 한다.

동쪽 방향의 끝에는 금산이 있는데 이는 기암괴석으로 이뤄진 가산의 섬으로 상제각, 천우함창전, 경수운잠전, 방주정 등이 조성되어 있다. 〈천우함창〉과 〈경수운잠〉은 각각 강희삼십육경의 제18경과 제32경이기도 하다. 가장 높은 3층 건물 상제각을 중심으로 오른쪽에 〈천우함창〉이 왼쪽에 방주정이 그리고 앞쪽에 〈경수운잠〉이 각각 세워져 있다.

조각 노을 걸친 높은 누각이 살기 좋은 건

인적이 닿지 않게 맑은 하늘과 이어 있어서네

---

20   白居易는 杭州 錢塘湖에 제방을 쌓은 적이 있으며, 蘇東坡는 西湖에 제방을 쌓은 적이 있다.

구름조각 맑고도 아름다워 온 봉우리 밝은데

기러기들 큰 기러기 짝해서 지나갈 때

가는 비 내리니 물가와 섬에 갈꽃이 가득하네

通閣斷霞應卜居　　人烟不到麗晴虛

雲葉淡巧萬峰明　　雁過初　賓鴻侶

鷗雨秋花遍洲嶼

이 〈천우함창〉은 장단곡으로 사패의 이름은 만년사곡(萬年斯曲)이다. 제 1,2구에서는 이 누각이 인적이 닿지 않은 높은 곳에 있어 살기 좋다고 하였다. 제3구에서는 구름이 있지만 화창한 하늘로 인해 봉우리도 밝다고 하였다. 제4,5구에서는 가을비가 부슬부슬 내리는데 기러기들이 짝지어 날아가고 가을 꽃들이 물가에 가득하다고 하여 소상팔경의 〈평사낙안〉과 같은 평화로운 분위기를 연출하였다. 맑고 밝은 가을의 평화로운 자연의 모습이 기러기, 비, 꽃과 더불어 아름답게 묘사되어 있다.

이 〈천우함창〉 전각에는 자단으로 된 나한상 1개와 배나무 의자 8개가 있어 중추절 전후로 해서 황후가 비빈들과 목욕재계하고 이 전각에서 보름달을 감상하고 자미성군과 벽하원군 등 두 여신에게 제사 지냈다고 한다. 한편 상제각에서는 진무대제현무, 노군, 관제, 마왕, 관음, 재신, 화신, 옥황대제 등을 제사 지내는 등 이 금산은 반야상과 함께 피서산장의 대표적인 기복공간이었던 셈이다.

〈향원익청〉은 제23경으로 주돈이의 〈애련설〉에서 연꽃의 향기가 멀리 갈수록 더욱 맑다는 구절을 인용하여 정자에 이름을 붙이고 또 경관명으로 쓰기도 하였다.[21]

21　http://rehequanshui.blog.sohu.com/163225983.html.

1　중국왕실 팔경문학과 비교

337

③ 서쪽 방향

서쪽 방향으로는 건륭삼십육경인 〈여의호〉라는 이름의 여의정에서 시작되는데 〈임방서〉, 〈지어기〉, 〈청작방〉, 문진각의 〈천척설〉, 〈영정재〉, 〈옥금헌〉 등이 있으며, 강희삼십육경의 〈방저임류〉, 〈쌍호협경〉, 〈장홍음련〉, 〈석기관어〉, 〈원근천성〉, 문진각의 〈곡수하향〉, 〈천원석벽〉 등이 있다.

여의정은 십자형태의 정자로 옆의 여의호를 따라 그대로 정자명을 지었다. 청 성조 때 지었지만 건륭삼십육경의 제4경이다.

변방물이 흘러 항상 이곳에서 머물며
호수의 버드나무, 섬의 연꽃과 짝하는데
안개와 물결이 모두 그림 같으니
그 뜻이 유연하여 깊고도 넓구나
塞水恒流此處渟　　栁湖蓮島偶摹形
烟容波態皆如畫　　属意悠然在杳冥

청 고종은 이 〈여의호〉에서 변방의 모든 물이 여의호에 머문다고 하였고 그 뜻이 깊고도 넓다고 하였다. 피서산장의 아름다운 경관은 호수지역에 있으며 호수의 명칭은 위치에 따라 서호, 상호, 하호, 모양과 색깔에 따라 장호, 반월호, 경호, 징호, 은호 등으로 붙여지는데 여의호만은 이들과 달리 불교의 용어를 차용하여 길상(吉祥)을 바라는 뜻을 담았다.

시의 내용에서 보듯이 여의호를 통해 구현하려 한 것은 그림같이 아름다운 물의 경관이며 이 속에서 행복하게 사는 것이다. 현재 이 여의정 옆에는 유람선 선착장이 있어 피서산장 호수지역에서 뱃놀이하려는 손님을 맞이하고 있다.

여의정에서 여의호를 따라 북쪽으로 올라가면 제33경인 〈지어기〉가 있다. 7개 기둥의 건물로 배모양인데 황제가 황후 비빈들과 여기에서 낚시를 하였다고 한다. 이 지어기의 서쪽에는 황제의 유람선으로 제5경인 〈청작방〉이 정박하였는데 지금은 정박지인 서선오(西船塢)만 남아 있다. 또한 지어기 북쪽에 제32경 〈임방서〉의 터가 남아 있다.

여의정에서 여의호를 따라 북쪽으로 올라가면 강희삼십육경의 제27경인 방저임류정을 만나게 되며, 북서쪽으로 가면 서호를 건너는 다리에 세워진 제33경의 〈쌍호협경〉, 제34경인 〈장홍음련〉 등이 있다. 계속 서호를 따라 북쪽으로 가면 제31경인 〈석기관어〉와 제25경인 〈원근천성〉을 만나게 된다.

샘을 끌어 폭포를 만드니
폭포수 쏟아져 물방울 날리네
옥 부딪는 소리 바위가 화답하니
색과 공의 구분이 있는지 없는지

引泉開瀑布　　迸水起飛珠
鏘玉雲巖應　　色空有若無

_〈원근천성〉, 《열하삼십육경시》

이 〈원근천성〉은 독특한 형태의 건물이다. 크게 정전과 회랑 등으로 이루어져 있는데 기둥만 세우고 벽을 막지 않아 모든 소리가 막히지 않게 되어 있다. 이 건물의 북쪽에 본래 작돌천이 있어 물이 솟아나오고 서쪽에 폭포가 있어 이들이 합쳐 연못을 이뤘으며 여기에 연꽃을 심어 여산폭포와 같은 장관을 이뤘다고 한다.

호수지역 서쪽방향의 끝에는 청 고종이 1772년(건륭 37)에 세운 문진각이 있는데 이곳은 사고전서(四庫全書)의 보관장소로도 유명하다. 여기에는 건륭삼십육경의 제29경 〈천척설〉과 제30경 〈영정재〉가 있다.

그런데 문진각이 세워지기 전에 청 성조는 강희삼십육경의 제15경인 〈곡수하향)을 조성하였다. 정자의 바닥을 왕희지의 유상곡수처럼 만들었고 이에 대해 다음과 같이 읊었다.

연꽃 향기 이어져 먼 곳에서 더욱 그윽하니
난정에서의 유상곡수는 사실과 달리 유명했네
맛있는 음식과 술, 선배 현인들이 경계했는데
부질없이 금과 옥 같은 물로 술놀이를 즐겼나

荷氣參差遠益淸　　蘭亭曲水亦虛名
八珍旨酒前賢戒　　空設流觴金玉羹　　　　　　　_〈곡수하향〉,《열하삼십육경시》

이 시를 보면 술잔으로 물굽이에 앉아 즐기는 게 아니고 연꽃의 향기로 즐긴다고 하였다. 제3구에서 술과 음식으로 즐기는 일은 앞선 현인들이 경계하였다고 하여 이 곡수하향에서의 연꽃 향을 즐기는 일이 왕희지의 난정에서의 계음보다 좋음을 자랑하였다.

청 성조는 이 시의 서문에서 "푸른 시내가 맑게 흘러 넓적 돌을 따라 꺾어지고 흘러서 작은 연못을 이루는데 이 연못에 연꽃이 무수하게 피었고 연잎이 들쑥날쑥 자랐는데 매번 비가 새로 와서 물이 차게 되면 연꽃이 물결에 떨어져 잔이 떠 있는 것처럼 붙어 있으니 술마시며 노래하던 난정의 계모임에서는 이와 같은 자연의 흥취는 없었다(碧溪淸淺 隨石盤折 流爲小池 藕花無數 綠葉高低 每新雨初過 平隄水足 落紅波面 貼貼如泛杯 蘭亭觴詠 無此天趣)"고 하여 〈곡수하향〉의 운취를 자랑하였다.

다. 평원지역

평원지역의 산장으로는 징호 북쪽 호숫가에 있는데 서쪽으로부터 수류운재정, 앵전교목정, 호복간상정, 포전총월정 등이 있으며, 동북쪽으로 영우사를 포함하고 있다.

강희삼십육경의 〈수류운재〉, 〈앵전교목〉, 〈호복간상〉, 〈포전총월〉, 〈난류훤파〉 등이 있으며, 건륭삼십육경의 〈평향반〉, 〈만수원〉, 〈시마태〉, 〈가수헌〉, 〈낙성각〉, 〈숙운첨〉, 〈징관재〉, 〈취운암〉 등이 있다.

〈앵전교목〉은 강희삼십육경 중 제22경으로 서문에 보면 "포전총월정의 서쪽에 큰 나무와 많은 과수들이 있어 2,3리에 걸쳐 어두울 정도이다. 새벽 해가 처음 오를 때라 이슬도 반짝이지 않을 때 꾀꼬리가 우는데 따뜻한 바람과 서로 조화로워 소리가 운치가 있으니 산중의 피리 중의 하나이다(甫田叢樾之西 夏木千章 濃陰數里 晨曦始旭 宿露未晞 黃鳥好音 與薰風相和 流聲逸韻 山中一部笙簧也)"라고 하여 꾀꼬리 소리를 악기소리에 비유하였다. 그 칠언절구는 다음과 같다.

어제 꾀꼬리 울음소리 버드나무에서 들려
오늘 아침 말을 시험하러 시마태에 이르렀네
주영과 자탈 등 상서로운 풀이 푸르른 평원에
월사와 운리 같은 준마 속에 잡색말이 잘못 들었네
昨日聞鶯鳴柳樹　　今朝閱馬至崇杠
朱英紫脫平原綠　　月駟雲驊錯落駥　　　　　_〈앵정교목〉,《열하삼십육경시》

〈앵전교목〉 제1구에서는 버드나무에서 우는 꾀꼬리 소리를 들었다 하고 제2구에서는 평원지역의 중심으로 말을 기르고 있는 〈만수원〉, 〈시마태〉에 말을 검사하러 갔다고 하였다. 당시 목란위장에서의 가을 수렵을 위해 말들을 이곳에서 기르고 있었고 아침마다 이를 검사했을 텐데 여기서는 꾀꼬리 소리가 빌미가 되었다고 하였다. 여기서 꾀꼬리 소리는 수렵을 촉발하는 소

리가 되는 셈이요 자연의 유혹이라 할 수 있다. 그렇게 도착한 만수원에는 좋은 풀들이 가득하고 또 준마들이 대부분이요 가끔 가축으로나 부릴 말이 몇 마리 섞여 있다고 하였다.

피서산장의 광활한 평원과 한가로이 노니는 말들 그리고 그 말들의 우수함과 이들이 먹이로 삼는 좋은 풀 등을 읊은 이 시에서 우리는 피서산장이 경관뿐만 아니라 실생활적으로도 매우 유용한 장소임을 확인할 수 있다. 필자가 방문한 시기 앵전교목의 이름을 지닌 정자는 매점으로 운영되고 있었고 필자는 이 안에서 중국컵라면을 사서 먹으면서 광활한 피서산장을 누비며 얻은 허기를 채우기도 하였다.

이 앵전교목정의 서쪽으로는 제삼십육경인 이중지붕의 〈수류운재〉가 있었고 동쪽으로는 징호를 따라 제17경 〈호복간상〉, 제35경 〈포전총월〉 등이 늘어서 있고 끝에는 건륭삼십육경의 제19경인 〈빈향반〉이 있다. 강희삼십육경의 제19경인 〈난류훤파〉는 그 유지가 영우사 북쪽에 외따로 떨어져 있다.

영우사 뒤편 평원지역의 동북쪽 끝에는 건륭삼십육경 중 제25경인 〈징관재〉가 있다. 이곳은 황제가 독서하던 곳으로 본래 1703년(강희 42)에 세웠는데 청 고종이 깨끗한 마음으로 천도를 연구한다는 뜻의 현재 건물 이름을 짓고 삼십육경의 하나로 정하였다.

산을 뒤로 하고 물길 앞에 둔 지역에 산뜻한 건물을 지으니

처마 끝 푸른 그늘에 푸르름이 계단처럼 둘렀네

변별하여 취사하며, 글 잘 짓기 바라지 않는 것은

한가하게 지내는 중에 매번 아름다운 뜻에 이르기에

背山臨水搆淸齋　　翠蔭簷端綠繞階

別裁不期句成逈　　閒居每致意爲佳　　_〈징관재〉,《재제피서산장삼십육경시》

　배산임수에 늘 푸르른 이 건물에서 독서하다 보면 굳이 글 잘짓기를 바라지 않아도 좋은 글을 쓰게 된다 하니 문자 그대로 공부가 저절로 되는 독서 공간임을 자랑한 셈이다. 청 성조 시절에는 제16 황자 윤옥(胤祿)이 한림원의 명안도(明安圖) 등의 학자들과 더불어 이곳에서 청 성조의 어제시집을 편찬한 바 있으며, 이 외에도 『율력연원(律曆淵源)』, 『수리정온(數理精蘊)』 등 천문, 수학 관련 중요 서적들이 편찬된 장소로도 유명하다.

　라. 산악지역

　산악지역은 연산산맥(燕山山脈)의 풍운령계(風雲嶺界)에 속하는데 서쪽부터 진자욕(榛子峪), 송림욕(松林峪), 이수욕(梨樹峪), 송운협(松雲峽) 등으로 구분된다. 먼저 진자욕 쪽에는 건륭삼십육경의 〈훈록파〉, 〈기망루〉, 강희삼십육경의 〈송학청월〉, 〈풍천청청〉, 〈추봉낙조〉 등이 있으며, 송림욕 쪽에는 주원사(珠源寺), 이수욕 쪽으로는 강희삼십육경의 〈이수반월〉, 〈징천요석〉, 〈사면운산〉, 건륭삼십육경의 〈영념거〉, 〈소상재〉 등이 있으며, 송운협 쪽으로는 광현(曠峴) 서남쪽에 강희삼십육경의 〈운용수태〉, 〈북침쌍봉〉, 〈청풍녹서〉, 〈남산적설〉, 건륭삼십육경의 〈능태허〉, 〈엄화창〉 등이 있다.

　산악지역은 유람차를 타고 30분에서 1시간 정도 유람할 수 있게 되어 있

<u>40도</u>   송학청월 설명조형물. 필자 촬영

는데 유람차가 출발하는 지역은 진자욕의 입구로 강희삼십육경의 제7경
〈송학청월〉과 제16경 〈풍천청청〉이 나란히 있는데 유람차 기사들의 휴게소
로 이용되고 있었다.

〈송학청월〉은 청 성조가 모후를 모시기 위해 조성한 건물로 소나무와 학
처럼 장수하기를 바라는 뜻을 담았다. 이를 본받아 후에 청 고종은 정궁 옆
에 송학재를 조성하기도 하였다.

수명이 푸른 솔처럼 길기를 바라고

솔잎이 천년 돼도 시들지 않듯 하시길

누상의 구리로 만든 용과 하얀 학처럼 건재하시니

사계절이 순환하는 조화가 매우 감동스럽네요

壽比靑松願　　　千齡葉不彫

銅龍鶴髮健　　　喜動四時調　　　　　　　　_〈송학청월〉,《열하삼식육경시》

산악지역의 차도는 일방통행으로밖에 갈 수 없을 정도로 좁았으며, 진자
욕에서 출발하여 산의 능선을 따라 운행하는 듯했다. 고구정(古俱亭)이 있는
이마도(二馬道)에서는 피서산장 성벽에 올라 사진을 찍을 수 있게 하였는데
여기서는 외팔묘의 으뜸인 보타종승지묘(普陀宗乘之廟)가 잘 내려다보였다.
그리고 내려오는 길에는 송운협의 〈청풍녹서〉에 머물기도 하였다.

    돌길 위 높고 평평한 곳에
    푸른 단풍 등이 화려하게 반기네
    소리를 들으니 숲이 울창함을 알겠고
    경치를 보니 번잡한 세상과 다르다
    청풍녹서는 들창 앞에 펼쳐졌고
    맑은 구름은 비단 같은 놀을 따르고 있네
    맑고 고요한 뜻을 좇아 말을 잊고
    자꾸 아름다운 뭇 생명을 바라보게 되네
    石磴高盤處   靑楓引物華
    聞聲知樹密   見景絶紛譁
    綠嶼臨牕牖   晴雲趁綺霞
    忘言淸靜意   頻望羣生嘉
                                        _〈청풍녹서〉,《영하삼십육경시》

    속세와 단절된 곳, 뭇 생명들의 모습을 보느라 말을 잊게 만드는 곳이 제
21경 〈청풍녹서〉이다. 이 경관은 제10경 〈북침쌍봉〉과 제13경 〈남산적설〉
이 있는 산봉우리 사이에 있다. 건물은 북방 사합원 같은데 남쪽과 서쪽에
대나무 울타리를 만들었고 울타리 너머로 '남산적설'의 절경을 볼 수 있게
하여 도연명의 '유연견남산(悠然見南山)'의 흥취를 느낄 수 있게 하였다. 정원
에서 동쪽으로 굽어보면 산 아래로 평원지구의 사탑과 몽고족 숙소인 게르

가 보인다. 한편 전체 건축물에 하표라는 이름을 붙였는데 이는 여름 아침 해가 떠오를 때 온천하에 가득해지는 붉은 노을을 기념하여 붙인 이름이다.

〈청풍녹서〉를 지나 송운협의 입구인 강희삼십육경의 제28경 〈운용수태〉를 지나는 길 위 산꼭대기에 있는 정자가 건륭삼십육경 제28경의 〈능태허〉이다. 창덕궁《상림십경》의 제일 높은 곳에 있는 경관이 능허정의 〈능허제설〉인데 이 능태허 역시 산꼭대기에 위치에 있다.

이 정자는 건륭 16년에 지어졌다. 청 고종이 지은 〈능태허〉 시 서문에 보면 "북쪽 고개의 겹친 곳에 외로운 봉우리가 솟아 있는데 뭇 산들이 주변에 둘러 있다. 이 정자에 오르는 것이 한풍암에 올라 현포를 굽어보는 것 같아 열자가 소요하던 가벼움은 이에 비할 바가 못 된다(凌太虛亭 居北嶺之複 孤峯拔地 羣山環拱 登斯亭者 如陟閬風俯懸圃 禦冠冷然 未足為喻)"라고 하였다.

> 봉우리 꼭대기에 정자가 험준한 산에 의지해 있는데
> 모든 기운이 갖춰져 있고 여기 육효(六爻)가 얹어 있네
> 만약 완적이 일찍이 여기 이르렀을 때라도
> 응당 은사 손등의 긴 휘파람소리 들었을 것이다
> 冠峯亭子倚崚嶒　　與顥氣俱六位乘
> 設使步兵曽到此　　應聞長嘯發孫登　　_〈능태허〉,《재제피서산장삼십육경시》

〈능태허〉 제1구는 능태허정의 위치를 제시하였고, 제2구에서는 이 정자에 천지의 기운이 갖춰졌고 또 세상 운용의 원리인 주역의 6효가 아울러 있다고 하여 세상의 이치를 담고 있는 공간으로 묘사하였다. 제3구의 '보병(步兵)'은 완적(阮籍)의 자로 완적이 은자(隱者)인 손등(孫登)을 만난 적이 있다는 사실을 언급하였다. 제4구는 손등이 큰 휘파람소리를 냈던 사실을 언급하고 있다. 『진서·완적열전』을 보면 "완적이 일찍이 소문산을 지나게 되었는

데 손등을 만나 신선의 방술에 대해 얘기하고자 했으나 손등이 응대를 하지 않아 길게 탄식하고 돌아섰다. 산을 반쯤 내려왔을 때 난새와 봉새의 소리가 골짜기에 울려 퍼지는 소리를 들었는데 바로 손등의 긴 휘파람소리였다고 한다(籍嘗於蘇門山遇孫登 與商畧終古及栖神道氣之術 登皆不應 籍因長嘯而退 至半嶺聞有聲 若鸞鳳之音 響乎巖谷 乃登之嘯也)." 손등은 백 장이나 되는 절벽 빽빽한 숲이 울창한 곳에서 살았으며, 예리한 정신을 지녔다고 하였다(『세설신어』하, 2000, 79-81쪽). 여기서는 완적이 만났던 손등이라는 은사를 인용하여 이 정자가 손등 같은 은사가 거처하는 곳으로 비유하고 있다.

4) 소결

남송 영종의 소상팔경시를 보다시피 중국 왕실에서도 일찍부터 팔경문학에 대한 관심을 가졌으며, 황제 처지의 득실에 상관없이 소상팔경문학을 향유 대상으로 삼았음을 알 수 있다. 1412년 명 태종이 북경팔경시를 지으면서 팔경문학의 범주가 도읍으로까지 확대되었다. 물론 원나라 때부터 도읍이었던 연경을 대상으로 한 팔경시였지만 당시는 이제현의 송도팔경시처럼 일개 관료의 입장에서 도읍지로서보다는 자신이 생활하는 공간에 대한 팔경향유였다는 점에서 명 태종 때 연경을 새롭게 건설하면서 황제를 호종하던 신하들이 집단적으로 시를 지은 일과는 차원이 다르다 할 수 있다. 이들의 시를 엮어 시집을 만든 일도 성사(盛事)이지만 북경팔경시에는 국방강조, 인재양성 등 국왕의 국정행위에 대한 요소가 담겨 있다는 점에서 왕실팔경문학의 면모를 갖추었다고 할 수 있다.

피서산장 칠십이경은 중국왕실 팔경문학이지만 중국 팔경문학의 쾌거라고도 할 수 있다. 강희건륭의 황금 치세에 국가적 역량을 발휘하여 조성한 열하행궁의 규모와 내용은《원명원사십경(圓明園四十景)》이후 최고의 팔경이라 해도 과언이 아니다.

　피서산장의 전체 넓이는 5.64㎢로 중국에서 가장 큰 황가 궁원이다. 우리 나라 동궐의 넓이는 0.674㎢이므로 동궐의 8배가 넘는 셈이다. 피서산장에 는 이 칠십이경 외에도 100여 경이 더 있어 총 190여 개의 경관을 보유하 고 있다고 한다(陳寶森, 2012, 26쪽). 지역별 비율을 보면 산악지역이 4.22㎢로 전체의 75% 정도 차지하며, 호수지역이 11%, 평원지역이 10%, 궁전지역 은 2% 정도이다. 호수지역은 섬, 제방 등 육지와 물이 각각 50% 정도의 비 율로 이루어져 있다. 산악지역에서 가장 높은 산은 해발 510m이다. 이 산 악지역에서는 사냥을 하기도 하였다. 호수지역을 보면 0.57㎢이나 되는 넓 이에 수많은 호수를 의도적으로 조성하여 수향(水鄕)의 면모를 갖추고 뱃놀 이를 하였으며, 또 건축물로는 문(門), 전(殿), 재(齋), 방(舫), 누(樓), 사(榭), 당 (堂), 정(亭), 헌(軒), 각(閣), 서(墅), 거(居), 소(所) 등 다양한 형태의 건물을 축조 하여 건물이 곧 경관이 되게 배치하였다. 이 공간에서 청나라 황제들은 여 름 한때를 보내면서 72경을 감상하고, 동궁 건물에서 연극을 감상하기도 하 였다.

　청 성조와 청 고종은 이 피서산장을 지으면서 변방 전장의 땅이 백성들의 평화로운 삶의 터전이 되었음을 천명하고, 농사를 바탕으로 태평을 구가하 는 나라가 되었음을 강조하였다. 행궁 건물을 축조할 때 백성들에게 피해가 가지 않도록 했다고 강조하여 위민군주임을 강조하였다.

　이 칠십이경의 내용을 보면 산과 호수, 제방과 누각, 연꽃과 물고기 등 경 관의 아름다움을 감상할 뿐 아니라 국가의 안위를 기원하고 농사를 장려하 며, 사냥에 쓸 말을 시험하고 있다. 그러면서 한편으로는 깊은 자연 속에서 글을 짓고 시를 읊으며 은거의 흥취를 만끽하고 있다. 탈속과 세속을 아우 른 '성시산림(城市山林)' 세계가 구현된 셈이다.

2 일본왕실 팔경문학과 비교

일본의 팔경문학은 가마쿠라 막부 후기 일본 오산문학(五山文學)을 창건한 선승 다이큐 쇼넹(大休正念),[22] 잇상 이치네이(一山一寧)[23] 등에 의해 전파되었으며, 다이큐(大休)의 제자 데츠안 도쇼(鐵庵道生)는 하카다(博多) 쇼호쿠지(聖福寺) 주지를 역임하기도 하였는데 최초로 박다팔경시(博多八景詩)를 지었다.

가마쿠라 막부시대가 지나고 무로마치 막부시대를 맞아 천하를 쟁취한 아시카가 다카우지(足利尊氏) 및 그 형제 아시카가 다다요시(足利直義)는 산수병풍을 설치하면서 짝을 이루는 병풍의 성격에 맞게 일본의 와카(和歌)와 함께 소상팔경 및 그 제화시(題畵詩)를 존숭하게 된다. 또한 이러한 존숭은 대개 중국에서 소상팔경을 들여왔던 선종의 스님을 중심으로 이루어졌다. 1458년에는 아시카가 요시마사(足利義政)의 저택인 가라스마고쇼(烏丸御所)의 벽화로 소상팔경과 팔경시를 쓰기도 했다. 이때 시를 쓴 사람은 난젠지(南禪寺)나 쇼쿄쿠지(相國寺)의 주지장로 등이었다. 아시카가 요시마사는 은퇴한 뒤 동산에 산장을 짓는데 이는 동산전[東山殿, 현재의 은각사(銀閣寺)]으로 여기에도 소상팔경 벽화를 조성했다.

일본 왕실의 팔경으로는 1656년 고미즈노천황(後水尾上皇, 1596-1680, 재위 1611-1629)의 지시로 조영된 슈가쿠인리큐(修學院離宮)를 대상으로 한 팔경시와 십경시, 고사이천황(後西天皇, 재위 1654-1663)의 황자 고우벤법친왕(公辨法親王)이 1711년 치제(致祭)를 위해 일광산 동조궁에 온 것을 기념하

---

22 南宋 臨濟宗 승려, 1269년 일본에 갔다.
23 南宋 臨濟宗 승려, 1299년 일본에 갔다.

여 선정한 《일광산팔경(日光山八景)》이 있다. 수학원팔경시는 모두 슈가쿠인리큐 건립 시기에 지어진 것으로 여겨지나 슈가쿠인리큐의 여러 건물이 조성되기 이전에 창작된 것으로 보이며, 수학원십경시는 상이궁(上離宮)과 하이궁(下離宮)이 완성된 이후에 창작된 것으로 추정된다. 본고에서는 먼저 이들 팔경시의 특징을 고찰한 뒤 이들 시에 담긴 경관요소를 분석하도록 하겠다.

1) 수학원팔경시

가. 수학원팔경

슈가쿠인리큐(修學院離宮)는 고미즈노천황이 지은 별궁이다. 고미즈노천황이 살던 시기는 도쿠가와 이에야스의 천황가 통제가 가속되던 시기이다. 도쿠가와 이에야스는 전통적인 권위를 유지하던 천황가에 대한 각종 통제정책을 실시했는데 1613년 공가제법도(公家諸法度) 5개조를 내었고, 1615년에는 이를 보완한 금중병(禁中幷) 공가제법도를 정하였다. 천황은 오직 학문과 와카에만 전념해야 한다고 규정함과 동시에 조정의 권한이었던 임관(任官), 서위(敍位), 개원(開元) 등에도 관여하였으며, 교토쇼시다이(京都所司代)에게 조정을 감시하게 하였다. 또한 사원에 대해서도 사원법도(祠院法度)를 발령하여 각 종파별 통제를 하게 하였으며, 1665년에는 각 사원에 공통으로 적용되는 제종제본산법도(諸宗諸本山法度)를 시행하였다(박석순 외, 2005. 208쪽).

고미즈노천황은 이에 대한 반발로 제2황녀에게 지위를 물려주었다. 이는 천황에 오른 황녀는 시집을 갈 수 없으므로 혼인을 통해 천황가를 통제하는 막부의 정략을 막기 위한 이유에서였다. 또한 고미즈노는 7살에 황위에 오른 황녀의 재위 16년간 자유롭게 섭정하였다. 이와 같은 방법으로 고미즈노천황은 4명의 자식에게 4대에 걸쳐 천황 자리를 잇게 하였고[24] 85세까지 장수하면서 상황(上皇)의 지위를 누리게 된다. 이처럼 막부에 대항하면서 오랫동안 섭정할 수 있던 것은 아이러니하게도 그의 부인이 에도막부 제2대 쇼군인 도쿠가와 히데타다(德川秀忠)의 딸 도쿠가와 마사코(德川和子)였기 때문이다.

　그렇지만 천황가의 정치적 권위는 약해질 수밖에 없었고 천황은 당시 같은 처지에 있던 상층의 승려집단과 함께 학문과 예술밖에 할 수 없었는데 슈가쿠인리큐의 건립도 같은 맥락에서 이뤄졌다. 고사이천황 때인 1655년에서 1659년 사이에 고미즈노상황은 슈가쿠인리큐를 짓게 하였으며 이때 상국사 주지 호린 죠쇼(鳳林承章, 1593-1668)를 선도어소에 불러 머물게 하였다. 그리고 호린에게 수학원팔경시가를 편집하게 하였다. 호린은 후수미원(後水尾院)과 함께 수학원팔경에 대해 와카 1편씩, 한시 1편씩 등 총 16편의 시가를 편집하였는데 와카는 공가의 가인에게 한시는 오산(五山)의 장로에게 의뢰하였는데 소표제는 다음과 같다.

　　제1경 촌로청람(村路晴嵐): 시골길의 맑은 안개
　　제2경 수학만종(修學晚鐘): 수학사의 저녁 종소리
　　제3경 원수귀초(遠岫歸樵): 먼 산골 속에서 돌아오는 나무꾼
　　제4경 송기석조(松崎夕照): 송기의 석양
　　제5경 모첨추월(茅檐秋月): 띠집 처마의 가을 달
　　제6경 평전낙안(平田落雁): 평평한 밭에 내려앉는 기러기
　　제7경 인운야우(隣雲夜雨): 인운정의 저녁 비

24　고미즈노천황에게 있어서 메이쇼천황(明正天皇, 재위 1629-1643)은 제2황녀이며, 고코묘천황(後光名天皇, 재위 1643-1654)은 제4황자이며, 고사이천황(後西天皇, 재위 1654-1663)은 제8황자이며, 레이겐천황(靈元天皇, 재위 1663-1687)은 제19황자이다.

제8경 예봉모설(睿峰暮雪): 준봉의 저녁 눈

현재 이 팔경시는 『부상명승시집(扶桑名勝詩集)』에 실려 있는데 각각의 작
가는 다음과 같다.[25]

표 9

구분	와카 작자	한시 작자	비고
촌로청람	八條宮 智忠親王	相國寺 鹿苑院 鳳林承章	
수학만종	妙法院 堯然法親王	南禪寺 金池院 竺隱崇五	
원수귀초	照高院 道晃法親王	建仁寺 大統院 九岩中達	
송기석조	飛鳥井雅章卿	天龍寺 妙智院 補仲等修	
모첨추월	烏丸資慶卿	南禪寺 悟心院 規伯玄方	
평전낙안	岩倉具起卿	相國寺 勝定院 雪岑梵岱	
인운야우	中院通茂卿	天龍寺 鹿王院 賢溪玄倫	
예봉모설	白川雅喬卿	建仁寺 清住院 茂源紹柏	

먼저 와카 작가의 면모를 보면, 제1경의 작가 팔조궁(八條宮) 지타다시친왕
(智忠親王, 1619-1662)은 1624년 고미즈노천황의 유자가 되었으며, 1626년
친왕이 되었고 1629년 친아버지 팔조궁 도시히토친왕(智仁親王) 사후 궁가
를 계승하였다. 1654년 고미즈노천황의 제13황자 야스히토친왕(穩仁親王)
을 양자로 삼았으며 1657년 2품에 올랐다. 제2경의 작가 교넨법친왕(堯然
法親王, 1602-1661)은 제107대 고요제이천황(後陽成天皇)의 제6황자로 1603
년 묘법원에 들어갔으며, 1613년 친왕이 되었다. 1616년 교넨 명칭을 얻었

---

25   이 시집에는 이외에도 悌庵友古과 藝庵正隅의 한시 수학원팔경시가 실려 있다.

고 1623년 2품에 올랐다. 제3경의 도고법친왕(道晃法親王, 1612-1678)은 제107대 천황의 아들로 1658년 교토 백천(白川) 조고원으로 옮겨 조고원문적이 되었다. 제4경의 아스카이 마사아키(飛鳥井雅章卿, 1611-1679)는 공가(公家) 가인(歌人)으로 1652년 권대납언(權大納言)이 되었다. 또한 그는 아스카이 마사아키 가문의 가학으로 와카에 뛰어났으며 고미즈노 황조의 가단에서 활약하였다. 1657년에는 후수미원으로부터 고금전수(古今傳授)²⁶를 받았다. 제5경의 가라스마루 스케요시(烏丸資慶卿, 1622-1670)는 공가 가인으로 가라스마루 가문의 11대 당주이며, 정2위 권대납언이다. 제6경의 이와쿠라 도모오키(岩倉具起卿, 1601-1660)는 공경(公卿)으로 이와쿠라 가문의 2대 당주이다. 고미즈노천황대에서 고사이천황대까지 4대에 걸쳐 벼슬하였으며 종2위 권중납언까지 올랐다. 제7경의 나카노인 미치시게(中院通茂卿, 1631-1710)는 공경 가인으로 종1위 나이다이진(內大臣)에 올랐다. 메이쇼천황에서 토야마천황까지 5대를 섬겼으며 노래, 서예, 음악 등 다방면에 박식했다. 제8경의 시라가와 마사타카(白川雅喬卿, 1620-1688)는 공가로 글씨를 잘 썼으며, 정2위 비참의(非參議)였다. 한편 한시의 작가로 호린 죠쇼(鳳林承章)는 임제종의 중으로 북산 녹원사(금각사) 주지를 했으며, 1625년 만년산 상국사에 들어갔다. 출가할 때 고미즈노천황이 패사(唄師)에 임명했으며 이후에도 고미즈노와의 친교를 지속하였다. 호린 죠쇼가 있던 상국사는 교토 오산의 제2위 절로 오산문학의 중심지였다. 녹원사와 자조사가 속해 있다. 셋신 본긴(雪岑梵鋆) 역시 상국사에 있었다. 축은숭오(竺隱崇五)가 있던 남선사는 임제종 남선사파 대본산의 사원으로 에도시대 남선사는 막부로부터 승록(僧錄)이라는 지위를 부여받아 일본 전국 임제종 사원을 통괄하는 직책을 맡기도 하였다. 역시 이 절에 있던 기하쿠 겐포(規伯玄方)는 1624년(인조 2) 종사관 신계영 조

---

26 고금와카집의 해석 방법이 가문 내에서 비전되어 왔는데 이를 전수 받는 것을 말한다.

선통신사의 접반승을 하였다. 규간 주다쓰(九岩中達)가 있던 건인사는 임제종 건인사파 본산의 사원으로 교토 오산의 제3위 사찰이다. 규간 주다쓰는 모겐 쇼하쿠(茂源紹柏)와 함께 1655년(효종 6) 종사관 남용익의 접반승을 하기도 하였다. 보중등수(補仲等修: ?-1667)는 선승으로 천룡사에 있었다. 천룡사는 임제종 천룡사파 대본산의 사원으로 교토 오산의 제1위 사찰로 고도 교토의 문화재로 세계유산에 등재되었다. 겐케이 겐린(賢溪玄倫)도 이 사찰의 선승이다. 이처럼 이 팔경에 참여한 선승들은 오산의 제1,2,3에 있는 사찰에 있던 승으로 서도 등 예술에 조예가 깊었으며, 조선 사신의 접반승을 할 정도로 일본을 대표하는 문인들이기도 하였다.

> 서울 새벽 하늘이 가을물처럼 파라니
> 평평한 밭 천이랑에 한 무리 기러기 떼
> 소리 있는 시처럼 몇 행 글자 만드니
> 대형(隊形)과 노래 익힌 것은 항상 배움에 힘썼기에
>
> 洛邑晨天秋水通　　平田千頃一群雁
> 有聲詩景數行字　　修得形歌典學功
> 　　　　　　　　　　　　　　　_『부상명승시집』, 3쪽[27]

이 시는 제6경인 〈평전낙안〉이다. 이 시는 가을에 상어다옥(上御茶屋)과 하어다옥(下御茶屋) 사이에 있는 밭의 경관을 읊은 것이다. 제1,2구에서는 자연경관을 묘사하고 3,4구에서는 기러기가 만드는 대형을 글자 같다고 하고 이는 이들이 늘 연습을 했기에 가능한 것이라고 하여 학습을 강조하는 내용을 담았다. 주희는 『논어』 「학이편」에 대한 집주에서 "습은 새가 자주 나는 것이니 배움을 그치지 않기를 마치 새가 자주 나는 것처럼 한다(習鳥數飛 學之不

27　필자가 『扶桑名勝詩集』의 판독이 어려우므로 본서에서는 田中 明(2008)에 인용된 자료를 인용하였다.

已 如鳥數飛也)"하였는데 이를 활용하였음을 알 수 있다. 이 이궁의 이름에 걸맞은 내용이라 할 수 있겠다. 이 시의 작가 셋신 본긴은 상국사의 선승이라는 점 외에 알려진 것이 없다.

산속은 가을이 깊어지고 멀리하지 못하게 하는 잎사귀 빛깔에 기러기 내
려앉을 때
_『부상명승시집』, 3쪽

이와쿠라 도모오키의 와카이다. 깊은 가을 산속, 하늘을 날던 기러기가 내려 앉은 것은 가을 잎사귀 빛깔의 아름다움에 끌렸기 때문이라고 하고 있다. 가을 산 경치가 얼마나 아름다운지 또 아름다워졌는지 금방 느낄 수 있게 하고 있다. 이 두 시는 모두 기러기가 내려앉는 이유에 주목했고 한시가 지성적이라면 와카는 감성적으로 해석하고 있다.

간악산은 예로부터 궁궐을 보호했으니
가까운 산은 짙고 먼 산은 옅은 것이 그대의 위용이네
저녁 바람 몰아친 눈이 천층 꼭대기에 쌓이니
비로소 믿겠네 시인들이 군사봉우리에 견준 것을
艮嶽由來護九重　近濃遠淡爲君容
晚風吹雪千層頂　始信詞人擬士峰
_『부상명승시집』, 4쪽

〈예봉모설〉 제1구의 간악산은 북송 휘종이 수도 개봉에 인위적으로 만든 만세산을 일컫는다. 간(艮)은 동북방향을 가리킨다. 준봉이 동북쪽에 있기에 이에 비유한 것으로 보인다. 또한 제2구에서 준봉은 가까운 산과 먼 산이 있다고 하여 첩첩 깊은 산세임을 나타냈다. 겹겹이 도성을 지키고 있음을 묘사한 셈이다. 준봉은 비준산으로 일본의 7개 높은 산 중의 하나이며 슈가

쿠인리큐 주변 산 중 가장 높은 산이다. 일본 천태종 산문파의 대본산으로 차아천황 때 연력사라는 사액을 받았다.[28] 제3,4구에서는 세상이 온통 눈으로 덮인 후 산이 매우 높음을 확인하고 비로소 도성을 지켜 주고 있음을 믿게 되었다고 하였다. 이 시는 산이 높은 점도 말하고 있지만 결국은 별궁 수비에 유리하다고 하여 궁궐 방비가 주제라 할 수 있다.

한 차례 지나는 비를 지닌 구름이 저녁에 넘어온 눈에 차가워진 산바람

時雨つるくもは夕べの峰越えて雪にきやけきひえの山風[29]   _『부상명승시집』, 4쪽

시라가와 마사타카의 와카이다. 준봉에서 불어오는 바람이 눈덮인 높은 산을 거쳐 더욱 차가워졌다고 하고 있다. 바람이 찬 것은 기온 때문일 텐데 산과 눈이 바람을 차갑게 한다고 하여 산이 태양이 닿지 않을 정도로 높은 산임을 느끼게 한다. 과장된 비유를 통해 산이 높음을 묘사한 셈이다.

나. 수학원십경시(修學院十境詩)

한편 이 시기에 지어진 《수학원십경시》가 있는데 소표제는 다음과 같다.

제1경 수월관(壽月觀)

제2경 장육암(藏六庵)

제3경 만곡각(彎曲閣)

제4경 욕룡지(浴龍池)

제5경 만송오(万松塢)

---

28 이 팔경시에 제2경인 修學寺가 바로 이 延曆寺를 말한다고 한다.
29 しぐれつるくもは夕べの峰越えて雪にきやけきひえの山風(田中 明, 1380쪽).

제6경 인운정(隣雲亭)

제7경 세시대(洗詩臺)

제8경 궁수정(窮邃亭)

제9경 지지재(止止齋)

제10경 보리수(菩提樹)

앞의 1-3경은 하어다옥을 소재로 하고 있으며 뒤의 4-10경은 상어다옥을 대상으로 하고 있다. 수월관은 하이궁 중앙에 있으며, 현존 수월관은 근세 말에 재건되었다. 고미즈노상황의 친필 편액이 있으며, 지금까지 3명의 상황이 방문하여 저녁 식사를 하고, 달을 보며 노래가 있는 연회를 베푼 것으로 전해진다(田中 明, 1381쪽). 수월관 북쪽에 수행원이 머무는 장육암과 어청소 등이 있으며, 수월관 동남쪽 두 개의 계단 아래 만곡각을 만들었다.

항아가 선약을 바쳐 천황의 수명이 무궁하길 축수하고

훌륭한 신하들은 천년을 따를 것을 서약하네

백성들은 달빛을 보고 천황의 성덕으로 귀의하니

인간 세상에도 또한 하늘처럼 광한궁이 있었구나

姮娥獻藥壽無窮　　兩八千秋誓始終

海內望光歸聖德　　人間亦有廣寒宮
_ 田中 明, 1381쪽[30]

이 시는 제1경인 〈수월관〉이다. 수월관은 달이 오랜 것을 본다는 뜻으로 달 자체에 장수의 의미를 담고 있다. 제1구에서는 달의 여신 항아가 천황의 장수를 빌었다고 하여 천황의 장수는 하늘의 뜻임을 나타내었다. 제2구에

---

30 이하 〈수학원십경시〉의 번역은 다나카의 번역을 참조하였다.

서 '양팔(兩八)'은 '16명의 양신(良臣)'이라는 뜻으로 훌륭한 신하들이 영원히 천황을 따를 것을 맹세했다 하였고, 제3구에서는 백성들도 달빛을 천황의 성덕으로 여겨 따르게 되었다고 하였다. 제4구에서 수월관을 하늘의 광한궁에 비유하여 선경임을 자랑하였다. 항아와 광한궁 역시 달의 고사와 연관되므로 이 경관의 중심은 달이 된다.

하이궁과 함께 만들어진 상어다옥에는 원래부터 인운정이 있었다. 인운정은 구름의 이웃이라는 명칭처럼 상당히 높은 곳에 건립되어 있으며, 인운정 동쪽 끝부분을 세시대라 하는데 세시대는 동산, 북산, 서산 등을 조망할 수 있게 되어 있다. 욕룡지 중앙에는 천세교로 연결된 섬이 있는데 그중 남쪽 부분에 있는 만송오에는 이름으로 볼 때 소나무가 많이 심겨져 있었던 곳으로 여겨지는 지역이다. 인운정의 북쪽에 있다. 천세교 북쪽에 있는 섬의 중앙에는 궁수정이 있다. 궁수정은 차를 끓이던 공간으로 보이는데 차를 마시면서 경관을 감상하던 곳이기도 하다. 특히 인운정과 달리 낮은 곳에서 물을 관람할 수 있게 되어 있다. 지지재는 욕룡지 서북쪽에 있으며, 욕룡지는 상어다옥의 대표적인 연못이다.[31]

천황의 못에서 잔을 씻으니 푸른 물결 잔잔히 흐르는 소리 들리고
달이 화려한 배 비추니 도는 것이 옥지환처럼 맑구나
물은 깊은 것이 아니고 크게 비어 있는 것이니
천황이 노니는 동안 내내 옥안을 비추는 구나

龍池洗盞碧潺湲　　月照畵船廻似環

水不在深太虛也　　宸遊幾度鑑天顔

_ 田中 明, 1382쪽

31　上御茶屋에는 隣雲亭이 있었으며, 隣雲亭 북쪽 浴龍池 서북쪽에 止止齋, 동북쪽에 窮邃亭이 있으며 隣雲亭 동쪽 끝부분을 洗詩臺라 불린다. 止止齋는 1709년 仙洞御所로 옮겼다. 1822년 대개축 때 万松塢 위에 千歲橋를 세웠다(三好和義, 2010, 190-191쪽).

　　　　　　　　제6장 다른 나라 왕실 팔경문학과의 비교

욕룡지는 축자적으로 용이 목욕한 못이라는 뜻을 지닌다. 제1,2구에서는 욕룡지의 물빛과 모양을 형용하였다. 천세교로 연결된 두 개의 섬을 둘러싼 모습을 옥지환에 비교한 것이다. 물이 천황의 얼굴을 비추는 것을 외면적인 맑음이 아닌 모든 것을 수용할 수 있는 비어 있는 상태이기 때문이라고 하였다. 현상 이면의 의미를 추구하는 면모를 보이는 시이다. 수학원십경시는 뭔가 구도적이고 경지를 추구하는 양상을 띠고 있는 점이 수학원팔경시와의 차이이다.

2) 일광산팔경시

일광산팔경(日光山八景)을 짓게 한 고우벤법친왕(公辨法親王, 1669-1716)은 황자였지만 1674년 수계를 받고 1678년에 출가하여 법친왕이 되었다. 1693년 1품이 되어 천태좌주(天台座主)에 취임하였고, 1707년 준삼궁(准三宮)이 되었으며, 1711년(정덕 4) 9월 동조궁(東照宮, 도쇼구)에 제를 지내러 왔다가 일광산팔경을 선정하였다. 동조궁은 도쿠가와 이에야스(德川家康)의 사당으로 1636년 도쿠가와 이에미스(德川家光)가 전면적으로 개수하였다. 팔경의 소표제는 다음과 같다.

제1경 소창춘효(小創春曉): 소창산의 봄새벽
제2경 발석취연(鉢石炊烟): 발석마을의 밥 짓는 연기
제3경 함만취우(含滿驟雨): 함만 시내에 쏟아지는 비
제4경 적광폭포(寂光瀑布): 적광사의 폭포
제5경 대곡추월(大谷秋月): 대곡천의 가을 달
제6경 명충홍풍(鳴蟲紅楓): 명충산의 붉은 단풍
제7경 산관석조(山菅夕照): 산관교의 석양

제8경 흑발청설(黑髮晴雪): 흑발산에 갠 눈

일광산팔경은 일광산 주변의 경관을 뜻하지만 엄밀하게는 동조궁 주변의
경관을 의미한다. 동조궁 동쪽으로 소창산(小創山), 남쪽으로 발석마을, 서쪽
으로 함만 연못 그리고 가까운 북서쪽으로 적광폭포가 있다. 대곡천(大谷川)
은 동조궁 남쪽 앞에 동서로 길게 흐르는 강물로 그 남쪽에 발석마을이 있
고 또 그 남쪽에 명충산(鳴蟲山)이 높이 솟아 있다. 산관교(山菅橋)는 신교(神
橋)라고도 하는데 발석마을 쪽에서 동조궁으로 올 때 대곡천을 건너는 다리
이다. 흑발산(黑髮山)은 남체산(男體山)을 말하는데 서북쪽 멀리 높이 솟은 산
이다. 봄의 새벽과 여름의 비, 가을의 달과 겨울의 눈 등 일광산팔경은 방위
에 있어서 동서남북을 아우르고 있으며 계절에 있어서도 사계절을 모두 포
함하고 있다.

소창산 빛깔은 서울(에도)과 비슷해
험하지도 평탄하지도 않은 길로 물이 흘러가네
봄기운 자욱한데 하늘 아직 밝지 않고
붉은 노을 한 조각만 두 눈에 들어오네
小倉山色似皇州　　不嶮不夷沿水流
花氣氤氳天未曙　　紅霞一片入雙眸　　　　　　　　　　_『일광산팔경시』, 7쪽

제1경으로 고우벤법친왕의 작품으로 칠언절구이다. 제1,2구에서는 나지
막한 소창산이 물과 어우러진 평온한 모습을 그렸고 제3,4구에서는 해가 떠
오르기 직전 붉은 노을이 시작하는 모습을 묘사하였다. 일광산은 해가 비치
는 산이며, 동조궁 역시 동쪽에서 해가 비친다는 뜻을 지니고 있으므로 해
가 뜨는 동쪽에 있는 산을 제1경으로 삼은 듯이 여겨진다.

내용으로 볼 때는 왕실의 존엄보다는 해 뜨는 봄새벽의 풋풋한 정서를 표출하고 있어 고우벤법친왕이 시인으로서의 감성에 젖어 있었던 것으로 여겨진다.

제2경은 원룡(元龍)이 썼는데 원룡은 법호로 역시 선승이다. 배산임수의 발석마을에 이어진 초가집 중에 밥짓는 연기가 한 줄기 피어오르는 장면을 포착하여 묘사하였다. 제3경은 거센 비바람으로 뭇 산들도 잘 보이지 않는 상황에서 비맞은 시냇물이 높이 솟는 순간을 읊었다. 산이 보이지 않을 정도의 장대비에서 오히려 시내는 물줄기가 튀어 올라 눈빛처럼 하얀 물결이 연출하는 장관을 잘 포착하였다. 작가는 일영(一英)이다. 제4경에서는 적광사에 있는 폭포가 여산폭포에 비할 만하다고 자랑하였다. 작가는 호고(好古)이다. 제5경에서는 대곡천의 가을달을 동정호 가을달에 비견하였으며, 그러기에 이 대곡천에 많은 시인들이 들러서 이를 알게 되었다고 자랑하였다. 작가는 혜해(慧海)이다. 제6경에서는 단풍이 깊이 든 명충산에 아침엔 비가 저녁에는 바람이 불어 쓸쓸하다고 하였다. 작가는 고민(高敏)이다. 제7경에서는 높은 절벽 위에 놓인 산관교가 해지는 저물녘의 용과 같다고 읊었다. 작가는 양방(養方)이다. 제8경은 서문을 쓴 경휘(景暉)의 작으로 흑발산이 뭇 산 중에 가장 높아 눈이 덮인 모습을 가장 먼저 볼 수 있다고 하였다.[32]

이들 작품을 보면 해가 뜨고, 연기가 피어오르며, 시냇물이 튀고, 폭포가 쏟아지고, 달이 비추고, 눈비 내리며, 해가 지고, 눈 내린 뒤 등 시간적으로 순간적인 장면을 포착하여 묘사하는 회화적인 면모가 두드러진다. 이는 한 순간을 포착하여 감성을 울리는 와카의 기법과 닮아 있다.

고우벤법친왕은 이 시기 마침 에도에 있던 조선사신들에게도 시를 요청하는데 이현(李礥)이 이에 화운하였으며, 조태억(趙泰億), 임수한(任守幹), 이방

---

32 여기에 참여한 승에 대해 별도의 소속을 밝히지 않은 것으로 보아 모두 日光山의 대표적 절인 輪王寺 소속으로 여겨지나 미상이다.

41도　신교. 필자 촬영

언(李邦彦) 등도 팔경시를 남겼다. 이들의 시는 모두 『일광산팔경시(日光山八景詩)』에 수록되었다.[33]

한편 『일광산지(日光山志)』에는 제1경은 고우벤법친왕, 제2경은 임수한, 제3경은 이방언, 제4경과 제5경은 조태억, 제6경은 임수한, 제7경은 이방언, 제8경은 이현 등 1경 외에는 모두 조선 통신사의 시를 수록하고 있는데 이 중에 조태억의 제5경을 보면 다음과 같다.

산 앞 가을 물이 산에서 평지로 흐르고

달을 머금어 속까지 밝은데

듣건대 고승은 늘 일을 맡는다는데

33　矢田好古의 『日光山八景詩』에 수록된 작가를 보면 序文(日光山八景詩序) 朝倉景暉, 제1경 玄堂(公辨法親王의 號), 제2경 元龍, 제3경 一英, 제4경 好古, 제5경 慧海, 제6경 高敏, 제7경 義方, 제8경 景暉 등이며, 이어 조선사신 李礀의 화운시 8수가 있고 이어서 亨元泰의 서문, 제1경 公慶, 제2경 智燈, 제3경 子碩, 제4경 慈泉, 제5경 秀英, 제6경 眞圓, 제7경 慈航, 제8경 便隨(이상 칠언절구) 그리고 다시 趙泰億(칠언절구), 任守幹(오언절구), 李邦彦(오언절구)의 팔경시 24수를 경관순서로 배치하였다.

그 맘을 이 경치와 비교하면 누가 더 맑을까?

山前秋水浸山平　　涵得氷輪徹底明

聞說高僧常管領　　心將此境較誰淸

_『일광산지』 필사

〈대곡추월〉 제1,2구에서는 대곡천이 달빛에 물속 깊이까지 밝다고 하여 달이 휘영청 밝은 모습을 묘사하였고 제3,4구에서는 스님들이 달에 비친 대곡천처럼 투명하게 일을 처리하느냐고 해서 은근히 스님을 떠보면서 스님들이 투명하게 일을 해야 함을 주장하였다. 경치 묘사에 그치지 않고 자신의 뜻을 드러내어 일본 팔경시와는 전혀 다른 정취를 표출하였다. 제2경에서 임수한은 오언절구로 읊었는데 밥 짓는 연기에 대비되어 나무숲의 색이 점점 어두워지는 모습을 표현하였다. 제3경에서 이방언은 오언절구로 함만 시내의 맑고 깊은 속에 살고 있는 늙은 용이 가끔 우레와 비를 만든다고 하여 함만 시내를 신령스런 공간으로 만들었다. 제4경에서 조태억은 적광사의 폭포 속 동굴 속에서 소리를 들으면 우레와 빗소리를 듣는 것 같아 더운 여름에도 서늘한 기운을 느낄 수 있다고 비유하였고, 제6경에서 임수한은 명충산을 신선의 산으로 명충산의 나무를 진귀한 식물로 명명하고 서리를 맞이해서 단풍이 든다고 풀이하였다. 제7경에서 이방언은 석양에 비친 신교가 시내에 무지개 그림자를 드리운다고 읊었다. 제8경에서 이현은 눈덮인 흑발산이 높아 후지산(富士山)에 자랑할 만하다고 하여 후지산에 견주었다.[34]

---

34 구지현(2014)은 고우·벤법친왕이 일광산시를 조선사신들에게 화운하기를 부탁한 이유는 일광산이 명승임을 부각시키기 위해서이며 이를 보증받기 위해서라고 하였다.

3) 소결

　일본왕실 팔경문학으로 고미즈노천황이 건립한 슈가쿠인리큐를 대상으로 한 수학원팔경시와 도쇼구가 있는 닛코산을 중심으로 한 고우벤법친왕의 일광산팔경시를 살펴보았다. 천황이 직접 문학을 창작하지도 않았으며, 친왕의 경우도 와카는 지었지만 한시를 창작하지 않았고 한시를 창작한 인물들은 모두 스님들이었다. 물론 이들 중에는 친왕이 출가한 경우도 있었으며, 여기에 참여한 승려들은 모두 왕실과 가깝게 지내는만큼 왕실의 입장을 반영한 팔경시를 지었다고 할 수 있다. 게다가 에도시대 천황들은 권력에서 점점 밀려나 문학과 예술로 소일하게 하였기에 더욱 승려들과 함께 문학을 향유하는 경우가 많았을 것으로 여겨진다.

　〈수학원팔경〉은 와카와 한시로 지어졌는데 와카는 아름다운 경관의 순간포착이 중점적으로 표현되었지만 한시의 경우는 백성의 농사에 대한 관심과 국방 방비에 대한 논의 등 국가적 차원에 대한 언급이 제시되어 있다. 이는 고미즈노상황의 주관하에 이루어졌기 때문으로 여겨진다. 〈수학원십경시〉는 같은 시기에 지어진 것으로 판단되나 선승들을 중심으로 창작된 것 것으로 여겨지는데 내용이 국가왕실의 면모를 보이기보다는 구도적인 의미가 크기 때문이다.

　〈일광산팔경〉은 일본 선승이 지은 한시와 조선사신이 지은 한시로 대별할 수 있는데 일본 선승이 지은 시는 와카처럼 아름다운 경관의 순간포착이 두드러진 반면 조선사신의 시는 대부분 자연경치 이면의 의미와 이와 유사한 세상사에 대한 견해를 제시하고 있어 차이를 보인다.

　일본 왕실의 팔경시는 몇 편 되지 않아 일본 팔경시 전반에 대한 일반론을 얘기할 수는 없으나 일본의 경우 와카와 같은 순간포착의 경관시가 주류를 이루며, 어떻게 하면 극적인 장면을 발굴하느냐에 주안점을 두는 특징은 팔경시 역시 예외가 아니었던 것으로 여겨진다. 다만 일부 한시 팔경시에서 구도적인 면과 국가차원의 언급이 보이는데 이는 작자들이 선승이며, 국가를 대표해서 작시했기 때문으로 여겨진다.

제 7 장

결론

본 장에서는 먼저 이제까지 논의한 내용에 대해 정리한 뒤에 앞으로의 과제를 전망하도록 하겠다. 조선왕실 팔경문학을 통시적으로 살펴본 결과 조선시대 이전에는 고려 제19대왕 명종이 팔경을 즐겼고 이후 왕실에서 팔경문학을 향유한 양상은 나타나지 않았다가 조선시대 들어 새로운 도읍의 당위성을 홍보하는 차원에서 신도팔경시가 창작되고 이를 병풍으로 만들어 하사하는 등, 정치적 수단으로서의 팔경향유가 이루어졌다.

　조선왕실에서 팔경문학 향유는 안평대군에 의해 본격적으로 이루어졌다. 안평대군은 이벤트를 좋아하던 왕자로 멋진 글씨, 아름다운 경치, 기념할 만한 일 등을 만나면 그림을 그리고 시를 모으게 하여 시축을 만들곤 했는데 자신의 거처를 대상으로 한《비해당사십팔영》시축, 소상팔경을 대상으로 한《팔경시권》등은 대표적 팔경문학으로 후대 팔경문학 향유의 전범이 되었다.

　안평대군이 추구한 팔경문학의 세계는 이상향이었으며,《비해당사십팔영》처럼 정원의 전범을 보이기도 하였다. 안평대군에게 팔경문학은 관념적으로는 선계와 같은 이상향을 노래하고 현실에서는 귀한 동물과 식물을 키우고 멋진 인조물을 만들어 꾸민 화려한 정원을 그리는 일이었다고 할 수 있다. 이러한 정서는 후대 왕에게 전승되었는데 성종은 신하들과 함께 아직 신원되지 않은 안평대군의《비해당사십팔영》에 차운하여 화려한 정원에 대한 관심을 보였으며, 중종은 신하들에게 중국의《도원팔경》을 시로 읊게 하여 이상향의 모범을 무릉도원으로 한정하였다.

조선 제9대왕 성종이 꿈꾸던 안평대군 정원은 숙종에 의해《상림십경》으로 실현되었다. 숙종은 인조에 이어 동궐 후원에 명승지를 정하고 기존에 있던 정자를 보수하거나 없던 곳은 새로 지어 경관 조망을 가능하게 하였으며, 10개 장소를 선정하여 십경을 노래하였다. 이《상림십경》은 뒤에 정조, 순조, 익종 등이 차운함으로써 조선왕실의 대표적 팔경문학이 되었다.

《상림십경》은 천향각, 어수당, 심추정, 소요정, 희우정, 청심정, 관덕정, 관풍각, 영화당, 능허정 등 동궐 후원 10개의 건물에서 각각 모란꽃을 보고, 등불을 관람하며, 연꽃을 감상하고, 옥류천을 보며, 뱃놀이를 구경하고, 달을 감상하며, 단풍 숲을 거닐고, 벼 베기를 보고, 과거 하는 모습을 보고, 눈 덮인 경치를 감상하는 행위 등으로 이루어져 있다. 유흥적인 면모가 두드러져 보이고 국정운영의 여가에 심신의 피로를 풀기 위한 여가로 보이지만 십경 중에 시범적으로 궁중에서 행하는 벼베기 행사, 과거 시험장에서 인재를 선발하는 행사 등은 국정운영의 일환이라 할 수 있으며, 옥류천에서의 시짓기 놀이나 부용지에서의 뱃놀이 등은 신하들의 노고를 위로하고 신하들과의 유대를 강화하는 군주의 배려심이 담겨 있고 또 연꽃 감상은 주돈이의〈애련설〉이후 전통적으로 선비의 수양과 관계되어 있다. 이로 볼 때 이 십경의 설정은 단순히 유흥을 위한 설정이 아니라 국왕의 신분에서 경관을 향유하는 전범적 면모를 보여 주고 있다고 해도 과언이 아니다.

숙종 이후의 왕들은 개별 문집을 만들 정도로 풍부한 작품을 남기면서 팔경문학 향유에 있어서도 각자의 개성을 보여 주고 있는데 영조는 후원보다는 집경당, 위선당 등 집무공간에서의 일상적인 생활을 팔경의 대상으로 삼았으며, 정조는 규장각팔경 등을 규장각 검서관들에게 짓게 하여 학자군주로서의 특성을 드러내었다. 익종은 가장 많은 팔경시를 창작하였고 한글로도 언해하여 문학군주로서의 면모를 유감없이 발휘하였으나 팔경시의 대상이 되었던 이화정, 만향헌, 유산암, 전사(田舍), 매화초월루, 의두합, 일반령, 홍두원 등의 건물 및 공간의 실상이 밝혀지지 않았고 또 이에 차운한 신하들과 그들의 작품을 거의 찾기 어려워 본서에서는 본격적인 논의를 하지 못하고 후고로 미룰 수밖에 없었던 아쉬움이 있다.

조선왕실의 팔경문학을 공시적으로 살펴본 결과 조선왕실 팔경문학의 전범이 된 작품은 대부분 중국 작품으로《소상팔경》이 대표적이며 그 외에《도원팔경》,《서호십경》등이 있었다. 선계와 같은 이상향과 그 지역에 얽힌 충신과 열녀, 향수 관련 고사가 전범이 되었고 조선 팔경으로는《비해당사십팔영》에서 펼쳐 놓은 정원이 전범이 되었다.

조선왕실 팔경문학에서 향유된 공간은 주로 궁궐공간이었는데 경복궁, 경희궁, 잠저, 행궁 등에 비해 동궐이 압도적으로 많이 나타난다. 이는 국왕의 어제가 주로 조선후기에 활발히 창작되는데 경복궁은 일찍이 전란으로 전소되어 대상이 되기 어려웠기 때문이며, 그 후대 국왕들이 주로 동궐에서 생활했기 때문이기도 하지만 동궐의 후원 경관이 가장 잘 조성되어 있었기 때문으로 여겨진다.

세조에 의해 영역을 확장하고 인조·효종대에 정비된 동궐 후원은 숙종에 의해 본격적으로 꾸며졌다. 숙종은 자신의 입장에서 궁궐공간을 치조공간, 후원공간, 대비공간, 세자공간, 잠저공간, 행궁 등으로 대별한 『어제궁궐지』를 편찬하였고, 후원공간에《상림십경》을 수록하여 자신이 이 궁궐공간에서 실현하려 한 이상향의 면모를 보여 주었다. 아름다운 자연경관 속에서 자신을 수양하고, 신하들과의 유대 속에서 백성들을 잘 다스리는 것이《상림십경》에 나타난 숙종의 이상이며 조선왕의 이상이었다.

조선왕실 팔경문학에서 향유된 경관요소, 행위요소, 경물요소 등을 살펴본 결과《비해당사십팔영》에서 제시한 귀한 동물과 식물, 인조물 등이 거의 반영되지 않았다고 해도 과언이 아니다. 서울 주변의 산과 한강, 높은 산, 맑은 물, 뜨고 지는 해, 밤을 밝히는 달, 계절을 알리고 향기를 전하는 바람, 다양하게 변화하는 구름, 세상을 덮은 눈 등 일반 경치의 경관요소와 차이가 없으나 다만 해의 경우 세상을 밝게 비추는 뜨는 해의 모습을 백성에게 국왕의 덕화를 실현하는 양상에 비유하는 점이 왕실팔경의 특별한 요소이다. 경물의 경우도 시간이나 계절을 알리는 닭, 꾀꼬리, 매미, 기러기를 비롯하여 늘 보이는 자규, 학, 비둘기 정도가 있을 뿐이다. 그러나 행위의 경우는 백성의 농사를 살피고, 인재를 선발하며, 지방에 행차하고, 동궐 후원에서 꽃놀이, 뱃놀이 등의 연향을 하는 점에서 일반인들이 흉내 낼 수 없는 규모와 위엄을 보여 준다. 한편으로는 성리학 시대에 맞게 일반사대부들처럼 수양을 위한 '관화(灌花), 청우(聽雨), 탄금(彈琴), 초시(抄詩), 간월(看月), 독서, 시명(試茗), 분향(焚香), 축정(築亭), 공화(供花), 우하(友夏), 납량(納凉), 탄금(彈琴), 음몽(唫夢), 계경(揭磬), 평화(評畵), 간매(看梅), 소등(燒燈)' 등을 행하기도 하는데 이는 국왕이 잠저시절에 하던 요소로 여겨진다.

조선 팔경문학의 바탕이 된 사대부 팔경문학은 사대부의 문학활동과 밀접한 연관이 있다. 사대부들은 고려 무신란기 왕의 명령에 의해 소상팔경을 수용하였으나 이후 작시대결의 방법으로 그리고 고향, 부임지 등을 자랑하는 방법으로 팔경시를 창작하였고 집단적으로 명승에서 술 마시고 꽃놀이하는 유흥을 과시하기 위해 창작하기도 하였다. 그러나 이를 개인적 즐거움을 위한 놀이가 아니라 왕의 덕화가 실현된 양상을 칭송하기 위한 신하로서의 행위라고 포장하였다. 또한 조선후기 개인의 수양이 중시된 시기에는 자신의 은거공간을 팔경문학으로 향유하였는데 이는 국왕의 잠저시절 팔경문학 창작에 영향을 끼치게 된다.

동아시아 한자 문화권에서 팔경의 발상지인 중국, 그리고 같은 한자문화를 향유했던 일본 왕실의 팔경문학을 비교한 결과를 한마디로 한다면 조선왕실은 백성을 다스리는 국왕으로서의 책무를 중시한 데 비해 중국은 황제로서의 권위에, 일본에서는 명승의 아름다움에 중심을 두었다고 할 수 있다. 물론 본서에서 고찰한 중국과 일본의 자료는 극히 일부라는 한계가 있다. 중국의 경우는 청 고종처럼 매우 많은 팔경시를 남기고 있어서 전체적으로 비교하기가 어려웠고 일본의 경우는 왕실에서 남긴 팔경시가 너무 없어서 일본 왕실팔경의 보편적 특징을 드러내기가 어려웠다.

중국은 팔경의 발상지로 소상팔경의 전파가 왕실에도 빨리 이루어졌지만 문명적 가치를 포함하는 도읍 대상 팔경의 창작은 조선에 비해 늦었는데 태조가 신도팔경시 병풍을 하사한 시점이 1398년인 데 비해 명나라 신하들이 명 태종을 호종하면서 북경팔경시를 창화한 시기는 1412년이다. 게다가 세속화 정도에 있어서도 북경팔경시는 선계의 경관을 지닌 점을 칭송하는 경이 포함되어 있다는 점에서 신도팔경과는 차이가 있다.

청 성조와 청 고종의 《피서산장칠십이경》을 보면 숙종의 《상림십경》과 비교하기 어려울 정도인데 이는 단순히 경관의 수가 72경이고 10경이기 때문만은 아니다. 규모면에 있어서 큰 차이가 있기도 하지만 인위적으로 호수를 조성하고 문(門), 전(殿), 재(齋), 방(舫), 루(樓), 사(榭), 당(堂), 정(亭), 헌(軒), 각(閣), 서(墅), 거(居), 소(所) 등 다양한 형태의 건물을 축조하여 건물이 곧 경관이 되게 배치한 점은 남다른 재력과 인력이 있는 중국 황제의 권위를 세우기에 충분한 조치였다. 이곳을 찾아온 외국 사신들 특히 조선의 사신들은 그 위용에 눌릴 수밖에 없었을 것이다.

일본의 왕실팔경문학 공간이 천황이 이미 상황(上皇)이 된 처지에서 조성한 교토의 슈가쿠인리큐(修學院離宮)와 출가하여 법친왕이 된 황자가 막부의 창시자인 도쿠가와 이에야스를 모신 도쇼구가 있는 일광산지역을 대상으로 하고 있다는 점에서 또 팔경문학의 창작자들이 대개 출가한 선승들이라는 점에서 조선 왕실의 팔경문학과의 기본적인 차이이다.

그리고 이들은 대개 와카의 영향을 받고 있는데 와카의 특성이 감성적이고 미적인 면모의 순간포착에 있는 것처럼 일본의 팔경시 역시 경관미 포착에 중점을 두고 있다. 특히 일광산팔경에서 조선사신의 화운시는 이들과의 차이를 명확히 드러낸다. 조선 작품이 경관을 통해 자신의 뜻을 나타내고 있는 것에 비해 일본 작품들은 경관 자체의 멋진 순간 포착에 중점을 두고 있음을 확인할 수 있다.

중국과 일본왕실 팔경문학 비교는 앞으로 다뤄야 할 과제이다. 우선적으로 본서에서는 중국왕실팔경문학을 전체적으로 조망하지 못하였으므로 이에 대한 연구를 본격적으로 수행할 필요가 있다. 또한 팔경문화는 팔경문학 단독으로 존재한 것이 아니라 팔경미술과 함께 향유되었으며 특히 일본에는 우키요에(浮世繪)[1]와 함께 발달되어 대부분의 일본 팔경들은 우키요에로 표현되어 있다. 우키요에는 대개 경점(景點)과 경상(景象)으로 이루어진 팔경의 소표제를 표현하기에 좋은 기법으로 보인다. 이런 점은 한국이나 중국이 소상팔경 이외에는 팔경도가 별로 남아 있지 않은 점과 대조되는데 이것이 미술 분야의 특성 때문인지 여부에 대한 연구가 수행되어야 한다. 또한 조경분야 및 역사분야와의 학제간 연구도 필요한데 이 모두를 후고로 미룬다.

---

1   일본 17c 에도시대에 사람들의 일상이나 풍경, 풍물 등을 그린 풍속화.

참고문헌

강희안 저, 서윤희 · 이경록 옮김, 『양화소록』, 눌와, 1999.

『고려사절요』, 『동국이상국집』, 『신증동국여지승람』, 『용재총화』, 『익재난고』, 한국고전번역종합DB, 한국고전번역원, http://db.itkc.or.kr.

구지현, 「통신사 사행에서의 부사산 시와 일광산 시의 전개양상」, 『한국한문학연구』 53, 2014.

권오영, 「해제」, 『영조문집보유』, 한국정신문화연구원, 2000.

권석환 외, 『중국문화답사기 2』, 다락원, 2004.

김건곤, 「고려문인들의 팔경문학 향유에 대하여」, 『장서각』 34, 2015.

김남기, 「숙종의 문예적 관심과 한시세계」, 『진단학보』 98, 2004.

김남기, 「열성어제 해제」, 『열성어제』, 규장각, 2002.

김상성 외, 『관동십경』, 효형출판, 1999.

김상환, 「영조어제첩의 체제와 특성」, 『장서각』 16, 2006.

김성룡, 『여말선초의 문학사상』, 한길사, 1995.

김영봉, 「金宗直 詩 硏究」, 연세대 석사논문, 1989.

김일환, 「조선시대 온양 행궁의 건립과 변천과정」, 『순천향 인문과학논총』 제29집 2011.

김종서 「영조와 건공탕의 의미」, 『장서각』 16, 2006.

김종서, 「건공탕에 반영된 영조의 노년 건강과 심사」, 『장서각』 20, 2008.

노재현 외, 「비해당사십팔영의 출현식물이 조선시대 원예 관련서에 미친 영향」, 『한국전통조경학회지』 27-2, 2009.

노혜경, 「영조어제첩에 나타난 영조노년의 정신세계와 대응」, 『장서각』 16, 2006.

Murck, Alfreda, The Meaning of the Eight Views of Hsiao-Hsiang: Poetry and Painting in Sung China. Princeton Univ. The Degree of Doctor of

Philosophy, 1995, November.

문화재청,『비해당소상팔경시첩』, 2008.

박석순·손승철·신동규·서민교,『일본사』, 대한교과서주식회사, 2005.

박용만,「영조어제책의 자료적 성격」,『장서각』11, 2004.

박인현,「일본의 고정원에 관한 연구—수학원이궁 정원을 중심으로」,『원대논문집』
        15, 1981.

백지성,「창덕궁 후원 어수당구역의 공간구성과 식재에 대하여」,『한국정원학회지』
        12(1), 1994.6.

『扶桑名勝詩集』, 新潟大學 古文書·古典的コレクションデータベース(http://collec
        tions.lib.niigata-u.ac.jp/bibliograph/item/4830/).

『삼한시귀감』, 이우출판사, 1980.

三好和義,『仙洞御所, 修學院離宮』, 朝日新聞出版, 2010.

서거정,『동인시화』, 장서각소장(4-6762).

서경희,「영조어제첩 '시어'의 의미」,『장서각』16, 2006.

서울학연구소,『궁궐지』1, 서울시립대학교, 1994.

서울학연구소,『궁궐지』2, 서울시립대학교, 1996.

『蘇軾詩集』, 莊嚴出版社, 1990(民國79).

『순조문집』, 한국정신문화연구원, 1998.

矢田好古 編著,『日光山八景詩』, 1711, 국립중앙도서관 소장(한古5-65-22).

植田孟縉 編輯,『日光山志』, 1837, 장서각 소장(J2-296).

신귀순,「정조의 문학론 연구」, 충남대 석사논문, 1996.

심경호,「국토산하를 노래한 한국한시의 미학적 전통에 대하여」,『韓國漢文學研究』제
        18집, 1995.

심괄 저, 최병규 역,『몽계필담』, 범우사, 2002.

안대회,「정조의 문예정책」,『장서각』3, 2000.

안장리,「비해당」,『한국문학작가론』2, 집문당. 2000.

안장리,「서울팔경시연구」,『향토서울』74, 2009.

안장리,「소상팔경 수용과 한국팔경시의 유행 양상」,『한국문학과 예술』13, 숭실대 한
        국문예연구소, 2014a.

안장리, 「소상팔경 수용과 한국팔경시의 유행 양상」, 『한국문학과 예술』 13, 숭실대 한국문예연구소, 2014.

안장리, 「시권을 통해 본 유교적 인간상 고찰」, 『포은학연구』 16, 2015.

안장리, 「신증동국여지승람의 신도팔경과 대명일통지의 경사팔경 비교」, 『역사민속학』 36, 2011.

안장리, 「안평대군 소상팔경시첩고」, 『동방고전문학연구』 제5집, 2003.

안장리, 「열성어제별편에 담긴 대명의리론의 전개」, 『열상고전연구』 42집, 2014b.

안장리, 「영조어제첩본 율문의 종류와 주제」, 『장서각』 16, 2006.

안장리, 「조선 숙종 어제궁궐지 탐색」, 『장서각』 29, 2013.

안장리, 「조선시대 王의 팔경 향유 양상」, 『동양학』 42, 2007.

안장리, 「퇴계의 산수지락연구」, 『동방고전문학연구』 4, 2002.

안장리, 『장서각도서해제』 1, 한국정신문화연구원, 1995.

안장리, 『장서각소장 열성어제 연구』, 한국학중앙연구원 출판부, 2016.

안장리, 『한국의 팔경문학』, 집문당, 2002.

안장리, 「한국팔경시의 전개에 있어서 김시습의 역할」, 『열상고전연구』 31, 2010.

안휘준, 『안견과 몽유도원도』, 예경, 1993.

안휘준, 『韓國繪畵의 傳統』, 文藝出版社, 1988.

『어제궁궐지』, 장서각소장(2-4363).

『어제』, 장서각소장(4-6905).

『열성어제』 1~15, 서울대학교 규장각, 2002.

『영조문집보유』, 한국정신문화연구원, 2000.

雲谷等顔 画, 李誠國(寫字官) 撰, 〈소상팔경도〉.

웨난 · 진취엔 지음, 심규호 · 유소영 옮김, 『열하의 피서산장』, 일빛, 2005.

유기수, 「중국과 한국의 〈무산일단운〉사 연구」, 『중국학연구』 8, 1993.

유의경 지음, 김장환 옮김, 『세설신어』 상 · 중 · 하, 살림, 2000.

유의손, 『회헌선생일고』, 장서각소장(4-6697).

衣若分, 「瀟湘山水畵之文學意象情境探微」, 『中國文哲研究集刊』 20期, 2002.

衣若分, 「李齊賢八景詩詞與韓國地方八景之開創」, 『한국한문학회 2003년 춘계학술발표회』, 2003.

이완우,「안평대군 이용의 문예활동과 서예」,『미술사학연구』246, 247호, 2005.

이왕무,「조선 후기 국왕의 온행 연구 ― 온행등록을 중심으로」,『장서각』9, 2003.

李仁老 著, 柳在永 譯註,『破閑集』, 원광대 출판부, 1978.

이종묵,「안평대군의 문학활동연구」,『진단학보』93, 2002.

이종묵,「장서각 소장『열성어제』와 국왕문집의 편찬과정」,『장서각』창간호, 1998.

이종묵,「풍월정 월산대군의 삶과 시세계」,『한국한시작가연구』3, 1998.

이종묵,「효명세자의 저술과 문학」,『한국한시연구』10, 2002.

이중환,『택리지』,『한국명저대전집』, 대양서적, 1975.

이철원,『왕궁사』, 동국문화사, 1954.

『익종문집』1,2, 한국정신문화연구원, 1998.

임재완,「비해당소상팔경시첩 번역」,『호암미술논문집』2, 1997.

임창순,「비해당소상팔경시첩 해설」,『태동고전연구』5, 1989.

전경원,『소상팔경 ― 동아시아 시와 그림』, 건국대출판부, 2007.

『全宋詩』1-72책, 北京大學出版社, 1998.

전수연,「신도팔경의 서경시적 특징」,『민족문화』16, 1993.

田中 明,「詩歌によむ修学院離宮の構成と野山―修学院八景詩歌, 十境詩の解読を通して」,『日本建築学会計画系論文集』73권 628호, 2008.

조동영,「정조의 시문학 연구」, 성대 박사논문, 2009.

『조선왕조실록』, 국사편찬위원회, sillok.history.go.kr.

조융희,「영조어제와 '風泉', 그리고 '풍천'의 전고화 양상」,『장서각』20, 2008.

中國基本古籍庫, 北京愛如生数字化技術研究中心 研製, 한국학중앙연구원 중앙도서관.

陳寶森,『承德 避暑山莊 外八廟』, 台海出版社, 2012.

車主渶,『中國詞文学論考』, 서울대출판부, 1982

『清高宗御制詩文全集』1-3, 國立古宮博物院印行, 1976.

최봉영,「해제」,『영조 장조문집』, 한국정신문화연구원, 1997.

避暑山莊康熙三十六景詩, http://rehequanshui.blog.sohu.com/163225983.html.

한영우,『동궐도』, 효형출판, 2007.

『CD롬 四庫全書』, 迪志文化出版有限公司, 1999.

찾아보기